PROCÈS-VERBAL

DE

L'ASSEMBLÉE GÉNÉRALE DES ÉTATS DE CORSE

SOCIÉTÉ DES SCIENCES HISTORIQUES ET NATURELLES
DE LA CORSE

PROCÈS-VERBAL

DE

L'ASSEMBLÉE GÉNÉRALE DES ÉTATS DE CORSE

CONVOQUÉE

A BASTIA LE 11 MAI 1777

PUBLIÉ

par M. A. DE MORATI

BASTIA
IMPRIMERIE ET LIBRAIRIE OLLAGNIER
—
1898.

Séance du 11 Mai 1777

Monseigneur LOUIS-CHARLES-RENÉ, Comte DE MARBEUF, Premier Gentilhomme de la Chambre du feu Roi de Pologne, Duc de Lorraine et de Bar, Lieutenant de Roi des quatre Evêchés de la Haute-Bretagne, Commandeur de l'Ordre Royal et Militaire de Saint Louis, Lieutenant-Général des Armées du Roi, Commandant en chef dans l'Ile de Corse et autres en dépendantes, Commissaire du Roi, Président à ladite Assemblée des Etats ;

Et Monseigneur CLAUDE-FRANÇOIS-BERTRAND DE BOUCHEPORN, Chevalier, Conseiller du Roi en tous ses Conseils, Maître des Requêtes ordinaire de son Hôtel, Intendant de Justice, Police, Finances, Fortifications, Vivres près de ses Troupes et Commissaire départi par Sa Majesté pour l'exécution de ses ordres dans l'étendue de l'Ile de Corse et autres en dépendantes, Ordonnateur, Conservateur et Réformateur général des Bois et Forêts de ladite Ile, aussi Commissaire du Roi à ladite Assemblée des Etats.

Nosdits Seigneurs Comte de Marbeuf et Bertrand de Boucheporn, assistés du Sieur Laurent Giubega, Ecuyer et Greffier en Chef des Etats, accompagnés de Monseigneur Doria, Evêque d'Ajaccio, (*Monseigneur Guasco, Evêque de Sagone, absent*) de Monseigneur de Guernes, Evêque d'Aleria, de Monseigneur Cittadella, Evêque de Mariana et Accia, de Monseigneur de Santini, Evêque du Nebbio, de MM. Louis Belgodere, de Bagnaja, et Pierre Colonna d'Ornano, Membres de la Commission des Douze Nobles, de MM. Jean-Baptiste Olmeta, Piévan du Borgo de Marana, Horace-Antoine Moroni, Chanoine de Lento, Nicolas Bonavita, Curé de Canale, Députés Ecclésiastiques de la Province de Bastia ; de MM. Innocent de Mari, Joseph de Sansonetti, Charles Frediani, François Casabianca et François Sansonetti, Députés Nobles; des Sieurs Paul Casabianca, André Mariotti, Jacques-François Giuseppi, Don-Pierre-Jean-Thomas Boerio, Jean-François Raffalli, Paul-Mathieu Mattei, (*Jean-Vito de Pietri, absent*), Députés du Tiers-Etat de la Province de Bastia ; de MM Toussaint Poli, Piévan de la Mezzana, Jean-Antoine Tusoli, Piévan de Celavo, Charles-Antoine Olivieri, Curé de San-Polo et Tasso, Députés Ecclésiastiques de la Province d'Ajaccio ; de MM. Dominique de Coti-Cutoli, Jean-Toussaint de Coti-Cutoli, Jean Gentile, Michel-Ange Colonna et Charles de Buonaparte, Députés Nobles; des Sieurs Charles Paganelli, Jérôme Pozzo di Borgo, Antoine Tusoli, Antoine Tasso et Antoine Murati, Députés du Tiers-Etat de ladite Province d'Ajaccio ; de MM. Antoine-Laurent Pianelli, Piévan de Valle, Félix Susini, Curé de Fozzano, Députés Ecclésiastiques de la Province de Sartene ; de MM. Roch Cesari-Rocca et Luciano Susini, Députés Nobles, et des Sieurs Jean-Baptiste Quilichini et Jacques-Antoine Trani, Députés du Tiers-Etat de ladite Province de Sartene ; de MM. Timothée Bartoli, Piévan de Novella, Jean-André Fabiani, Député Noble, et Pierre-Antoine Balestrini, Député du Tiers-Etat de la Province de Balagne ; de MM. Charles-Mathieu Manenti, Piévan d'Alesani, Joseph-Marie Poli, Député Noble, et César-Mathieu Peretti, Député du Tiers-Etat de la Province d'Aleria; de MM. François-Félix Battestini, Piévan de Castello, Jules-Mathieu Emanuelli,

Piévan du Niolo, Antoine-Marie Alberti, Piévan de Venaco, Députés Ecclésiastiques de la Province de Corte ; des Sieurs Augustin Adriani, Decio Emanuelli, Jean Defendini, Jean-Noël Corazzini, François Grimaldi et Jean-Baptiste Giacobbi, Députés du Tiers-Etat de ladite Province de Corte ; de MM. Joseph Saliceti, Piévan d'Oletta, Jérôme de Morlas, Député Noble, et Achille Murati, Député du Tiers-Etat de la Province du Nebbio ; de MM. Antoine Ogliastri, Curé d'Olcani, Charles-Marie Franceschi, Piévan de Canari, Députés Ecclésiastiques de la Province du Cap-Corse ; de MM. Jean Antoni, Député Noble, Etienne Ferdinandi (*Toussaint Dominici, absent*), et Ignace Agostini, Députés du Tiers-Etat de ladite Province du Cap-Corse ; de MM. Antoine Villanova, Piévan d'Olmi, Charles-Antoine Colonna, Député Noble, et Thomas Maraninchi, Député du Tiers-Etat de la Province de Calvi ; de MM. Jean Leca, Vicaire de Guagno, Joseph-Antoine Versini et Mercure Colonna, Députés du Tiers-Etat de la Province de Vico ;

Après avoir entendu la Messe solennelle du Saint-Esprit, célébrée par Mgr Cittadella, Evêque de Mariana et Accia, dans l'Eglise Paroissiale de Saint Jean-Baptiste de cette Ville, se sont rendus dans l'Eglise de la Conception, rue Saint-Nicolas, disposée pour servir de Salle d'Assemblée des Etats de Corse, où étant arrivés, Nosseigneurs les Evêques se sont assis à la droite de Mgr le Comte de Marbeuf, après Mgr de Boucheporn, suivant leur ancienneté dans l'Episcopat et la date de leur consécration dans l'ordre suivant, savoir : Mgr Doria, Evêque d'Ajaccio, Mgr Guasco, Evêque de Sagone, Mgr de Guernes, Evêque d'Aleria, Mgr Cittadella, Evêque de Mariana et Accia, Mgr de Santini, Evêque du Nebbio, et après eux se sont assis MM. les Piévans selon l'ancienneté de leurs Provinces respectives, savoir : ceux de Bastia, d'Ajaccio, de Sartene, de Balagne, d'Aleria, de Corte, du Nebbio, du Cap-Corse, de Calvi et de Vico, et les Piévans de la même Province ont pris place selon leur âge, à la gauche du Président, MM. les Députés de la Noblesse dans le même ordre que les Piévans, et après les Députés du Clergé et de la Noblesse, les Députés du Tiers-Etat, savoir : à la droite les députés de la Province de Bastia et d'Ajaccio, et à gauche MM. les Députés des autres Provinces, le tout conformément à ce qui a été prescrit par l'Arrêt du Conseil du Roi du 2 Novembre 1772, relativement aux Assemblées générales et particulières de la Nation Corse.

Ensuite de quoi le Sieur Giubega, Greffier en chef des Etats, a dit que tous les Députés des Provinces ont porté au Greffe leurs pouvoirs dont par ordre de Nosseigneurs les Commissaires du Roi il a été fait lecture, et ils se sont trouvés être de la teneur exprimée et portée sur le second registre destiné à y inscrire les pouvoirs des Députés.

Ensuite l'Assemblée Générale ayant observé que la Province de Corte avait élu pour député du Tiers-Etat le Sieur Augustin Adriani, Juge Royal de cette Juridiction, sans qu'il soit Podestat ou Père du Commun, et sans avoir été auparavant élu Député de la Piève ;

Que la Province de Bastia avait élu pour Député du même ordre le Sieur Pierre-Jean-Thomas Boerio, Juge et Subdélégué de la Porta d'Ampugnani, quoiqu'il n'ait point aussi la qualité de Podestat ou de Père du Commun et sans avoir été préalablement nommé par la Piève ;

Que la Province de Balagne a élu pour Député du Tiers-Etat le Sieur Pierre-Antoine Balestrini, Subdélégué, qui n'a point la qualité d'Officier Municipal ;

Que ces élections, indépendamment de ce qu'elles sont diamétralement opposées aux Règlements publiés en Corse pour la tenue de ses Assemblées, paraissent encore plus irrégulières relativement aux Subdélégués, dont les fonctions semblent être incompatibles avec leur qualité de Députés des Provinces ; d'où il résulte qu'ils devraient être refusés ;

mais Nosseigneurs les Commissaires du Roi ayant annoncé que l'intention de Sa Majesté est de valider pour cette fois et sans tirer à conséquence cette irrégularité, et que les Sieurs Boerio, Adriani et Balestrini jouissent dans cette Assemblée de tous les droits et prérogatives des autres Députés sans exception, nonobstant les Règlements précédents qui seront observés dans les Assemblées à venir ; les Sieurs Boerio, Adriani et Balestrini ont été admis à prendre Séance aux Etats suivant le rang de leurs Provinces respectives.

Après quoi Mgr le Comte de Marbeuf a dit etc.

Mgr de Boucheporn a dit etc.

Et en conséquence de ce qui est prescrit par Sa Majesté dans le Règlement de l'Assemblée générale des Etats de Corse, qui veut que chaque délibération soit signée par Nosseigneurs les Commissaires du Roi, par deux de Mgrs les Evêques, deux Piévans, deux Députés Nobles et deux Députés du Tiers-Etat, il a été délibéré que Mgrs les Evêques et Députés seront pris par ordre et suivant le rang ci-dessus ; mais comme les Assemblées ordinaires ne doivent point être faites en présence de MM. les Commissaires du Roi, et que le plus ancien des Evêques doit le présider, cette présidence étant due à Mgr Doria, Evêque d'Ajaccio, comme le plus ancien dans l'Episcopat et dans la Consécration, Nosseigneurs les Commissaires du Roi ont dit que Mgr l'Evêque Président, signera toutes les délibérations qu'on aura prises pendant les Etats dans les Assemblées ordinaires.

Ensuite Nosseigneurs les Commissaires du Roi ont renvoyé l'Assemblée à demain, 12 du courant, à 9 heures du matin.

Et Nosdits Seigneurs les Commissaires du Roi, Mgrs Doria et de Guernes, Evêques ; Olmeta et Moroni, Députés Ecclésiastiques ; de Mari et Joseph Sansonetti, Députés Nobles ; Casabianca et Mariotti, Députés du Tiers-Etats, ont signé le procès-verbal de la présente Séance.

Signés, etc.

Séance du 12 Mai 1777

Nosseigneurs les Commissaires du Roi, Mgrs les Evêques et Députés dénommés dans le procès-verbal d'hier et avec eux Mgr Guasco, Evêque de Sagone, et le Sieur Toussaint Dominici, Député du Tiers-Etat de la Province du Cap-Corse, s'étant rendus dans la Salle de l'Assemblée, Nosseigneurs les Commissaires du Roi ont dit que rien ne peut contribuer davantage au bon ordre des affaires que le secret ; que la verité de ce principe ayant été reconnue par les Etats précédents, ils exigèrent de tous les membres de l'Assemblée, avant toute délibération, la promesse et le serment du secret ; que cette précaution devient d'autant plus nécessaire que les objets qu'on doit y discuter et sur lesquels on aura à délibérer sont les plus intéressants.

A cet effet, Mgrs les Evêques, MM. les Piévans et Députés, conformément à ce qui a été observé dans la Séance du 2 Mai 1772, du 9 Novembre 1773, du 16 Mai 1775, ont promis et juré, savoir : Mgrs les Evêques et Piévans en mettant la main sur la poitrine, et MM. les Députés laïques en la levant, de ne point divulguer ni faire connaître de quelque manière que ce soit ce qui sera proposé, dit, fait, discuté ou délibéré dans la présente Assemblée générale, de ne point révéler les opinions et avis qui seront ouverts et adoptés, et d'observer exactement la loi du secret sans s'en écarter directement ou indirectement, duquel serment Nosseigneurs les Commissaires du Roi ont donné acte.

La présente Délibération a été signée tant par Nosseigneurs les Commissaires du Roi que par Mgrs Guasco, Evêque de

Sagone, et Cittadella, Evêque de Mariana et Accia, Bonavita et Poli, Piévans, François Sansonetti et Frediani, Députés Nobles, Giuseppi et Boerio, Députés du Tiers-Etat.

Signés, etc.

Dudit Jour 12 Mai 1777.

Monseigneur de Guernes, Evêque d'Aleria, Député à la Cour pour le Clergé, le Sieur César-Mathieu de Petriconi, Député pour l'ordre de la Noblesse, et le Sieur Bonaventure Benedetti, Député pour le Tiers-Etat de la dernière Assemblée générale, ont dit qu'il est de règle que les Députations, à leur retour, rendent compte aux Etats de leur Commission ; que leur désir serait de satisfaire promptement à cet objet pour que l'Assemblée soit exactement instruite de ce qui peut mériter son attention.

Sur quoi il a été décidé que MM. les Députés seraient admis à faire le rapport de tout ce qui peut être relatif à leur mission.

Ensuite de quoi Mgr de Guernes a fait lecture tant d'un long rapport sur tous les objets proposé par les Députés à la Cour, et qu'ils ont cru être relatifs aux besoins ou à l'avantage de cette Ile, que du discours prononcé à Sa Majesté et du procès-verbal du cérémonial de leur présentation, ainsi que de la lettre écrite par Mgr le Comte de Saint-Germain, ministre de la Guerre, à Mgr le Marquis de Monteynard, Gouverneur de la Corse, en date du 7 Septembre, pour l'invitation au rapport du procès-verbal des Etats ; il a en outre présenté un état de dépenses pour différentes gratifications payées par la Députation, montant à la somme de mil huit cent vingt-neuf livres, dont il a été arrêté que le remboursement sera fait par la Caisse de la Nation en sus des honoraires accordés par l'Assemblée générale de 1772, dans la Séance du 15 Juillet, conformément à la délibération du 16 Novembre de la même année et du 26 Mai 1775, lesquels rapport, discours, procès-verbal, lettre et état de dépenses, signés de MM. les Députés, ont été remis sur le Bureau pour être déposés au Greffe de l'Assemblée générale.

Ensuite leurs Excellences MM. les Commissaires du Roi ont ordonné la lecture des réponses de Sa Majesté aux demandes contenues dans le procès-verbal des Etats précédents, lesquelles réponses, au nombre de vingt-six, signées Saint-Germain, ont été déposées au Greffe des Etats pour y avoir recours le cas échéant et servir de règle dans les délibérations qu'on aura à prendre en conséquence.

Nosseigneurs les Commissaires du Roi ont annoncé que Sa Majesté ayant donné ses réponses à celles des demandes qu'elle a cru pouvoir mériter quelque décision, et leur ayant donné ses instructions sur les matières que les Etats actuels devront traiter, il ne leur sera point permis de s'occuper d'autres objets.

La présente Délibération a été signée par Nosseigneurs les Commissaires du Roi et par les autres Députés qui ont signé la précédente.

Dudit jour 12 Mai 1777.

Nosseigneurs les Commissaires du Roi ont dit que Sa Majesté était pénétrée de la nécessité de réunir dans une seule loi les décisions isolées sur la discipline et l'ordre des Assemblées et de l'étendre à tout ce qui aurait été omis dans les précédentes ; mais qu'avant de la rendre elle avait voulu, par une nouvelle marque de sa bonté pour le Pays, le consulter sur plusieurs articles à y insérer ; qu'en conséquence elle s'était bornée à faire connaître, quant à présent, ses intentions sur quelques points qu'elle a déjà arrêtés préliminairement pour qu'ils reçussent une exécution plus prompte ; que ce n'était à la vérité le moment de manifester ni les uns ni les autres dans cette Séance où l'on devait avant tout, s'occuper de ce qui a rapport à la Subvention, ainsi qu'il est prescrit par l'Arrêt du Conseil d'Etat du 24 octobre 1772 ; mais que, comme dans le nombre des articles déjà réglés il s'en trouve un qui a pour objet d'éviter la confusion dans les délibérations, et de mettre chacun des votants en état de donner son avis en connaissance de cause sur les matières qui seront agitées, il était juste qu'ils profitassent dès les premières délibérations de cet avantage essentiel.

Qu'en conséquence ils annonçaient avant tout autre objet que Sa Majesté ordonnait que le Président des Etats fît la proposition des matières à mettre en délibération et qu'il la rédigeât par écrit ; que le premier Evêque la reçut de sa main pour en développer les faits et les principes ; que le Président prît la voix de chaque ordre en commençant par le Clergé, et que dans chaque ordre les Députés opinassent suivant leur rang ;

Qu'après avoir recueilli les voix, le Président restât le maître de renvoyer la délibération au lendemain, et même qu'il fît procéder par la voie du scrutin, s'il le jugeait à propos.

Sur quoi l'Assemblée générale a promis de se conformer exactement à tout ce que Sa Majesté prescrivait relativement à la forme de proposer les objets, recueillir les voix et délibérer en conséquence.

Ensuite la Séance a été renvoyée à demain, 13 de ce mois, à 9 heures du matin.

Et la présente Délibération a été signée comme dessus.

Signés, etc.

Séance du 13 Mai 1777

Nosseigneurs les Commissaires du Roi et Mgrs les Evêques et Députés ci-dessus dénommés, et avec eux le Sieur Jean-Vito de Pietri, Député du Tiers-Etat de la Province de Bastia, absent dans les deux Séances précédentes, s'étant rendus dans la Salle de l'Assemblée, Nosseigneurs les Commissaires du Roi ont dit que Sa Majesté a ordonné par l'Arrêt de son Conseil d'Etat du 30 septembre 1774, que la Subvention continuerait d'être fixée aux deux vingtièmes du produit net des terres, comme elle l'avait été par l'Arrêt du Conseil du 24 octobre 1772 ; mais qu'elle avait imposé la condition d'employer le bénéfice de l'abonnement au payement des charges du Pays, et ensuite à des objets d'utilité publique, suivant l'ordre qui en serait délibéré par les Etats et autorisé par Sa Majesté ;

Que si le cadastre auquel elle fait travailler eût été dès lors conduit à sa perfection, il eût été facile de déterminer les vingtièmes de tous les héritages sujets à l'imposition, mais qu'il a fallu recourir à des expédients que les circonstances rendaient nécessaires, et qui fussent les plus propres à procurer des notions certaines sur les facultés des Provinces, Pièves et Communautés ;

Qu'on a exigé des Contribuables la déclaration du produit de leurs terres après chaque récolte ; qu'ils y ont satisfait pendant trois années, après lesquelles il était vraisemblable qu'on eût acquis les connaissances qu'on cherchait à se procurer sur les terres respectives des différentes parties de l'Ile ; que cela supposait que la bonne foi avait d'abord présidé dans les premières déclarations, et qu'ensuite toutes avaient été également infidèles dans les années suivantes ;

Que dès lors il devenait inutile d'exiger des déclarations des Contribuables qui en furent dispensés pour l'avenir, et qu'il a été ordonné de faire une année commune des trois sur lesquelles il y a eu des déclarations fournies, c'est-à-dire, des trois années depuis le premier octobre 1770, jusqu'au premier octobre 1773, les opérations de l'année échue au premier octobre 1770, ayant été déclarées définitives;

Que cette année commune est devenue la base de la répartition entre les Provinces, les Pièves et les Communautés, sauf les augmentations au marc la livre de l'imposition sur tous les Contribuables en cas d'insuffisance du montant de cette année pour acquitter les charges annuelles du Pays;

Que cette année commune ne présentait que cent trente-neuf mille quatre cent trente-quatre livres; qu'en déduisant l'abonnement de cent vingt mille livres, les Etats ont trouvé les dix-neuf mille quatre cent trente-quatre livres qui restaient insuffisantes pour remplir la condition portée par l'Arrêt du Conseil d'Etat d'acquitter les charges du Pays;

Que les Etats, usant de la liberté qui leur était laissée par l'Arrêt du Conseil, ont porté l'augmentation à la somme de quarante-deux mille deux cent quatre-vingt livres, dix-huit sous, onze deniers, qui, repartie sur les trois années, les a fait monter chacune à cent cinquante-trois mille cinq cent quatre livres, quinze sous, neuf deniers;

Que les Etats ont supplié Sa Majesté d'autoriser cette délibération, qu'elle a bien voulu accorder cette demande, mais que la réponse au cahier qui la contient, leur impose des conditions, dont il est essentiel qu'ils ne s'écartent en rien, et qu'ils doivent s'attacher à bien saisir;

Que la première de ces conditions n'est pas nouvelle, qu'elle était déjà prescrite par les Arrêts du Conseil d'Etat de 1770 et 1772, c'est d'employer le bénéfice de l'abonnement de la Subvention des trois années échues le premier octobre 1773 au payement des dettes du Pays jusqu'à la même époque;

La seconde c'est que le surplus de ce bénéfice soit destiné à accorder des décharges aux contribuables qui y auront quelque droit.

Nosseigneurs les Commissaires du Roi ont annoncé à l'Assemblée que la manière de se conformer à cette seconde condition fera l'objet d'une délibération particulière ; que quant à la première il convenait d'abord de fixer l'excédent de l'abonnement, de déduire sur cet excédent les charges indispensables, et que ce serait sur le surplus que les décharges seraient accordées, mais que pour mettre plus d'ordre dans cette opération il convenait d'abord de s'arrêter au premier octobre 1773 ;

Qu'en faisant monter à cent cinquante-trois mille cinq cents livres la Subvention de chacune desdites trois années, l'abonnement étant de cent vingt mille livres, l'excédent a dû être de trente-trois mille cinq cents livres sur chaque année, et par conséquent de cent mille cinq cents livres pour les trois années ; que la première question que les Etats auraient à examiner, serait de savoir si cette somme de cent mille cinq cents livres était nécessaire pour payer les charges du Pays pendant les trois années échues au premier octobre 1773;

Que c'était un préalable de commencer par déduire les retenues que les Officiers Municipaux et les Trésoriers des Provinces ont été autorisés à faire, lesquelles à raison de cinq pour cent montaient à vingt-trois mille livres pour les trois années, ce qui réduisait déjà les cent mille cinq cents livres à soixante-dix-sept mille ;

Que les charges du Pays qui devraient être acquittées avec ces sommes, se divisaient en deux classes ; celles dont la Caisse Civile a fait l'avance et celles qui restent encore dues ;

Qu'il a été présenté à l'Assemblée de 1775, des bordereaux des avances faites jusques-là pour le Pays par la Caisse Civile ; qu'elles se sont trouvées monter à la somme de soixante-cinq mille cent vingt-quatre livres, quatorze sous, huit deniers, qui, à mille cinq cents livres près, étaient composées de dépenses des quatre premières années échues le premier octobre 1773 ;

Que le bénéfice de l'abonnement ne montant qu'à soixante-dix-sept mille livres, le Pays se fût dès lors trouvé en arrière de ce qu'il lui fallait pour payer ce qui lui restait encore de dette, si Sa Majesté n'eût bien voulu venir à son secours et approuver que ses Commissaires réduisissent sa créance de soixante-sept mille cent vingt-quatre livres à trente-neuf mille cent trente-une ;

Qu'ainsi il n'était plus question que d'examiner ce que le Pays devait encore à la même époque du premier octobre 1773, que sa dette se réduisait alors aux frais de Députation de l'Assemblée de 1772, dont il fallait déduire ce qui s'en trouvait payé, que par conséquent les Etats auraient à arrêter :

1° Ce qui a été payé depuis par ladite Assemblée ;

2° Ce qui peut encore être dû. Qu'il importait de liquider et d'acquitter cet objet, de sorte que, n'étant plus question d'aucune dépense antérieure au premier octobre 1773, il n'y ait plus aucune espèce de confusion, et qu'il soit facile de connaître au vrai la situation de la Nation dans les années suivantes ;

Que cette liquidation faite, le bénéfice sur la Subvention pourra être de trente à trente-cinq mille livres environ, et que les Etats pourront employer cette somme en décharges en faveur des Contribuables trop imposés.

Après quoi l'Assemblée générale a témoigné les sentiments les plus respectueux de sa reconnaissance pour la nouvelle marque de bonté que Nosseigneurs les Commissaires du Roi viennent d'annoncer de la part de Sa Majesté, telle que celle d'autoriser les Etats à employer l'excédent de l'abonnement de la Subvention des trois années du premier octobre 1770 au premier octobre 1773 à la décharge des contribuables qui auraient été trop imposés, et a promis de s'occuper de l'examen des objets qui lui ont été prescrits.

La présente Délibération a été signée soit pas Nosseigneurs les Commissaires du Roi, soit par Mgrs Doria, Evêque d'Ajaccio, et de Santini, Evêque du Nebbio, par MM. Tusoli et Olivieri, Piévans ; de Coti-Cutoli et de Casabianca, Députés Nobles, et Raffalli et de Pietri, Députés du Tiers-Etat.

Signés etc.

Dudit jour 13 Mai 1777

Nosseigneurs les Commissaires du Roi ont dit que dans la dernière Assemblée, Séance du 9 juin 1775, il a été arrêté sous le bon plaisir du Roi, que la Subvention ainsi que les charges du pays demeureraient fixées à cent quatre-vingt-six mille quatre cent quatre-vingt-six livres par an, depuis le premier octobre 1773, jusqu'à la confection du cadastre.

Que cette demande n'a été accordée que jusqu'au premier octobre 1779, et que Sa Majesté y a imposé deux conditions, la première, c'est que l'Assemblée reverrait les charges des quatre années pendant lesquelles elle avait autorisé la fixation du montant des impositions arrêtées par les Etats, et qu'elle les réduirait à l'indispensable ; la seconde que le surplus pourra être employé par l'Assemblée en moins imposé en faveur des Contribuables qui en paraîtraient susceptibles, ainsi qu'il sera plus amplement expliqué à sa suite.

Nosseigneurs les Commissaires du Roi ont observé que cette réponse avait deux objets:

Le premier de relever et de rectifier ce que la délibération des Etats avait de défectueux ;

Le second d'indiquer l'usage qu'elle peut faire du profit de l'abonnement ; que l'irrégularité de la délibération est relative à l'étendue du temps où la Subvention et les charges du pays furent fixées à la somme de cent quatre-vingt-six mille livres.

Nosdits Seigneurs ont annoncé qu'ils déduiraient les présents motifs qui avaient déterminé Sa Majesté à n'acquiescer à cet égard à la demande des Etats que pour les quatre années qui expireraient au premier octobre.

La seconde irrégularité consiste en ce que la dite délibération du 9 juin 1775 est contraire à l'esprit et à la lettre de l'arrêt du 30 septembre 1774.

L'article IV de cet Arrêt porte que la somme payée par chaque Communauté en conséquence des déclarations des Contribuables et des augmentations délibérées par les Etats pour les trois années de Subvention, échues au premier octobre 1773, deviendra la règle de ce qu'elle payera jusqu'à l'entière confection du cadastre ; qu'elle sera taxée au tiers de la dite somme pour chacune des années suivantes, sauf les augmentations ou diminutions qui pourront être ordonnées par le Roi ou délibérées par les Etats et autorisées par Sa Majesté.

Nosseigneurs les Commissaires du Roi ont observé que l'Assemblée s'était conformée à cette disposition en arrêtant l'année commune des trois échues au premier octobre 1773, qu'elle avait déterminé à la somme de cent cinquante-trois mille livres, et que cette fixation avait dû être regardée comme la base de l'imposition jusqu'à la confection du cadastre, sauf les augmentations ou diminutions que l'arrêt du Conseil suppose pouvoir être faites suivant les circonstances.

Ils ont ajouté que cette année commune a suffi et au-delà pour les charges des trois années qu'elle représentait, puisqu'il y a un bénéfice de trente à trente-cinq mille livres qui doit être employé en moins imposé ;

Que jusques-là l'Assemblée a suivi pas à pas la marche qui

était tracée par l'Arrêt du Conseil dont elle s'est ensuite écartée ;

Qu'elle ne pouvait se dispenser de dresser un état exact des charges d'une année échue le premier octobre 1774 ; que si les charges se fussent trouvées supérieures à la somme de cent cinquante-trois mille livres qui était devenue la base de l'imposition, elle devait délibérer une augmentation proportionnée, mais comme il n'y avait plus rien d'incertain sur les dépenses et les charges, il ne pouvait plus rien avoir d'hypothétique et d'incertain sur l'augmentation ;

Qu'à l'égard de l'année dans laquelle on se trouvait, et qui allait échoir au premier octobre suivant, il eût encore été fort aisé et fort simple d'apprêter et d'arrêter les dépenses à faire pour trois ou quatre mois qui restaient à passer.

Nosseigneurs les Commissaires du Roi ont fait sentir combien il eût été avantageux de se conformer littéralement à l'Arrêt du Conseil, puisque c'eût été le moyen le plus sûr de savoir sur quoi compter pour les dépenses à la charge des Etats, et combien il serait utile pour l'avenir de suivre ce procédé.

Ils ont ajouté que Sa Majesté ne voyait cependant aucun obstacle à prendre pour base de l'imposition jusqu'au premier octobre 1779 seulement, la somme de cent quatre-vingt-six mille livres, mais qu'il était indispensable de faire la liquidation des charges des mêmes quatre années ;

Que les comptes rendus et à rendre par les Trésoriers des Etats lui seraient d'un très grand secours pour y procéder, qu'elle rassemblerait d'ailleurs très aisément toutes les délibérations autorisées par Sa Majesté qui augmentent ou diminuent les charges du Pays, et qu'elle ne pouvait donner trop de soin à cette opération bien propre à répandre le jour et la simplicité sur l'administration des Finances du Pays.

Nosseigneurs les Commissaires du Roi ont fait sentir la nécessité de cette liquidation pour parvenir à connaître en quoi consistait le bénéfice de l'abonnement, et ils ont observé qu'il devait être de quelque considération ; qu'il y avait eu trois Assemblées des Etats depuis le premier octobre 1773, mais qu'il n'y avait eu que deux Députations à la Cour, les frais de la Députation prochaine étant imputables sur l'année suivante ;

Que la dépense du Bureau de la Subvention n'avait eu lieu que deux années dans les quatre, et que les dépenses prévues pour plusieurs objets n'ont eu lieu que d'après des calculs d'approximation dont il a été rendu compte à Sa Majesté, il lui a paru qu'il en résultait pour les quatre années un bénéfice qui excéderait cent mille livres, lesquelles cent mille livres pourraient être employées en moins imposé.

Enfin Nosseigneurs les Commissaires du Roi ont rappelé aux Etats la condition imposée par Sa Majesté de revoir les charges desdites quatre années, et de les réduire à l'indispensable : ils n'ont pas cru devoir insister pour leur faire sentir toute l'importance de cet examen puisque la réduction des charges du Pays ne pouvait qu'augmenter d'autant le bénéfice de la Subvention et augmenter la somme destinée à être répartie en décharges : ils ont déclaré ne pouvoir mieux faire que de s'en rapporter au zèle des Députés qui en seraient chargés.

Sur quoi l'Assemblée a témoigné son empressement et son zèle à satisfaire aux vues bienfaisantes de Sa Majesté, en s'occupant incessamment de l'examen de tout ce qui pourra contribuer à l'éclaircissement de la matière proposée.

Et la présente Délibération a été signée comme dessus.

Dudit jour 13 Mai 1777

Nosseigneurs les Commissaires du Roi ont dit que s'il était constaté, d'après l'examen auquel ils présumaient que l'Assemblée allait se livrer, qu'il y eût d'une part un bénéfice de trente ou trente-cinq mille livres sur les trois années échues au premier octobre 1773, et de cent mille livres environ sur les quatre années suivantes, Sa Majesté pourrait obliger l'Assemblée à l'exemple de tout ce qui se pratique dans les Pays d'Etat, d'employer ces deux sommes au bien de la Province et à son amélioration en tout genre ; que cet emploi serait plus nécessaire en Corse que dans aucune de ses Provinces qui jouissent depuis longtemps des avantages de la paix, tandis que la Corse jusqu'ici en proie à des guerres ou à des dissensions intestines en a été privée ;

Que depuis que la conquête en a été faite par Sa Majesté, elle s'est constamment prêtée aux demandes multipliées des Etats en faveur de l'Agriculture, du Commerce et des Arts, que jusqu'ici les chemins ont été à sa charge, qu'elle multiplie la population que les guerres avaient considérablement diminuée par l'établissement des Colonies à ses frais, qu'elle s'occupe sans cesse du desséchement des marais, que tous ces objets devraient d'autant plus regarder le pays que toutes les dépenses de l'administration sont toutes à la charge de Sa Majesté, et absorbent bien au-delà de la somme à laquelle la Corse est abonnée envers elle, qu'au moins les Etats devraient-ils être associés, dès aujourd'hui, aux vues de bienfaisance qui l'animent pour le bien de la Corse ; mais que Sa Majesté convaincue d'un côté que ses nouveaux Sujets se ressentaient encore du fléau de la guerre, que le commerce n'avait pas même encore fait assez de progrès pour leur procurer l'aisance dont ils jouiront un jour ; que le recouvrement des impositions devenant par là d'une plus grande difficulté, elle veut bien encore continuer à se charger seule des dépenses d'amélioration pendant quelque temps, et préfère de voir employer le bénéfice qui peut résulter de l'excédent des dépenses du Pays, à venir au secours des Contribuables.

Nosseigneurs les Commissaires du Roi ont fait sentir à l'Assemblée que c'est réellement une remise accordée par Sa Majesté sur les impositions, mais que cette remise est infiniment plus juste, plus utile et plus facile que si elle était indistinctement accordée à tous les Contribuables, plus juste, parce qu'il est de principe que chaque individu ne doit contribuer aux dépenses publiques qu'à proportion de ses facultés, plus utile, parce qu'en ne faisant tomber la décharge accordée par Sa Majesté que sur les Contribuables qui auront été les plus imposés, ils seront plus en état de payer les impositions à venir, que ce qu'il y a de plus onéreux dans les arrérages d'imposition disparaîtra ; que le Pays acquerra une plus grande facilité pour faire son recouvrement et pour solder l'abonnement et les charges de ces quatre années, sans que ceux qui n'auront pas participé à la décharge aient aucun prétexte de discontinuer à remplir leurs obligations, et enfin plus facile, parce qu'il sera tenu compte sans aucune espèce d'embarras à chaque Communauté ou particulier de la quote de sa décharge telle qu'elle aura été fixée par les Etats.

Nosseigneurs les Commissaires du Roi ont dit qu'après avoir fait part à l'Assemblée de l'emploi que Sa Majesté voulait qu'il fût fait de l'excédent des charges, il ne s'agissait plus que de lui indiquer la manière dont elle entendait qu'il y fût procédé.

Ces excédents, comme il a été dit, sont de deux sortes,

celui qui sera trouvé résulter des impositions des trois années échues au premier octobre 1773, et celui que produiront les cent quatre-vingt-six mille livres, par an, auxquelles Sa Majesté consent que soit fixé l'imposition des quatre années suivantes.

Sa Majesté a déjà déclaré que son intention était que ce qui était antérieur au premier octobre 1773 fût liquidé, arrêté et payé, sans le confondre avec les impositions et charges postérieures, et l'Assemblée ne peut trop avoir égard à cette distinction qui est la plus propre à rendre sensible toutes les opérations auxquelles on s'est livré jusqu'ici ; en sorte que, quoique les deux sortes d'excédent soient l'un et l'autre destinés à soulager les Contribuables qui en seront susceptibles, l'excédent des années échues au premier octobre 1773 ne sera cependant applicable qu'aux Contribuables qui auront trop souffert pendant les dernières trois années et réciproquement.

Pour distribuer le premier soulagement, suivant les règles d'une justice exacte, et de manière qu'il tombe sur ceux qui ont été trop chargés par des répartitions provisionnelles ou qui ont depuis éprouvé quelque altération dans leurs biens, Nosseigneurs les Commissaires du Roi ont prescrit de la part de Sa Majesté à l'Assemblée de faire dresser des états de situation pour chaque Province, chaque Piève et chaque Communauté, afin de reconnaître où elles en sont du paiement de la Subvention des quatre premières années ; ils observent qu'il y aura des Communautés qui se trouveront n'avoir pas encore soldé ces quatre années, et que si l'Assemblée trouve que ce soit l'effet d'une impuissance réelle ou d'une surcharge reconnue, ce sera d'abord sur celles-là qu'il faudra porter la faveur des remises pour terminer entièrement autant qu'il sera possible tout ce qui a précédé le premier octobre 1773 ;

Que quant aux quatre années suivantes l'excédent des charges sera également employé en moins imposé en faveur des Communautés contribuables ; et que pour le faire dans une juste proportion, il sera nécessaire de se conformer à tout ce qui aura été fait pour les trois années précédentes, c'est-à-dire de dresser également des états de situation des différentes Communautés et Pièves.

Sur quoi l'Assemblée a renouvelé ses assurances de travailler avec activité sur les objets proposés, pour faire jouir les Communautés ou les particuliers qui seraient surchargés dans la quote respective de leur Subvention des bienfaits de Sa Majesté, en leur attribuant quelque portion de l'excédent de l'abonnement de la Subvention auquel le Roi a borné ses demandes.

Et la présente Délibération a été signée comme dessus.

Dudit jour 13 Mai 1777.

Nosseigneurs les Commissaires du Roi ont dit que Sa Majesté avait vu avec surprise que par la délibération des Etats du 9 juin 1775 ils eussent arrêté, sous son bon plaisir, que la Subvention ainsi que les charges du pays demeureraient à cent quatre-vingt-six mille quatre cent quatre-vingt-six livres par an depuis le premier octobre 1773 jusqu'à la confection du cadastre ; que c'était supposer de la part des Etats une prolongation de l'abonnement de la Subvention que Sa Majesté a bien voulu ne porter qu'à la somme de cent vingt mille livres pour huit ans qui écherront au premier octobre prochain ; que cette somme est bien modique en elle-même et peu proportionnée aux dépenses que le Roi fait et augmente tous les jours pour la régénération de la Corse ; que si Sa Majesté se portait à ordonner une prolongation de cet abonnement, que rien n'annonce, ce ne pourrait être que par une grâce spéciale qui mérite toute la reconnaissance du Pays ; que ce serait encore ajouter infiniment au bienfait de déterminer l'abonnement sur le même pied de cent vingt-mille livres ; qu'ainsi les Etats n'ont point dû fixer le montant des impositions au-delà du terme prescrit pour la durée de l'abonnement dans l'hypothèse qu'ils obtiendraient une prolongation ; qu'ils devraient d'autant moins se flatter d'y parvenir qu'ils n'en avaient pas même formé la demande, toute importante qu'elle fût pour le Pays ;

Que Sa Majesté ne pouvait pas par ces raisons approuver la fixation indéfinie du montant de la Subvention et des charges à cent quatre-vingt-six mille livres par an jusqu'à la confection du cadastre, et que tel était l'objet de la réponse qu'elle avait faite à la demande des Etats qui tendaient à faire admettre cette fixation trop illimitée.

Nosseigneurs les Commissaires du Roi ont ajouté que, quant à la prolongation de l'abonnement en lui-même et abstraction faite de la délibération au moins prématurée en ce qu'elle s'étend au-delà du premier octobre 1779, ils eussent personnellement vu avec beaucoup de peine par l'intérêt sincère qu'ils prennent au Pays que cette prolongation ne pût avoir lieu par le défaut des demandes des Etats ; qu'en conséquence de l'utilité dont elle serait, ils n'ont pas voulu que leur silence sur un objet aussi intéressant pût lui nuire ; que c'était avec une vraie satisfaction qu'ils s'empressaient d'annoncer à l'Assemblée qu'ils étaient parvenus à convaincre les Ministres, que ce silence ne devait être attribué qu'à la croyance dans laquelle pouvait être l'Assemblée de 1775 qu'il y aurait une convocation d'Etats en 1776, et que ce serait le moment de former la délibération d'une demande de prolongation de l'abonnement à compter du premier octobre 1777 ;

Que les Députés de la Cour, instruits que la convocation des Etats était différée d'une année, auraient pu suppléer à ce que l'Assemblée de 1776 n'eût pas manqué de faire, mais que la quantité d'affaires dont ils se sont occupés leur ont sans doute fait perdre de vue l'importance de celle-là ;

Que Nosdits Seigneurs Commissaires du Roi avaient été assez heureux pour faire goûter leurs observations sur un objet aussi important, et qu'ils s'empressaient d'annoncer à l'Assemblée ;

Qu'ayant égard à leurs vives sollicitations, Sa Majesté veut bien prolonger l'abonnement sur le pied de cent vingt-mille livres jusqu'au premier octobre 1779, pour donner aux Etats le temps de se mettre au courant de leurs dépenses, mais qu'en annonçant cette nouvelle grâce aux Etats, Nosseigneurs les Commissaires du Roi les prévenaient, en même temps, qu'elle n'était accordée qu'à la condition expresse que de dix années qui se trouveront échues alors, il y en aura neuf qui seront entièrement soldées à ladite époque du premier octobre, en sorte qu'alors il ne reste en arrérages tout au plus que douze mois qui seront payables dans le courant de l'année suivante ; que l'abonnement de cette année suivante se payera de même l'année d'ensuite, et ainsi des années subséquentes, de manière qu'il n'y ait jamais qu'une année en arrière, et que le Pays n'entre en paiement sur cette année qu'à compter du jour de son échéance.

Sur quoi l'Assemblée générale sentant tout le prix de la grâce que Sa Majesté vient d'accorder à la Corse en prolongeant de deux autres années l'abonnement de la Subvention à cent vingt-mille livres, a remercié vivement Nosseigneurs les Commissaires du Roi d'avoir employé leurs bons offices pour la lui procurer, et leur a témoigné en cette occasion les sentiments les plus sincères de reconnaissance, d'estime et d'attachement général.

Et la présente Délibération a été signée tant par Nosseigneurs les Commissaires du Roi que par Mgrs les Evêques et autres Députés qui ont signé les précédentes.

Dudit jour 13 Mai 1777.

Nosseigneurs les Commissaires du Roi ont dit que la Piève de Castello, Province de Corte, a renouvelé une demande qui a déjà été faite plusieurs fois par différentes Pièves ;

Que l'objet de cette demande était qu'attendu la rareté de l'argent, le paiement de la Subvention se fît en denrées, dont la valeur serait évaluée par les Officiers Municipaux, en destinant des Magasins pour les recevoir ;

Que cette proposition a été rejetée par deux considérations : que la première consiste dans le danger d'ôter aux Contribuables les avantages que le Commerce seul peut leur procurer en portant les denrées à leur juste valeur ;

Que la seconde est l'embarras qui en résulterait dans l'administration de chaque perception en nature, attendu qu'il serait nécessaire d'avoir des Magasins, des Dépositaires, des Computistes, et de faire d'autres dépenses, outre tous les autres accidents de dépérissement, de difficulté, de vente et de malversation ;

Que cependant la situation de la Corse pourrait être telle, surtout dans l'intérieur et dans un temps où la communication n'étant point encore ouverte, ni le commerce, on ne peut pas faire circuler l'argent, ni mettre un prix aux denrées ;

Que dans cette hypothèse il y aurait une partie de la Corse où l'on trouverait des denrées, mais point d'argent ;

Que cette partie de l'Ile devant contribuer aux charges de l'Etat, ne pourrait donner que ce qu'elle a ;

Que de cette circonstance il résulte une accumulation de dettes et la dificulté de les faire payer ;

Que cette difficulté cesserait si on laissait la liberté de

s'acquitter avec les denrées qu'elle possède : mais le Roi ne pourrait en aucune manière les recevoir en paiement de la Subvention, puisqu'étant abonnée aux Etats, cet expédient les regarde directement et c'est à eux à y pourvoir ;

Que cependant on pourrait observer que l'usage de payer les impositions en denrées n'est point nouveau en Corse, ni sans exemple ;

Que l'Histoire apprend que cet usage était pratiqué par la République Romaine à qui la Corse payait un tribut annuel de deux cents mille livres de cire ;

Que cette imposition ne tombe point sur des denrées de consommation, mais sur des objets de commerce auquel une faveur de cette espèce pourrait servir d'encouragement ;

Que les Contribuables, assurés de pouvoir payer leur Subvention en cire, suivraient peut-être l'exemple qui leur a été donné par leurs prédécesseurs sur ce genre de production ;

Que cette spéculation pourrait s'étendre aux cocons afin de promouvoir la plantation des mûriers et l'éducation des vers à soie, mais qu'elle se rendrait trop difficile suivant le choix des denrées, telles que l'huile, le vin, etc., que dans les parties de l'Ile où il n'y aurait pas d'autres ressources, on pourrait prendre en considération la proposition faite par la Province de Corte de payer en grains ;

Que tout consisterait à rendre aux Contribuables une exacte justice, en leur laissant l'option de payer en argent ou en denrées, suivant le prix qui serait fixé par les Etats, et en sachant trouver les moyens d'éviter tous les embarras et les dépérissements, et d'avoir des adjudicataires sûrs qui s'obligeraient de payer le prix réglé dans le chef-lieu de la Province pour les denrées qui y seraient apportées pour la Subvention ;

Que cet objet est si intéressant qu'il mérite les réflexions les plus mûres et les plus sensées de la part des Etats.

Sur quoi l'Assemblée générale a réitéré les expressions de

sa sensibilité sur ce nouveau projet de perception de la Subvention qu'elle croit le plus facile et le plus convenable à la situation actuelle de la Corse, et elle a fait connaître qu'elle s'occupera du choix des moyens qu'elle croira les plus propres à prévenir tous les desordres qui pourraient se présenter.

Et la présente Délibération a été signée comme dessus.

Dudit jour 13 Mai 1777

Nosseigneurs les Commissaires du Roi ont dit que dans les Assemblées des Provinces plusieurs Piéves et Communautés ont demandé leur remboursement en argent des sommes qu'elles ont été reconnues avoir trop payées sur la seconde et troisième année ; que ce remboursement serait juste si les mêmes Communautés avaient payé et soldé exactement la Subvention des années suivantes, mais que toutes sont en retard un peu plus ou un peu moins ; que par la répartition définitive il a été fait raison du trop payé à celles qui par l'événement des rôles se sont trouvées avoir payé par anticipation dans la seconde ou troisième année, parce que la répartition provisoire les chargeait trop ; qu'elles ne peuvent demander autre chose sinon qu'on leur fasse état de cette avance en l'imputant sur les années subséquentes ;

Que pour rendre sensible la justice et les effets de cette décision, l'Assemblée prochaine pourrait faire arrêter par un rôle général la Subvention de chaque Communauté pendant les sept années échues le premier octobre 1776 ; qu'on ferait raison par le même rôle de toutes les sommes payées jusqu'à la même époque et encore des remises que l'Assemblée prochaine pourra accorder à certaines Communautés sur le bénéfice de l'abonnement, comme il a été expliqué ci-dessus, que le surplus exprimerait ce que chaque Communauté redoit à la même époque.

Sur quoi l'Assemblée a dit qu'elle se conformera entièrement aux volontés de Sa Majesté.

Et la présente Délibération a été signée come dessus.

Dudit jour 13 Mai 1777

Nosseigneurs les Commissaires du Roi ont dit qu'une des matières dignes de l'attention des Etats est celle d'examiner le travail exécuté par les Commissaires aux rôles pour la fixation des quantités, qualités et revenus des terres de chaque Province, Pième et Communauté et individus contre lequel les Paroisses en général et les Contribuables en particulier, qui se croyent lésés par leurs opérations, ne cessent de faire des réclamations ;

Que ce travail non seulement a réglé l'objet de la proportion de la Subvention de la cinquième année entre les contribuables d'une même Communauté, mais encore celui de la sixième, et devra diriger les années suivantes jusqu'à la confection du cadastre entre Provinces et Provinces, Pièves et Pièves, Communautés et Communautés ; attendu que si on réglait la répartition d'après les premières déclarations, ce serait la même chose que de laisser subsister les vices et la complication d'une répartition injuste, ainsi qu'on l'a observé très justement dans la dernière instruction des Etats du 16 août 1776 ;

Que le Sieur Giubega à qui on a confié la direction du Bureau de la Nation a fait rédiger trois Etats qu'il a mis sur le bureau pour mettre l'Assemblée à portée de connaître plus facilement les opérations des Commissaires et les principes d'après lesquels ils peuvent les avoir réglées, et d'y apporter la rectification qui pourra être la plus juste et la plus nécessaire pour que la contribution parvienne à ce point d'uniformité auquel ont été dirigés tous les règlements qui ont été publiés jusqu'ici sur cet objet;

Que le premier contient le total de la quantité, qualité et revenu des terres et vignes de chaque Communauté de la Corse, soit d'après l'estimation des experts, soit d'après le jugement des Commissaires, proportionnellement à ce que chacune d'elles se trouve imposée pour la Subvention de la cinquième année;

Que le second présente la disproportion qu'il y a entre Communauté et Communauté, Piève et Piève, Province et Province dans la fixation des revenus des vignes et des terres respectives;

Que le troisième établissant les différences qu'il a fallu admettre pour régler la perception de la Subvention de la septième année, répartie sur la totalité du revenu de la Corse, suivant qu'il est porté par les rôles des Commissaires, fait connaître quelle était la somme que chaque Communauté payait pour la cinquième année et celle que chacune d'elles a dû payer pour la Subvention de la septième année;

Que le premier et le second état présentent soit dans la quantité, soit dans le revenu une disproportion d'autant plus sensible qu'il est plus difficile de trouver des raisons plausibles pour la justifier; disproportion qui sera démontrée dans toute son étendue; qu'il faudrait remonter à la source de cette irrégularité, entendre les Commissaires des rôles, qui ont été à cet effet expressément convoqués, et les Communautés réclamantes, et s'occuper à trouver les moyens les plus prompts de pourvoir à l'indemnité générale;

Que l'attention des Etats pourrait se restreindre à deux objets: le premier de réduire à une juste proportion le revenu des vignes et terres de Corse;

Le second de corriger les vices qui peuvent avoir été commis relativement aux quantités ;

Que ces deux vices peuvent être considérés sous deux points de vue différents ;

Que le premier pourrait être un vice absolu, et le second un vice relatif ; que le vice absolu pourrait être celui d'avoir attribué à une Communauté ou à un particulier une plus grande ou moindre quantité de terres, ou un plus grand ou moindre revenu que ce qu'il a réellement ;

Que le vice relatif serait qu'un contribuable, quoique justement taxé en proportion de ses biens, fût excessivement ou trop peu imposé en proportion des autres contribuables de la même Communauté ;

Que cette disproportion étant peut-être la plus commune, est celle qui est la plus digne d'attention, parce qu'elle rend la Subvention plus onéreuse et plus odieuse ;

Que cette opération, quoique difficile et épineuse, pourra recevoir de l'éclaircissement des lumières et des réflexions des Etats, qui sauront trouver quelque tempérament au moins fort éloigné de l'arbitraire et beaucoup approchant de la vérité, s'il n'est pas tout à fait sûr.

Sur quoi l'Assemblée générale sentant la nécessité de bien examiner le travail des Commissaires des rôles, a promis qu'elle en fera l'objet principal de ses soins, pour y apporter toute la rectification dont il sera susceptible.

Et la présente Délibération a été signée comme dessus.

Dudit jour 13 Mai 1777.

Après que Nosseigneurs les Commissaires du Roi se sont retirés, Mgr l'Evêque Président a dit que toutes les précédentes Assemblées générales ont reconnu la nécessité d'établir un Comité composé d'un certain nombre de Députés de différentes Provinces, conjointement avec les deux Membres de la Commission des Douze et le Greffier en chef des Etats, pour examiner et diriger les matières à proposer à l'Assemblée générale ;

Que les objets qu'on doit y discuter, cette année-ci, étant beaucoup plus nombreux et plus intéressants que tous ceux qui ont occupé les précédentes Assemblées générales, méritent une attention précise et une application sérieuse pour en connaître toute l'importance, développer les moyens à employer et en faciliter l'exécution ;

Que cette même multiplicité de matières rend beaucoup plus nécessaire un Comité à qui on peut renvoyer les articles qui ont besoin de discussion et d'éclaircissement, pour mettre les Etats par ses rapports et ses réflexions à portée de délibérer méthodiquement, mûrement et avec sagesse ;

Que ce Comité ne doit cependant pas s'éloigner de la disposition de l'article 13 de l'Arrêt du Conseil d'Etat du Roi relatif aux Assemblées générales et particulières de la Nation Corse, qui restreint ses opérations au calcul, à l'examen et au détail des objets dont les principes ont déjà été adoptés par les Etats.

Sur quoi la matière mise en délibération il a été arrêté qu'on formerait un Comité et qu'il serait composé des Sujets ci-après.

Savoir :

Pour Mgrs les Evêques : de Mgr de Santini, Evêque du Nebbio ;

Pour la Province de Bastia : de MM. Olmeta, Piévan, de Casabianca et de Frediani, Nobles, Boerio et de Pietri, Députés du Tiers-Etat ;

Pour la Province d'Ajaccio : de MM. Olivieri, Piévan, de Buonaparte, Noble, et Murati, du Tiers-Etat ;

Pour la Province de Sartene : de MM. Roch Cesari-Rocca et de Susini, Députés Nobles ;

Pour la Province de Balagne : du Sieur Balestrino, Député du Tiers-Etat ;

Pour la Province d'Aleria : du Sieur Manenti, Piévan ;

Pour la Province de Corte : des Sieurs Albertini, Piévan, et Adriani, Député du Tiers-Etat ;

Pour la Province du Nebbio : de M. de Morlas, Député Noble ;

Pour la Province du Cap-Corse : de MM. Ogliastri, Piévan, et Antoni, Noble ;

Pour la Province de Calvi : de M. Colonna Anfriani, Noble ;

Pour la Province de Vico : du Sieur Mercure Colonna, Député du Tiers-Etat.

Lesquels Sujets proposés et nommés par les différentes Provinces pour le Comité ont été approuvés et confirmés par l'Assemblée générale avec commission de s'occuper avec zèle sur tous les objets qui seront renvoyés à leur examen pour faciliter l'exécution des demandes du Roi et des délibérations des Etats à qui ils devront rendre compte de leur travail et de leurs observations ; et on a encore arrêté que les Députés élus comme dessus se rendront, chaque jour, à sept heures du soir, chez Mgr Santini pour remplir l'objet de leur nomination.

Après quoi l'Assemblée a été renvoyée à demain, quatorze du présent mois, à neuf heures du matin.

Et la présente Délibération a été signée comme dessus.

Séance du 14 Mai 1777

Nosseigneursles Commissaires du Roi, Mgrs les Evêqnes et Députés ci-devant dénommés, (*Mgr Cittadella absent*), s'étant rendus dans la Salle de l'Assemblée, Nosseigneurs les Commissaires du Roi ont dit que pour mettre à exécution le nouveau plan arrêté par l'arrêt du Conseil du 30 septembre 1774, il y avait à pourvoir à deux objets dans la dernière Assemblée relativement à la Subvention ;

1º Que la somme à payer par chaque Communauté pour la Subvention jusqu'à la confection du cadastre étant déterminée, il s'agissait de régler les mesures à prendre pour asseoir l'imposition sur le territoire de chacune d'elles ;

2º Qu'il fallait pourvoir provisoirement au paiement des termes échus ou à échoir, pour ne pas trop arriérer le recouvrement ;

Que ces deux points de vue avaient été traités à la Cour avec les Commissaires du Roi et avec le Sieur Giubega ; qu'on avait concerté les instructions à publier, au nom des Etats, pour exécuter le nouveau plan, que les vues du Ministère avaient été très bien entendues, qu'elles ont été très bien suivies ;

Qu'on a choisi, comme il a été dit, six Commissaires entre lesquels on a partagé toutes les Communautés de l'Ile pour dresser dans chacune le rôle de la subvention, suivant la nature et l'étendue de leurs territoires, que l'Assemblée a dressé une Instruction en quarante-deux articles pour déterminer ce qui a dû se faire dans chaque Communauté, avant l'arrivée du Commissaire, les fonctions et opérations qu'il a dû y remplir et les règles nécessaires pour constater son travail et en conserver le dépôt ;

Que tout y est prévu pour assurer la fidélité des déclarations prescrites aux propriétaires des terres, l'exactitude des estimations demandées aux experts, la régularité et l'uniformité du travail qu'on attend des Commissaires aux rôles ;

Qu'en conséquence on ne verrait aucun reproche à faire à cette Instruction si son préambule n'eût été une critique de tout ce qui a précédé, qui est également injuste et peu convenable : injuste, en ce que les opérations antérieures, loin de mériter aucun blâme, sont tellement la base du nouveau plan, que, si elles n'étaient pas faites, il faudrait commencer par les faire pour déterminer ce que chaque Communauté doit payer : peu convenable, en ce qu'il ne doit jamais être permis aux Etats, ni à ceux qu'ils chargent de leur pouvoir, de parler sans respect des Arrêts du Conseil du Roi et de l'administration des Commissaires de Sa Majesté ;

Que c'est là le motif de la réponse du Roi à l'article du cahier qui concerne les instructions dressées par la dernière Assemblée pour être autorisées par Sa Majesté qui porte cette autorisation sans approbation des termes employés dans le préambule desdites Instructions, que cette explication suffirait sans doute pour qu'on n'eût pas à y revenir.

Nosseigneurs les Commissaires du Roi ont ajouté que s'il y avait des abus dans la répartition, telle qu'elle était réglée avant l'Arrêt de 1774 et les délibérations des Etats prises avant cet Arrêt, ils provenaient de la conduite qu'avaient tenue les Contribuables, et que c'était à eux à s'imputer de ne s'être pas conformés à l'Arrêt du Conseil du 21 octobre 1772 qui leur prescrivait de faire la déclaration des produits de chaque territoire dans le lieu dont ils font partie, et de faire autant de déclarations qu'ils possédaient de biens dans différents territoires ; qu'on devait également imputer cet abus et la résistance à se conformer à l'Arrêt du Conseil à la négligence et à la mauvaise volonté des Officiers Municipaux qui auraient dû refuser d'accepter les déclarations des produits d'un domicilié dans leur Communauté, quand les biens n'étaient pas situés dans leur territoire ; qu'il est sensible que les contribuables et les Officiers Municipaux avaient un égal intérêt à éluder la sagesse de cette disposition de l'Arrêt du Conseil d'Etat de 1772 ; que l'intérêt des contribuables était de pouvoir plus aisément laisser ignorer une partie du revenu dont ils ne faisaient pas de déclarations, parce qu'il devenait presque impossible que les Officiers Municipaux de Bastia par exemple vérifiassent les déclarations des biens qu'ils possédaient à Borgo, Furiani, Brando etc., et que l'intérêt des Officiers Municipaux était de réunir un plus grand nombre de déclarations pour que la quote-part de la somme fixe imposée sur chacun des propriétaires de la Communauté et par conséquent sur eux-mêmes fût moins considérable ;

Que cet inconvénient qui était presque général dans toute la Corse, s'est rendu bien plus sensible, lorsque le plan arrêté par les Etats de 1775 a commencé à être exécuté, qu'alors chaque propriétaire a été obligé de payer dans le lieu de la situation des biens la moitié de la somme qui était imposée provisoirement sur chaque Communauté, sauf le compte à faire après l'opération des Commissaires aux rôles ; que dans ces circostances le grand nombre de ceux qui par la seule raison de leur résidence dans une Communauté y avaient toujours payé la Subvention des revenus perçus dans d'autres territoires, n'ayant plus contribué à la Subvention de la Communauté de leur domicile, il y a dû avoir une grande surcharge pour les uns et une grande diminution pour les autres, en sorte que l'on peut attribuer en partie à cette interversion de l'ordre, les plaintes qui s'élèvent contre les opérations des Commissaires aux rôles.

Nosdits Seigneurs les Commissaires du Roi ont au surplus ajouté que ce n'était peut-être pas la seule cause à laquelle on dût les attribuer, et qu'il pourrait y en avoir plusieurs autres qu'ils se proposaient de mettre sous les yeux de l'Assemblée pour qu'elle pût prendre un parti définitif ;

Que c'est sur toutes ces réclamations de tout genre que le Sieur Intendant, après avoir communiqué les requêtes aux Députés des Douze, et les avoir entendus, avait applani par ses ordonnances une partie de celles qui provenaient du peu d'exactitude à déclarer les biens situés dans un même territoire ;

Qu'il en était quelques autres que de l'avis des Députés des Douze il avait renvoyées à l'Assemblée générale pour en prendre connaissance et que le Sieur Giubega qui était parfaitement instruit de ces différentes réclamations pourrait les mettre sous les yeux du Comité.

Enfin ils ont dit que la difficulté de bien saisir tous les abus dont se plaignent les Communautés particulières n'était rien moins qu'invincible; qu'il était même possible que le nombre n'en fût pas aussi considérable qu'il le paraissait au premier coup d'œil ; que la plupart des plaintes ne paraîtraient peut-être pas fondées après qu'on aurait approfondi les détails dans lesquels ils allaient entrer, et qu'en général ils ne pouvaient que réitérer à l'Assemblée l'invitation qui lui avait déjà été faite de donner toute son attention à une affaire de cette importance, et l'engager à être également en garde contre les insinuations de l'intérêt personnel et l'opinion qu'une opération qui n'est encore qu'ébauchée puisse approcher de la perfection.

Sur quoi les Etats ont respectueusement dit qu'ils étaient dans la ferme persuasion que la précédente Assemblée générale n'avait jamais cru de critiquer les règlements publiés en Corse concernant la répartition et l'assiette de la Subvention ; que toute la Corse a toujours admiré la sagesse avec laquelle ils avaient été dirigés; mais qu'ils n'ont voulu entendre autre chose, sinon que le peu d'exactitude dans leur exécution avait apporté de la complication et des abus, auxquels le nouvel arrêt du Conseil d'Etat du 30 septembre 1774 allait remédier, et ils ont protesté que leurs sentiments étaient d'avoir une entière soumission aux ordres de Sa Majesté et de ses Commissaires.

Et la présente Délibération a été signée tant par Nosseigneurs les Commissaires du Roi que par Mgrs les Evêques Guasco et de Guernes, MM. Pianelli et Susini, Piévans, Jean-Toussaint de Coti-Cutoli et Gentili, Députés Nobles, Mattei et Paganelli, Députés du Tiers-Etat.

Signés, etc.

Dudit jour 14 Mai 1777

Nosseigneurs les Commissaires du Roi ont dit que, suivant les cartes les plus exactes de la Corse, la superficie de l'Ile doit être environ deux millions d'arpents, que, suivant les déclarations levées par les Commissaires aux rôles, la superficie serait seulement de deux cent soixante-dix-huit mille mézinades de terre et de cent quatre-vingt mille journées de vignes, ce qui, à en juger par les opérations du Greffier des Etats, comprend non seulement les terres cultivées, mais les terres incultes qui sont réputées incultivables, qu'on n'en excepte que les montagnes inhabitables, les rochers, les lacs et étangs, les rivières, les bois;

Que si l'on suppose la moitié de la Corse incultivable, et par conséquent non sujette aux déclarations, et si les mézinades déclarées représentent toute la superficie susceptible de culture, il en résulte qu'il faudrait trois arpents et demi de terres cultivables pour faire une mézinade;

Que cette conclusion est cependant bien opposée à l'idée qu'on peut se faire d'une mézinade, soit qu'on adopte la dimension qu'en donne le Greffier des Etats, soit qu'on s'en tienne à la signification du terme même de mézinade;

Que suivant les calculs joints aux observations du Sieur Giubega, une mézinade de terre réduite à la mesure commune est de six cents palmes de long sur cent de large, et quinze journées de vigne donnent une mézinade de terre : la palme étant de neuf pouces deux lignes mesure du Roi, et l'arpent de quarante mille pieds carrés, une mézinade fournirait cinq huitièmes d'arpents, que ce rapport de la mézinade commune à l'arpent n'est pas infiniment éloigné de l'idée qu'on peut s'en faire en prenant pour règle de comparaison la quantité de semence ;

Qu'un arpent de terre commune en France semé en blé reçoit un septier ou deux cent quarante livres de semence ;

Que la mézinade est la quantité de terre qu'il faut pour recevoir un mézin ou six bachins de semence, c'est-à-dire depuis soixante et quinze livres poids de marc jusqu'à quatre-vingt-seize livres, suivant le poids du bachin qui varie dans chaque Province, et qui va de douze à seize livres ; que sur ce pied une mézinade serait le tiers ou la moitié d'un arpent ;

Que la différence de la moitié aux cinq huitièmes peut provenir des variétés inévitables dans la nature de la terre, dans la manière de la cultiver, dans la qualité de la semence ;

Mais qu'il en résulte toujours qu'il faut un peu plus ou un peu moins de deux mézinades pour un arpent dans le langage le plus ordinaire, et qu'il faudrait en conclure qu'il y a une inexactitude notable dans les déclarations sur les mézinades, s'il était vrai qu'on eût réduit toutes les mézinades à la mesure commune de six cents palmes de longueur sur cent de largeur ;

Que le travail déjà fait par le Terrier commencera peut-être à répandre quelque lumière sur cette discussion ; qu'on a lévé les Provinces du Cap-Corse et du Nebbio, qu'on finit celle de Bastia, et qu'on travaille dans celle d'Aleria ;

Qu'on ne peut pas dire que dans le Cap-Corse on ait entendu par mézinade une surface de six cents palmes de longueur sur cent de largeur ; qu'il y a dans cette Province soixante-treize mille cinq-cents arpents de superficie dont quarante-six mille sont réclamés par des particuliers et vingt-sept mille par les Communautés ; que plus de quarante-huit mille de ces arpents sont cultivables ; qu'il y en a cinq mille six cent soixante-sept qui sont cultivés en vignes, que les quarante-deux mille arpents restants ne sont déclarés que pour seize mille huit cent vingt mézinades ; qu'on ne les a donc pas réduites à la mesure commune de six cents palmes de longueur sur cent palmes de largeur, car alors au lieu de seize mille on en eût déclaré près de quatre-vingt-quatre mille ; qu'on les a donc déclarés suivant leur produit possible, en compensant par une plus grande superficie ce qui manque à la qualité de la terre ;

Que suivant le Terrier, il n'y a que cinq mille quatre cents arpents de terres labourables dans le Cap-Corse, qu'ainsi le reste des terres cultivables qui est à peu près de trente-sept mille arpents, consiste en terres bonnes pour le pâturage seulement quant à présent, que l'industrie mise en activité pourrait peut-être défricher, convertir en vignes, en champs d'oliviers, etc., mais qui, dans ce moment, ne comptent que pour pâturages ; qu'il n'y a pas lieu de douter que par les déclarations du Cap-Corse on n'ait compris sous le nom générique de mézinade les terres de cette nature, et qu'il n'en ait été usé de même dans les autres Provinces ; que cela explique comment une très grande surface de terre ne serait estimée pour un très petit nombre de mézinades, et comment encore les mézinades de cette espèce ne représenteraient que le plus médiocre produit, tel que celui de six sous par mézinade ; mais que c'est tomber dans une équivoque, que l'Arrêt du 30 septembre 1774 devait prévenir ; que c'est par abus des mots que l'on nomme mézinade une terre où on ne sème point, où on ne recueille point de grains ; qu'il est impossible qu'on ne retire que six sous d'une terre où l'on sème un mézin ou quatre-vingt-dix livres de grains ; qu'il faut donc prendre une distinction plus naturelle et plus vraie, qu'au lieu de s'en tenir à deux classes générales en distinguant tout le territoire en journées de vignes et en mézinades de terres, comme on pourrait l'avoir fait par l'opération des Commissaires aux rôles, il faut en faire d'abord au moins trois classes, une pour les pâturages, une pour les terres arables, une pour les vignes, que c'est ainsi que cela est entendu par l'Arrêt du 30 septembre 1774 qui suppose que les terres communes sont bonnes pour les pâturages seulement, et qui ordonne que la contribution en sera payée suivant le nombre et la qualité des bestiaux que les habitants de la Communauté mettent à la pâture ;

Que cette explication tire de la classe des mézinades des terres arables toutes les terres qui ne sont pas cultivées, et qui ne sont bonnes que pour le pâturage ; qu'elle en fait une classe à part qui doit être imposée par des principes différents ;

Qu'il faut d'abord leur trouver une mesure commune ; qu'il est évident que ce ne peut pas être la mézinade, comme on l'entend aujourd'hui, et qu'il est temps de faire cesser l'arbitraire de cette mesure appliquée à des terres qui ne peuvent être ensemencées, ou si le Pays conserve quelque attachement pour cette dénomination, qu'il faut au moins lui donner une mesure fixe et géométrique ; que c'est le cas d'appliquer la disposition de l'Edit de 1770, qui ordonne que la mesure des terres sera de quarante mille pieds carrés qu'on l'appellera mézinade ou arpent, mais qu'au moins on saura à quoi s'en tenir ;

Que la mesure étant déterminée pour les pâturages, il deviendra facile d'en fixer la subvention, qu'on évaluera le revenu de chaque arpent à un prix modique, depuis vingt fois jusqu'à cinq, et pour ceux qui appartiendront aux Communautés que la répartition de la taxe à laquelle elle montera se fera conformément à l'Arrêt du 30 septembre 1774, suivant la quantité et nature des bestiaux que les habitants mettent à la pâture ;

Que cette disposition satisfera aux représentations de plusieurs Piéves qui ont observé que par les opérations des Commissaires aux rôles, les pâturages, les bergers, les troupeaux ne seraient plus contribuables ni quotisés à la subvention ; que l'observation est juste, et que l'explication dans laquelle Nosdits Seigneurs les Commissaires du Roi venaient d'entrer en est la réponse : ils ont au surplus invité l'Assemblée de bien s'en convaincre par elle-même ou par le Comité, et lui ont offert de lui faire donner par les Directeurs du Terrier tous les éclaircissements qu'elle pourrait désirer, en les assurant que l'ordre et l'exactitude de leur travail qui n'est sans doute critiqué que parce qu'il n'est pas connu, ne pourrait qu'être infiniment utile au Comité qui sera chargé de s'occuper de cet objet.

Sur quoi les Etats ont dit qu'ils se feront le devoir le plus positif de s'occuper avec soin et avec impartialité des opérations des Commissaires des rôles, et ils ont invité le Comité dont on a fait choix hier, à répandre sur ces mêmes opérations la clarté et l'ordre nécessaires pour les réduire au dégré de régularité et d'équité que Sa Majesté a en vue, et dont l'objet est de faire jouir ses nouveaux Sujets Corses des avantages qu'ils doivent retirer d'une répartition exacte de la Subvention à laquelle la Corse se trouve imposée.

Et la présente Délibération a été signée comme dessus.

Dudit jour 14 Mai 1777

Nosseigneurs les Commissaires du Roi ont dit que ce n'est pas réellement sur l'estimation des terres, qui ne sont propres qu'aux pâturages, qu'il fallait revenir à des idées plus simples et plus exactes; que cela était encore nécessaire pour l'application du revenu de chaque mézinade de terres arables;

Qu'il est évident qu'on a entendu dans tout ce qui peut être rangé dans cette classe suivant les déclarations, par mézinade la quantité de terre nécessaire pour recevoir un mézin de semence, en compensant par la plus grande superficie ce qui peut manquer à la qualité de la terre; qu'alors chaque mézinade recevant un mézin ou quatre-vingt-dix livres de semence, doit être apprécié par son revenu commun par le rapport qui se rencontre le plus ordinairement entre la quantité de la semence et la quantité du grain récolté;

Que l'idée la plus générale est qu'on récolte en Corse douze à quinze fois la semence; que dans aucune des appréciations connues, et dans les discussions où l'on vient d'entrer, en rabattant, on ne descend pas au-dessous de huit fois la semence; qu'en admettant le calcul le plus bas, une mézinade, c'est-à-dire une superficie semée d'un mézin de blé, doit rendre huit mézins à la récolte; que si l'on en ôte quatre pour les frais de semence, culture et autre, il reste quatre mézins de produit net; que l'on a toujours supposé dans les calculs ci-dessus que la mesure commune du mézin était de quatre-vingt-dix livres; qu'ainsi le produit net d'une mézinade est de trois cent soixante livres de grains;

Que le prix le plus ordinaire du blé en Corse le porte à douze livres le quintal, qu'en supposant à dix livres le prix commun, le produit net de la mézinade est de trente-six livres en argent;.

Que si la terre est cultivée tous les trois ans, son produit commun est de douze livres par an, qu'il sera de neuf livres si on ne la cultive que tous les quatre ans, mais que pour réduire à six livres et même à cinq livres, dix sous, les meilleures terres dans les Provinces les plus fertiles, comme celles de Bastia, de Sartene, d'Ajaccio, ainsi que le font les estimations des experts, il faudrait qu'elles ne produisissent qu'une seule fois en six ans, et qu'elles ne donnassent aucun produit dans les cinq autres années; que ce serait une assertion évidemment contraire à toutes les idées reçues ;

Qu'il serait encore bien plus improposable dans cette hypothèse que dans les mêmes Provinces il y eût des mézinades qui ne produisissent que vingt sous de revenu année commune, ce qui supposerait qu'elles ne sont cultivées qu'une fois en trente-six ans, que remises en culture elles ne rendent alors qu'une récolte, et que cette récolte encore ne donne que huit fois la semence quoique dans une terre neuve et défrichée; que ce sont là trois idées également dénuées de vérité et de vraisemblance ;

Que dès qu'on entend par mézinade la surface de terre de telle étendue qu'elle soit qui est nécessaire pour recevoir un mézin de semence, il est impossible que le revenu annuel d'aucune de ces mézinades se réduise à vingt sous ;

Qu'en supposant même que l'usage le plus commun en Corse fût de cultiver de six années une, le revenu annuel de la mézinade serait de six livres, puisqu'elle aurait rendu au moins trente-six livres de produit net dans son année de culture; mais qu'on peut regarder comme médiocres et communes les terres qui ne se cultivent que tous les six ans, et que comme on ne peut pas estimer moins de six livres la mézinade, il faut porter dans la classe des bonnes terres celles qui donnent plusieurs récoltes dans le même espace de six années; les estimer au moins neuf livres, et composer la classe des mauvaises terres arables de celles qui se cultivent moins souvent encore que tous les six ans ;

Qu'ainsi on aura divisé les mézinades des terres arables en trois classes, de bonnes, de médiocres, et de mauvaises, sans qu'il paraisse qu'en s'arrêtant au prix commun de neuf, six, et trois livres, on donne à qui que ce soit le droit de se plaindre ;

Que c'est là la marche à suivre tant que les mézinades déclarées ne seront point réduites à la mesure commune de six cents palmes de longueur sur cent de largeur, et que lorsqu'on sera au point de sentir l'utilité d'une pareille réduction de manière à la demander comme une grâce (demande que l'expérience et le retour aux bons principes ne peuvent manquer d'inspirer avec le temps), on trouvera également simple de s'en tenir à la mesure de quarante mille pieds carrés, qui par là deviendra la mesure commune de toutes les terres.

Sur quoi les Etats ont délibéré que tout ce que Nosseigueurs les Commissaires du Roi viennent d'annoncer relativement à la fixation du revenu des terres de la Corse sera remis au Comité qui est prié d'y apporter les réflexions les plus propres à mettre dans son véritable point de vue le revenu actuel des terres de cette Ile, qui est assurément bien modique, et répond peu aux idées avantageuses qu'on en a données.

Et la présente Délibération a été signée comme dessus.

Dudit jour 14 Mai 1777.

Nosseigneurs les Commissaires du Roi ont dit que la quantité des vignes déclarées dans toute l'Ile ne peut pas être arbitraire jusqu'à un certain point ; qu'on ne peut pas se méprendre sur un genre de culture aussi déterminé et aussi facile à discerner, qu'il ne doit pas même y avoir une extrême variété entre les journées des vignes dans les différents cantons de l'Ile, et que si elles ne peuvent pas être égales partout, en ce que représentant ce qu'un homme peut en cultiver dans un jour, ce qui peut dépendre jusqu'à un certain point de la qualité et de la position du terrain, il n'est pas moins vrai que les différences ne peuvent pas être très grandes ;

Qu'on compte cent quatre-vingt mille six cent douze journées de vignes déclarées dans toute l'Ile, et qu'il faut espérer que les Experts et les Commissaires des rôles auront vérifié aisément les déclarations dans cette partie ;

Qu'il est assez indifférent de connaître quel est le rapport de la journée de vigne à la mézinade de terre ; que les observations fournies au Greffier des Etats qui ne les adopte qu'avec beaucoup de réserve, feraient croire qu'il faut quinze journées de vigne pour une mézinade de terre ; que cependant cette évaluation serait impossible à entendre ; car comment concevoir que la quinzième partie d'une mézinade étant ce qu'il faut de terrain pour six livres de semence, une journée de vigne se réduise à une superficie si peu étendue.

Que le travail du Terrier présente une idée beaucoup plus claire, qu'il y a cinq mille six cent soixante-sept arpents de vignes dans le Cap-Corse ; qu'elles sont déclarées aux rôles pour cinquante-cinq mille trois cent quatorze journées, que c'est dix journées de vignes dans l'arpent de quarante mille pieds carrés, que c'est quatre mille pieds carrés ou dix perches par journée ; et que ce rapport se rapproche infiniment des mesures usitées dans la plupart des Provinces du Royaume pour les vignes ;

Que l'estimation la plus forte d'une journée de vigne est de quatre livres de revenu par an, l'estimation la plus faible est à seize sous, huit deniers ; que c'est à l'Assemblée prochaine à adopter, modifier, ou changer ce travail suivant les lumières du Comité qu'elle en chargera ;

Qu'il paraît difficile d'expliquer comment si une journée de vigne n'était qu'un quinzième de la mézinade, son revenu serait de moitié, ce qui est à peu près le résultat des estimations des experts ; que c'est une nouvelle raison de douter qu'il y ait quinze journées de vigne dans une mézinade, de traiter avec une extrême circonspection toutes les évaluations qui se font sur des mesures aussi arbitraires, et de faire cesser autant qu'il sera possible une pareille incertitude.

Sur quoi il a été arrêté que le Comité s'occupera avec attention de tous les objets qui viennent d'être annoncés.

Et la présente Délibération a été signée comme dessus.

Dudit jour 14 Mai 1777.

Nosseigneurs les Commissaires du Roi ont dit que le travail des Commissaires aux rôles doit naturellement amener les Etats à remarquer qu'en se réduisant aux trois classes des terres arables et des terres plantées en vignes, celles qui sont plantées en oliviers, en mûriers et autres arbres sont traitées trop favorablement ; que c'est une faveur qui surcharge l'éducation des bestiaux et les récoltes en blé et en vin ;

Que la première règle de toute imposition doit être l'égalité ; que cependant le grand principe d'une imposition territoriale est de répartir sur toutes les productions à proportion de leur valeur ; qu'il est évident, au cas présent, que la Balagne plus favorisée que les autres Provinces pour la plantation des oliviers ne paierait pas toute la part qu'elle doit prendre dans l'imposition, si les parties de ce terroir qui sont couvertes d'arbres ne payaient pas davantage que les terres qui ne produisent que du grain ;

Que par une des réponses du Roi sur la demande des derniers Etats, tendant à exempter de la Subvention pendant vingt-cinq ans le produit des mûriers, ils sont autorisés à taxer modérément les terres qui en sont actuellement plantées, et à réduire dans la suite à telle portion qu'ils jugeront convenable la taxe des terres dans lesquelles on fera des plantations de cette espèce ;

Que cette réponse peut s'appliquer aux terres plantées d'oliviers, de châtaigniers, de citronniers, qu'elles doivent être ménagées, et que c'est sur ce principe que l'imposition générale est plus légère en Corse que nulle part ailleurs ; que cependant elles ne doivent point être affranchies ;

Que les huiles, les soies, les châtaignes qui servent pour la substance et qui entrent dans le commerce ne doivent pas avoir à cet égard plus de privilège et de faveur que les grains, les vins et les bestiaux ;

Que cette observation est d'autant plus importante que tous les frais de l'administration qui tendent à la sûreté et à la tranquillité de l'Ile intéressent plus particulièrement les propriétaires des arbres, que c'est à les arracher et à les détruire que se sont principalement attachés les ennemis du Pays, et que tout ce qui tend à maintenir l'ordre et la paix écarte un pareil désordre, et impose aussi au possesseur l'obligation de concourir aux frais de la sauve-garde à la faveur de laquelle il jouit de son bien.

Après quoi les Etats ont dit que le Comité s'occupera également des objets proposés.

Et la présente Délibération a été signée comme dessus.

Dudit jour 14 Mai 1777

Nosseigneurs les Commissaires du Roi ont dit que le Sieur Giubega rappelle dans son mémoire ce qui a déjà été observé qu'une des principales raisons des incertitudes qui règnent encore dans les déclarations des Communautés sur la superficie de leur territoire, c'est l'ignorance où elles sont de leurs limites ;

Que la confusion qui règne aujourd'hui dans cette partie pourrait avoir pour principale cause les événements qui ont successivement détruit et dispersé plusieurs Communautés ; que leurs terres désertes ont été abandonnées au premier occupant ; que le chap. 39, du Statut Civil en fait une disposition provisoire en continuant d'en laisser l'usage aux particuliers et aux Communautés qui en tirent quelque profit, jusqu'au moment où il plaira au Souverain d'en disposer ; qu'ainsi au moment où le Roi voudra rétablir des Communautés nouvelles sur le même territoire qu'occupaient les Communautés détruites, il en est le maître par la loi même du Pays ; mais qu'en attendant les particuliers et les Communautés voisines se sont introduits dans ces territoires abandonnés, et que ne pouvant s'entendre sur l'usage commun qu'il leur était permis d'en faire, ils se sont jetés dans la confusion sur les limites dans lesquelles chacun prétendait renfermer son voisin; que les opérations du Terrier sont particulièrement destinées à faire cesser une confusion en recevant dans chaque Communauté les déclarations des Officiers Municipaux sur ces limites de leurs territoires respectifs, et les distinguant dans les cartes topographiques qu'ils doivent en faire pour mettre les Juges à portée de décider les procès nés et à naître entre les Communautés relativement à leurs territoires ; mais que les détails de leur entreprise en retardent nécessairement la fin, qu'on ne peut en recueillir les fruits que dans plusieurs années ; qu'en attendant les procès sur les limites des Communautés se multiplient, que les déclarations sur la subvention en peuvent faire naître de nouveaux ; que les frais et les démarches que de pareils procès entraînent, augmenteraient encore les embarras que la plupart des Communautés éprouvent dans la conduite de leurs affaires municipales ;

Que Sa Majesté dans le dessein d'y pourvoir se propose de commettre par un Arrêt d'attribution avec Lettres Patentes le Sieur Intendant Commissaire départi pour juger sans frais, et sans appel les procès nés et à naître entre les Communautés sur les limites de leurs territoires respectifs, en se faisant représenter leurs titres et les procès-verbaux de reconnaissance qu'il fera dresser de leurs limites par des experts qu'il voudra commettre à cet effet : que le Sieur Intendant se fera assister de deux Assesseurs gradués et entendra l'Inspecteur des Domaines pour reconnaître et constater les limites des anciennes Communautés abandonnées ;

Que cette disposition de la part de Sa Majesté doit être envisagée par les Etats comme une nouvelle preuve de la vigilance avec laquelle elle s'empresse de saisir tous les moyens les plus propres à procurer à ses nouveaux Sujets la tranquillité que la confusion des limites a beaucoup contribué à altérer, et quelquefois à un point tellement excessif qu'il en est résulté des querelles et des rixes dont les suites n'ont pu qu'être fâcheuses.

M. l'Intendant a dit que ce serait pour lui personnellement une grande satisfaction de pouvoir coopérer à tarir une des sources de ces animosités dont les effets ne sont que trop sensibles en Corse, et qu'il ne pourra en donner une preuve plus convaincante aux Etats qu'en se livrant avec activité à un travail dont il désire plus que personne de voir promptement les Communautés goûter le fruit.

Sur quoi l'Assemblée générale sentant combien la démarcation des limites serait utile et nécessaire à la Corse pour obvier à tous les désordres que les disputes territoriales ont rendu trop fréquentes, a respectueusement remercié Sa Majesté d'avoir daigné porter ses vues sur un objet si important, et qui ne pouvait certainement être mieux confié qu'à M. de Boucheporn, Intendant, dont elle connaît les lumières et l'activité ; et néanmoins elle a prié Nosseigneurs les Commissaires du Roi de vouloir bien lui accorder la permission de mettre sous les yeux de Sa Majesté les moyens qui peuvent faciliter l'exécution d'une si grande opération et en faire ressentir tous les avantages qui en sont l'objet.

Et la présente Délibération a été signée comme dessus.

Dudit jour 14 Mai 1777

Nosseigneurs les Commissaires du Roi ont dit que le Trésorier du Pays offrait de verser chaque mois dans la Caisse Civile à la décharge des Etats dix mille livres ou le douzième de l'abonnement de la Subvention, et de fournir en outre l'argent nécessaire pour les dépensss courantes, à la charge par le Pays de lui bonifier l'intérêt de ses avances à cinq pour cent par an ;

Que non seulement une pareille proposition était très acceptable, mais que les Etats même ne pouvaient la recevoir avec indifférence ;

Qu'elle leur fournirait une occasion bien naturelle de justifier les assurances réitérées dans toutes les Assemblées, d'un zèle qui ne connaît d'autres bornes que son impuissance ;

Que le payement exact de la Subvention était le seul moyen par lequel les Etats pussent seconder l'administration dans ses dépenses pour la Corse.

Qu'ils devaient avoir infiniment à cœur d'entrer sur ce point dans ses vues, et que si la proposition que leur faisait le Trésorier n'était pas agréée par eux, ce qu'on ne présume pas, Sa Majesté se trouverait forcée à prendre d'autres mesures pour assurer la partie du service de la Caisse Civile dont l'exactitude tient au payement exact de la Subvention.

Qu'il y avait sur la proposition du Trésorier deux attentions à faire :

1º Comprendre dans l'état des charges et des dépenses des années échues et à écheoir jusqu'au premier Octobre 1779 la somme présumée nécessaire pour acquitter l'intérêt des avances auxquelles le Trésorier s'engagerait :

2º Pourvoir au payement des arrérages de l'abonnement de manière qu'au premier Octobre 1779 il ne restât en arrière qu'une année ;

Que pour remplir le premier objet, ce qui ne pouvait se faire que par approximation et sauf le compte à en rendre aux Etats suivants, l'Assemblée prochaine arrêterait les calculs provisoires sur lesquels cette somme serait déterminée pour les comprendre dans l'état des charges des six années, depuis le premier Octobre 1773 au premier Octobre 1779 ;

Que pour remplir le second objet, on presserait le plus qu'il serait possible jusqu'au premier Octobre prochain le recouvrement des arrérages de l'abonnement ; qu'à cette époque ils seraient liquidés pour tout ce qui s'en trouverait dû jusques là ; que l'on ferait une somme totale, dont on déduirait les cent vingt mille livres que Sa Majesté consent de laisser en arrière pour l'abonnement d'une année, et que tout le surplus serait divisé en vingt-quatre parties égales pour être payées, chaque mois, depuis le premier Octobre prochain jusqu'au premier Octobre 1779, conjointement et en sus des dix mille livres, que le Trésorier offrait pour l'abonnement courant.

Sur quoi l'Assemblée générale a renvoyé cet objet au Comité pour y faire ses réflexions, et en faire le rapport aux Etats à l'effet d'y être délibéré.

Après quoi la Séance a été renvoyée à demain, quinze du présent mois, à neuf heures du matin.

Et la présente délibération a été signée comme dessus.

Séance du 15 Mai 1777.

Nosseigneurs les Commissaires du Roi et Mgrs les Evêques et Députés ci-devant dénommés, s'étant rendus à la Salle de l'Assemblée, Nosseigneurs les Commissaires du Roi ont dit qu'après avoir parcouru les différents points relatifs à la Subvention sur lesquels Sa Majesté avait cru devoir fixer l'attention des Etats, il était indispensable en les résumant de remettre sous leurs yeux les véritables principes en matières d'imposition ;

Que ces maximes n'étaient point nouvelles pour la Corse ; que, dès les premières années, on lui avait fait connaître par des mémoires imprimés sur la Subvention, la nécessité dans laquelle chaque sujet de l'Etat était de contribuer aux charges publiques, qui devenaient inévitables dans toutes les sociétés quelles qu'elles soient, que toutes avaient pour objet de réunir les forces des individus pour maintenir le bon ordre intérieur ou extérieur, et qu'il ne pouvait y avoir de variétés entr'elles que relativement à l'étendue, à la position, à l'intérêt de chacune en particulier ;

Que si le principe est vrai en général, il l'est également dans le fait ; qu'aucun Etat ou aucune partie de l'Etat n'est admise à jouir des avantages de la réunion des forces, et des secours, sans contribuer aux charges ; que c'est une erreur bien grande de croire que les Provinces du Royaume, dont Sa Majesté a fait la conquête, en ayent été et en soient encore exemptes ; qu'elle a pu user envers ses nouveaux sujets sur le plus ou moins de contribution d'une indulgence que es circonstances rendent quelquefois nécessaire et utile, mais ju'il n'y a pas d'exemple qu'au moment de la conquête les impositions auxquelles le peuple conquis était assujetti aient cessé, sans qu'il en ait été substitué d'autres ; qu'en faisant l'application de ces vérités à la Corse, on ne pourrait s'empêcher de convenir qu'elle était assujettie à une taille envers la République de Gênes qui avait le grand inconvénient de charger également le pauvre et le riche ;

Que la Subvention qui a succédé à cette taille a, au contraire, le grand avantage de proportionner l'imposition aux facultés, et que cette proportion contribuera infiniment à rendre l'impôt moins onéreux, que cette Subvention est territoriale et réelle, et qu'elle convient plus à la Corse qu'à tout autre Etat, parce que tombant sur le propriétaire, elle affecte plus ou moins tous les individus qui ont presque tous des propriétés ;

Que le feu Roi avait fait succéder cette imposition nouvelle à celle à laquelle la Corse était assujettie du temps des Génois, pour ne pas laisser subsister l'égalité odieuse de cette dernière, malgré l'inégalité des fortunes ; qu'il avait aussi écarté toute idée de taille proportionnelle par classe, parceque ces sortes d'impôts laissent toujours les cédules en proie à l'arbitraire ; que l'intention de Sa Majesté pénétrée des motifs qui avaient déterminé le feu Roi à opérer ce changement en faveur de la Corse, était que la taille ne pût cesser d'être réelle, qu'on ne livrerait pas à de perpétuelles incertitudes les impositions établies, ni les principes sur lesquels elles sont fondées ; qu'elle déclarait qu'elle ne varierait poin, et qu'elle ne souffrirait point qu'on s'occupât à l'avenir de projets qui tendraient directement ou indirectement à ébranler les fondements de la Subvention.

Nosseigneurs les Commissaires du Roi ont ajouté que dès à présent toutes les réclamations qui pourraient être faites par les gros propriétaires qui ont plus de moyens que les autres de se faire entendre, deviendraient inutiles, lorsqu'elles tomberaient sur la nature de l'impôt, qu'il était très important de ne travailler qu'à perfectionner le seul qui puisse avoir son exécution ;

Qu'il serait inutile de rappeler ici toutes les précautions suggérées par le Gouvernement aux Etats qui les ont adoptées, et celles qu'ils ont prises eux-mêmes pour établir l'ordre le plus parfait, la simplicité la plus grande, la justice la plus exacte dans la répartition qu'il a bien voulu confier à leurs soins, ainsi que le recouvrement ; que cependant le zèle les

Députés à la Cour leur avait fait penser que tout était obscurité et confusion dans la répartition, et qu'on devait en attribuer la cause à l'influence que les Arrêts et Règlements avaient conservée au Sieur Intendant sur cette partie en l'autorisant à rendre les rôles exécutoires, à décerner les contraintes et à accorder les modérations sur le rapport ou sur la demande des Douze, que tout était abus dans le recouvrement, que cela provenait de ce que les Etats n'avaient pas un Trésorier particulier, que les deniers des impositions étaient versés dans la Caisse Civile dont on ne pouvait les faire sortir pour les dépenses les plus indispensables, en sorte qu'il n'y avait pas plus de relation entre les Etats et leurs Trésoriers qu'il n'y en a en France entre un Receveur des tailles et le Pays d'élection où il fait la recette, que ces deux assertions méritaient d'être approfondies séparément dans les principes et dans le fait ;

Que dans les principes il est constant qu'il n'appartient qu'au Prince de lever des impositions ; que la grâce que Sa Majesté a faite à la Corse de la continuer en Pays d'Etat ne s'étend point jusqu'à la faire participer à ce droit inhérent à la Souveraineté ;

Que la liberté de répartir et de recouvrer elle-même les impositions qu'elle lui a accordée, est plutôt une marque de confiance qu'un droit acquis ; qu'elle est toujours subordonnée à l'inspection de Sa Majesté, représentée par le Commissaire de son Conseil, et aux règles qu'elle a cru de sa sagesse de prescrire pour prévenir tout abus ; que si elle a exigé que le Sieur Intendant rendît les rôles exécutoires, il ne fait en cela qu'imprimer le sceau de l'autorité légale à la répartition projetée par les Etats seuls ; que c'est par le même motif qu'il décerne les contraintes, et accorde les modérations sur le rapport ou la demande des Douze, que si le Roi n'a pas un intérêt direct au moyen de l'abonnement à la nature de l'imposition, à la manière dont se fait la répartition, il ne peut voir avec indifférence des objets qui intéressent infiniment les Sujets dont il est le père, qu'il leur doit la justice lorsqu'ils sont surchargés, et que c'est par le Commissaire de son Conseil qu'il peut et doit la faire rendre sur tout ce qui a rapport aux impositions ;

Qu'en ce sens, comme en tout autre, *l'intérêt du Prince et celui du Peuple* sont indivisibles, et que ce serait le diviser que de soustraire quelques parties de l'administration à sa vigilance ou à sa protection ; que quand même Sa Majesté se serait portée à ôter à l'Intendant la connaissance de ces objets et à s'en rapporter en tout aux Etats, cela ne changerait rien au principe, mais que si on examinait sérieusement la question de savoir s'il serait avantageux et juste que les contribuables eussent pour seuls juges la Commission des Douze, ce serait tout au plus un problème proposable, lorsque le cadastre serait fait ;

Et que s'il s'agissait uniquement d'en maintenir l'exécution, encore les contribuables auraient-ils dans tous les temps à désirer que cette exécution fût confiée à un Tribunal Supérieur permanent, et surtout détaché de tout intérêt particulier, mais qu'au moment présent que le cadastre se fait aux frais du Roi, avec des soins, et une dépense dont le pays doit sentir tout le prix, cette question ne pouvait pas être agitée ; que le cadastre ne peut se faire que sous son autorité immédiate ; que les opérations de la Subvention sont regardées comme des préliminaires, comme des opérations préparatoires, qui ne recevront leur complément et leur perfection que quand le territoire et les facultés respectives de toutes les parties de l'Ile seront parfaitement connues par les descriptions topographiques auxquelles on travaille ;

Que le principe qui soumet ce grand ouvrage à l'autorité et à la surveillance de l'Intendant Commissaire départi, suffirait seul indépendamment de toutes les considérations qui s'y réunissent pour le conserver dans l'attribution que lui donnent les arrêts et réglements qui ont établi la Subvention.

Nosseigneurs les Commissaires du Roi ont ajouté que quant au Trésorier, ce qui constituait sa dépendance des Etats, était l'obligation de représenter aux Députés des Douze toutes les fois qu'ils le requéraient les états de Caisse et la nécessité dans laquelle il était de rendre son compte à la première Assemblée ; que dans le fait la comparaison dont les Députés se sont servis à son égard se trouve formellement détruite par le procès-verbal que les Députés des Douze et le Greffier en chef ont dressé de l'état dans lequel ils ont trouvé les finances du Pays, au moment où le Gouvernement a exigé qu'ils le reconnussent et le constatassent par écrit ; qu'il est établi par le procès-verbal du 10 Janvier : premièrement que le Sieur Gautier qui est en même temps Trésorier de la Caisse Civile et Trésorier des Etats tient pour le Pays des registres entièrement séparés, et tels que pourrait et devrait les tenir une personne qui n'aurait aucun rapport à la Caisse Civile, observations qui prévient toute idée de confusion ;

2º Que le même Sieur Gautier tient deux registres séparés l'un pour la Subvention, l'autre pour l'imposition de logements militaires, ce qui prévient également toute idée de confusion entre les deux impositions ;

3º Que chaque journal commence aux comptes arrêtés par la dernière Assemblée des Etats, dans laquelle Assemblée on a fixé toutes les incertitudes sur le fond, et la comptabilité de l'une et de l'autre imposition ;

4º Que dans chaque journal tous les articles de recette et de dépense sont rapportés, jour par jour, dans la forme la plus claire et la plus régulière ;

5º Qu'au premier janvier dernier la Nation devait à la Caisse Civile suivant le compte arrêté pas les Députés des Douze, quatre vingt seize mille six cent treize livres déduction faite de tout ce qui été reçu jusques-là tant sur la subvention que sur l'imposition des logements ;

6° Qu'indépendamment de cette avance les Etats devaient au premier février les soixante mille livres fixées pour la seconde moitié de l'abonnement de la Subvention de la sixième année échue au premier Octobre 1775 ;

Qu'ainsi bien loin qu'il y ait confusion ou lésion au préjudice du Pays, tout l'avantage est pour lui dans la réunion des deux places de Trésorier, toute la charge est pour la Caisse Civile, non seulement parce qu'elle fait presque seule tout le traitement du Trésorier commun, quoique le recouvrement des impositions lui donne plus de travail que toutes les affaires de la Caisse Civile, mais encore parce que cette Caisse est constamment en avance d'une somme considérable et de manière à laisser en souffrance les charges de l'administration pour avoir payé, sans y être obligée, les charges du Pays ;

Que ces vérités paraîtront bien contraires à ce que le zèle des Députés leur a fait avancer sur le prétendu désordre qui régnait dans l'administration des finances de l'Ile ;

Qu'il eût été à désirer qu'avant de proposer des moyens de faire cesser ces abus, et de regarder comme certain ce qui n'est qu'une allégation contredite par des états parfaitement en règle, ils eussent demandé au Sieur Intendant tous les éclaircissements nécessaires pour fixer leur opinion ;

Qu'au surplus l'Assemblée pourra s'en convaincre à la vue des comptes qui seront rendus dans le courant des Etats par le Trésorier, et les différents journaux de Caisse sur lesquels ils sont établis, et qu'il y a lieu de croire que l'aveu qu'elle fera du bon ordre dans lequel elle doit les trouver préviendra pour l'avenir des imputations qui ne jettent que de l'embarras dans l'administration.

Et la présente Délibération a été signée tant par Mgrs les Commissaires du Roi que par Mgrs les Evêques Doria et de Santini ; Manenti et Bartoli, Piévans ; Colonna et de Buonaparte, Députés Nobles, Tusoli et Pozzo di Borgo, Députés du Tiers-État.

Signés, etc.

Dudit jour 15 Mai 1777

Nosseigneurs les Commissaires du Roi ont dit que malgré l'attention avec laquelle le Conseil, de l'ordre de Sa Majesté, a fixé par son Arrêt du 2 Novembre 1772 les dispositions les plus propres à maintenir dans les Assemblées générales et particulières du Pays le bon ordre et une exacte discipline, l'expérience a découvert plusieurs points qui n'avaient point été prévus, quelques-uns dont on a abusé, et d'autres qui n'ont rempli qu'imparfaitement les vues du Gouvernement;

Qu'il en résulte la nécessité d'un nouveau règlement plus complet que ne pouvaient être tous ceux qui ont été donnés jusqu'ici sur cette matière ; que ce règlement a été annoncé aux Etats par la réponse du Roi au second article du cahier.

Pour répondre aux intentions de Sa Majesté, Nosseigneurs les Commissaires du Roi ont dit qu'ils allaient mettre successivement sous les yeux de l'Assemblée les principales dispositions qui doivent faire la matière du nouveau règlement, en observant de traiter par ordre les Assemblées des Communautés, celles des Piéves, celles des Provinces et les Assemblées générales avec la distinction des articles sur lesquels Sa Majesté désirait de connaître le vœu du Pays, et des points sur lesquels elle a jugé à propos de déclarer sa volonté.

ASSEMBLÉES DES COMMUNAUTÉS.

Nosseigneurs les Commissaires du Roi, en suivant le plan qu'ils viennent d'exposer, ont dit que l'Assemblée générale des Etats de 1775 a demandé qu'il plût à Sa Majesté ajouter au règlement l'obligation pour tous chefs de famille d'assister aux Assemblées des Communautés sous peine de douze livres d'amende ;

Que cette demande est très juste ; qu'elle fera un des articles du règlement projeté et que le Roi veut bien consentir que l'amende soit prononcée par l'Assemblée pour être appliquée aux besoins de la Communauté.

Nosseigneurs les Commissaires du Roi ont dit qu'ils avaient fait observer que l'article 4 de l'Edit du mois de Mai 1771, a été interprété de manière que les fils de famille de l'âge de vingt-cinq ans, et au-dessus, entraient dans les Assemblées des Communautés avec leurs pères pour y avoir voix délibérative ;

Que Sa Majesté a trouvé que cela ne devait pas être ; qu'elle déclare en conséquence que l'article 4 ne donne entrée et voix délibérative qu'aux chefs de famille, ce qui s'entend de tout homme marié ou qui vivant garçon, jouit de ses droits et de ses biens ; que les fils de famille vivants sous l'autorité de leur père sont suffisamment et véritablement représentés par eux dans les Assemblées des Communautés ; qu'ainsi ces fils de famille n'y ont ni entrée, ni voix délibérative,

Nosseigneurs les Commissaires du Roi ont dit qu'il arrive que dans une même Assemblée une seule famille prend le dessus par le nombre des votants dont elle est composée ; qu'un père a plusieurs enfants mariés, un oncle plusieurs neveux, que leurs suffrages font nombre et l'emportent en faveur de quelqu'un de leur famille ;

Que pour éviter les inconvénients qui en résultaient, il avait été proposé d'ordonner que dans toutes les Assemblées des Communautés, des Piéves, des Provinces et même des Etats, le père et ses enfants n'auraient ensemble qu'une voix, ainsi que l'oncle avec les neveux, et les frères entre eux, et que lorsqu'il s'agirait de donner le suffrage par le scrutin, un seul des frères, ou un seul du père et des enfants, ou de l'oncle et des neveux irait au nom de tous les autres porter son suffrage dans l'urne ;

Qu'un pareil expédient remédierait sans doute à la partialité des suffrages qui peut concentrer dans une seule famille les distinctions dont l'Assemblée dispose ; mais qu'il pourrait en résulter un autre mal, celui d'annuler entre les mains de plusieurs citoyens non seulement l'éligibilité à laquelle ils ont droit par leur âge et par leurs possessions, mais le droit même d'élire qui doit être entier dans chaque chef de famille et qui serait nul pour les fils et les neveux s'ils devaient venir se confondre avec le suffrage du père ou de l'oncle ;

Qu'il faudrait trouver un juste milieu, et que c'est un point important à mettre en délibération dans la présente Assemblée ;

Qu'il y avait à examiner dans quelles circonstances, et jusqu'où on pouvait gêner les suffrages de plusieurs parents qui se trouvent ensemble dans une même Assemblée, s'il convenait de laisser à chaque citoyen tous ses droits actifs et passifs aux charges et distinctions Municipales, et si l'inconvénient de réunir quelquefois dans une famille les avantages de la Cité pouvait engager à lui en ôter ou en restreindre les droits.

Que Sa Majesté permettait aux Etats d'en délibérer, et de donner leur voix.

Nosseigneurs les Commissaires du Roi ont dit qu'il a été proposé un autre titre d'exclusion bien plus admissible, celui d'interdire l'entrée et la voix délibérative dans les Assemblées des Communautés à ceux qui ne justifieront pas par quittance valables du paiement des impositions mises en recouvrement ; que c'était en outre un moyen d'assurer l'exactitude des paiements. Que l'Assemblée générale est aujourd'hui en état de sentir combien il lui importe que la rentrée de la Subvention et de l'imposition des logements n'éprouve aucun retard ; qu'elle peut voir que l'abonnement de la Subvention lui procure les seuls moyens qu'elles sait à portée d'employer pour acquitter ses charges, et que l'imposition des logements n'est qu'une dette des propriétaires des maisons louées envers ceux dont les maisons sont occupées par les Troupes, au payement de laquelle il serait à désirer qu'on pût mettre la plus grande exactitude ; qu'en partant de ces principes tout moyen capable d'assurer et de presser le recouvrement doit entrer dans les vues des Etats, d'autant que la double facilité accordée aux contribuables par la remise que les Etats pourront leur faire sur le bénéfice de la Subvention d'une partie des arrérages et par la possibilité de payer avec certaines denrées devant nécessairement opérer plus d'activité et d'exactitude dans le recouvrement, il serait possible que le Trésorier fût dispensé de faire aucune avance et par conséquent n'aurait aucun intérêt à exiger ;

Que c'est en pesant toutes ces considérations que le Roi permettait à l'Assemblée générale de délibérer sur la disposition proposée de n'admettre dans les Assemblées que ceux qui auront acquitté leurs impositions ; qu'il y avait à régler le moment précis auquel il conviendrait de mettre cette disposition en activité, la manière de l'exécuter et l'application qu'on pourrait en faire à ceux qui possèdent des biens dans plusieurs Communautés et se trouveraient imposés en même temps sur plusieurs rôles.

Nosseigneurs les Commissaires du Roi ont dit que des particuliers voulant influer sur les délibérations d'un certain nombre de Communautés s'étaient crus autorisés à se présenter dans l'Assemblée de la Communauté où ils ont leur domicile et ensuite dans celles où ils possèdent quelques biens ; que Sa Majesté voulant réformer cet abus entend que chaque habitant de quelque condition qu'il soit n'aura séance et voix délibérative que dans les Assemblées de la Communauté où il a son domicile de droit, de la Piève dont elle dépend, et de la Province dont la Piève fait partie, sans qu'en aucun cas, aucune personne puisse assister sous quelque prétexte que ce soit aux Assemblées de deux Communautés, de deux Pièves, ou de deux Provinces.

Nosseigneurs les Commissaires du Roi ont dit qu'il n'a pas été pris jusqu'à présent des précautions suffisantes pour assujettir les Communautés à avoir des registres et pour en assurer le dépôt ainsi que celui des papiers et des titres qu'elles doivent conserver ; que cet objet a paru à Sa Majesté digne de son attention, qu'en conséquence elle était disposée à ordonner que chaque Communauté aurait son registre particulier qui serait coté et paraphé par le Subdélégué de l'Intendant, et qui contiendrait de suite sans aucun blanc les procès-verbaux de toutes les Assemblées ; que ces registres ainsi que les ordonnances et règlements qui seraient envoyés aux Communautés demeureraient déposés avec tous les autres titres dans une armoire fermant à deux clefs, dont une entre les mains du premier Père du Commun et l'autre entre celles du Greffier de la Communauté ; que l'armoire serait dans un lieu sûr, et, autant que faire se pourrait, dans une chambre appartenant à la Communauté pour lui servir de Greffe.

Nosseigneurs les Commissaires du Roi ont dit que les Etats de 1775, avaient demandé pour les Assemblées des Communautés la faculté d'élire aux charges Municipales les habitants absents; que cette demande n'avait pas été peut-être suffisamment réfléchie ; qu'il ne fallait pas que les places des Podestats et des Pères du Commun fussent regardées comme des charges qu'on eût intérêt d'éluder en s'absentant, et que dans le temps que l'on prenait de justes précautions pour maintenir l'éligibilité entre tous les habitants d'un âge et d'un état compétent, on ne devait pas paraître rechercher ceux qui par une absence affectée sembleraient faire peu d'estime de ce droit;

Que d'après ces considérations Sa Majesté entendait que

ceux qui s'absenteraient des Assemblées d'élection, à moins d'une excuse légitime, seraient privés de l'éligibilité ; que s'ils n'abandonnaient point le droit d'être élus, c'était à eux à le réclamer et à soumettre leurs excuses au jugement de l'Assemblée ; qu'en ce cas elles seraient examinées et jugées par la Communauté avant toute autre délibération pour en faire registre, et que si leurs excuses étaient reconnues légitimes, ils pourraient être alors élus quoique absents, si non ils seraient condamnés à l'amende de douze livres et déclarés non éligibles pour le temps que les Commissaires du Roi jugeraient à propos de régler.

Nosseigneurs les Commissaires du Roi ont dit que l'Assemblée générale de 1775 avait également demandé que les sujets élus fussent obligés d'accepter et d'exercer leurs charges, à moins d'une excuse légitime au jugement des Commissaires de Sa Majesté ;

Que seulement le Roi trouvait bon d'admettre cette disposition, mais que ne voulant pas qu'aucun habitant appelé à quelques fonctions municipales par les suffrages de sa Communauté pût impunément se montrer indifférent à cet honneur ni qu'il exerçât malgré lui des fonctions dont il ne sentirait pas le prix, Sa Majesté ordonnait qu'après le jugement de ses Commissaires sur la légitimité de l'excuse d'un sujet élu et refusant, s'ils trouvaient qu'elle fût répréhensible dans les motifs, ils feraient procéder à une nouvelle élection à l'exclusion de ce refusant qui serait en même temps déclaré incapable, pour un certain nombre d'années, à leur arbitrage, de toutes fonctions municipales, et notamment de toute députation aux Assemblées des Pièves, des Provinces et du Pays, ainsi que de l'emploi des Commissaires des Juntes.

Nosseigneurs les Commissaires du Roi ont observé que l'on s'était réuni à demander que l'élection des Podestats et Pères du Commun n'eussent lieu que tous les deux ans, en dérogeant à l'article 4 de l'Édit du mois de Mai 1771 qui ordonne qu'elles se feront tous les ans le premier août ;

Que Sa Majesté accordait cette demande, mais que comme les Podestats et Pères du Commun se trouveraient ainsi dans le cas d'assister deux fois aux Assemblées des Piéves pour les affaires des Etats, il serait pourvu par un des articles du Règlement à ce que les mêmes ne fussent pas Députés deux fois de suite à l'Assemblée de la Province et à l'Assemblée générale.

Nosseigneurs les Commissaires du Roi ont observé à ce sujet que cette disposition satisferait à la demande de la Piève de Casacconi, Province de Bastia ;

Que la Piève de Saint-André, Province de Balagne, avait demandé que les Huissiers fussent changés toutes les fois qu'on changerait les autres Officiers Municipaux ;

Que cette demande était contraire à la disposition de l'article 6 de l'Edit du mois de Mai 1771 et ne présentait aucune utilité ; qu'il était au contraire très nécessaire que les Huissiers sussent leur métier, ce qui ne pouvait être que le fruit de l'expérience.

Nosseigneurs les Commissaires du Roi ont dit qu'il y avait un ordre à établir pour assurer la tranquillité et maintenir une discipline exacte dans les Assemblées des Communautés ;

Que l'Edit du mois de Mai 1771 portait qu'elles seraient convoquées et formées en la manière ordinaire, et qu'elles seraient présidées par le Sieur Intendant et Commissaire départi s'il le jugerait à propos, ou par telle personne notable qu'il lui plairait déléguer sur les lieux ;

Que la nécessité d'établir l'uniformité dans ces sortes d'Assemblées avait engagé à charger une même personne d'assister successivement, au nom de l'Intendant, aux Assemblées des Communautés d'une même Province, mais qu'il en était résulté des frais que la Caisse Civile avait avancés et qui auraient été remboursés par les Etats, si Sa Majesté n'en avait accordé la remise en 1775, pour tout le Pays ;

Que le Pays avait demandé qu'à l'avenir on n'envoyât des

Subdélégués qu'aux Assemblées qu'on soupçonnerait disposées à devenir tumultueuses, et qu'on leur en fît payer les frais, mais que ce serait un expédient dangereux en ce qu'il exciterait des soupçons très capables d'aigrir, surtout lorsqu'ils ne seraient pas fondés;

Que quoique M. l'Intendant ait eu le soin de faire présider chaque Assemblée, autant qu'il a été possible, par des Notables choisis sur les lieux, il n'en est pas moins résulté quelques frais inévitables, et dont la Caisse Civile a de nouveau fait l'avance ;

Que pour éviter à l'avenir cette dépense, le Roi serait disposé à faire présider toutes les Assemblées des Communautés par les Podestats-Majors des Piéves, comme désignés à cet effet par M. l'Intendant, et que pour les indemniser des frais auxquels leur déplacement les exposerait, il serait juste et convenable de leur attribuer un droit payable par chaque Communauté ;

Que c'était un objet sur lequel Sa Majesté autorisait les Etats à délibérer, et qu'elle leur permettait en outre de proposer toutes les précautions de police intérieure qu'ils jugeraient propres à établir l'ordre et l'uniformité dans les Assemblées des Communautés.

Nosseigneurs les Commissaires du Roi ont dit que Sa Majesté, en ordonnant par le Règlement de 1770 et par l'Edit de 1771 que les Assemblées des Communautés seraient composées de tous les chefs de famille au dessus de l'âge de 25 ans, a eu pour objet de les associer, tous sans, exception, à la conduite des affaires municipales qui leur sont communes, et d'entendre, autant qu'il serait possible, le vœu de tous les individus sur le plus grand bien de leur Pays;

Qu'on s'est bien attendu aux inconvénients que ces Assemblées trop nombreuses entraînaient partout, et que l'Edit de 1771, annonce la disposition où l'on était dès lors d'y remédier, à mesure que le besoin pourrait s'en manifester;

Que cet Edit invite les Communautés nombreuses à se pourvoir par des mémoires particuliers pour indiquer ce qui leur conviendrait le mieux en ce genre, mais qu'aucune Communauté ne s'était encore pourvue ;

Qu'en attendant sur cela les demandes particulières, on pourrait pourvoir par un règlement général à ce qui intéresse les Communautés d'un certain nombre de feux ;

Qu'en Languedoc et dans d'autres Provinces les Assemblées des Communautés ne sont composées que des représentants qu'elles choisissent ; c'est ce qui forme leur Conseil, à la tête duquel sont toujours les Officiers Municipaux ;

Que Sa Majesté jugeait qu'il était temps de prendre ce parti pour la Corse ; qu'en conséquence elle était disposée à ordonner que les Assemblées des Communautés, ainsi que toutes celles du Pays, ne seraient plus formées que de Députés ;

Que les Podestats et Pères du Commun en seraient toujours les Chefs ;

Que les autres représentants de la Communauté auraient le nom de Notables ou d'Anciens ;

Que le nombre en serait fixé pour chaque Communauté, à raison d'un par dix feux, en sorte qu'une Communauté de cent feux aurait un Conseil composé de ses trois Officiers Municipaux et de dix Notables ;

Que ce Conseil se renouvellerait en tout ou en partie lors de chaque mutation ou après un certain espace de temps ;

Qu'il nommerait les Officiers Municipaux, les Députés aux Assemblées du Pays, entendrait les comptes de la Communauté, en dirigerait les affaires, et en un mot ferait tout ce que dans l'état présent la Communauté entière peut et doit faire.

Nosseigneurs les Commissaires du Roi ont ajouté qu'en annonçant cette disposition aux Etats ils étaient autorisés à les inviter, avant que Sa Majesté y mît la dernière main, à faire rédiger soit par un Comité, soit par les Jurisconsultes qu'ils auront à nommer pour la législation, un projet de règlement qui détermine la composition et les fonctions de ces Conseils de Communautés.

Après quoi l'Assemblée générale a dit qu'elle ne manquera pas de s'occuper de l'examen de tous les objets qui ont été proposés, pour être à portée de faire les observations et prendre les délibérations qu'elle jugera plus propres à établir le bon ordre et la tranquillité dans toutes les Assemblées du Pays.

Après quoi la Séance a été renvoyée à demain, seize du présent mois, à neuf heures du matin.

Et la présente Délibération a été signée comme dessus.

Séance du 16 Mai 1777

Monseigneur l'Evêque Président et Mgrs les Evêques et Députés, ci-devant dénommés, s'étant rendus à la Salle des Etats, Mgr l'Evêque Président a dit, que dans la Séance d'hier Nosseigneurs les Commissaires du Roi ont annoncé différents articles d'un nouveau Règlement à rendre pour maintenir le bon ordre dans les Assemblées particulières et générales, sur des points qui n'ont point été prévus par l'Arrêt du Conseil d'Etat du 2 Novembre 1772, et sur lesquels il s'était manifesté des abus ;

Que Sa Majesté par un effet de sa bonté a daigné faire entendre qu'avant de mettre la dernière main à ce Règlement, elle désirerait connaître quel est le vœu des Etats ;

Que l'Assemblée doit de son côté faire tous ses efforts pour justifier la confiance dont Sa Majesté a bien voulu l'honorer ;

Qu'il sera nécessaire de prendre en considération les différents points qui ont été annoncés en faisant sur chacun les réflexions qui peuvent contribuer à répondre à la sagesse des vues de Sa Majesté;

Que pour procéder avec ordre, il sera nécessaire que les observations se rapportent distinctement à chacun des articles indiqués par Nosseigneurs les Commissaires du Roi ;

Que l'Assemblée ne peut pas ignorer toute l'importance de l'objet dont elle doit s'occuper ;

Que de là dépend en grande partie la tranquillité des Communautés, des Pièves et des Provinces dans lesquelles il s'est si souvent élevé de vives contestations lors de leurs Assemblées.

Après quoi la matière mise en délibération, les Etats, après avoir entendu les différentes opinions des Députés et les motifs sur lesquels ils les appuyaient, ont arrêté de mettre respectueusement sous les yeux de Sa Majesté les réflexions exprimées dans l'ordre suivant :

Sur la Première Proposition.

Pour que l'amende à prononcer contre les absents par les Assemblées des Communautés puisse avoir lieu, l'Assemblée devra être intimée huit jours d'avance par l'Huissier ; mais si la convocation ne pouvait se différer pendant un si long temps, on pourra restreindre le terme suivant les circonstances du cas ;

Qu'on fera dans l'Assemblée une note de tous les absents ainsi que des motifs qu'ils auraient fournis pour rendre leur absence excusable, laquelle sera ensuite remise au Conseil de la Communauté pour l'examiner et en décider en conséquence ;

Que l'amende contre les absents sans excuse légitime sera de six livres, quand ceux-ci seront de la classe des Officiers

Municipaux actuels ou des membres du Conseil de la Communauté, mais qu'elle ne sera que de trois livres pour ceux qui n'ont que la qualité de votant ;

Que le Père du Commun le plus jeune sera chargé de solliciter dans quinze jours pardevant le Conseil de la Communauté la décision contre les absents et le payement des amendes auxquelles ils auront été condamnés.

Sur la Seconde et Troisième Proposition.

Qu'une exclusion absolue des fils de famille majeurs de vingt-cinq ans serait trop rigoureuse, que ceux-ci étant citoyens, il n'y a aucune raison de les exclure des charges de la Communauté dont ils font partie, et de les rendre ainsi inhabiles aux emplois qu'ils pourraient remplir avec utilité et avec sagesse ;

Que cependant pour empêcher qu'une famille nombreuse n'ait trop de prépondérance dans l'Assemblée, lorsqu'un père aurait plusieurs garçons mariés, les deux seuls aînés majeurs de vingt-cinq ans auront voix délibérative ;

Que les Ecclésiastiques majeurs de 25 ans auront voix active dans les Assemblées des Communautés ;

Que le père sera responsable de l'administration du fils vivant sous son autorité ;

Que lorsqu'un père votera, son fils devra s'abstenir de donner son suffrage, ce qui sera observé par le père lorsqu'un de ses fils votera ;

Que l'art. 7 de l'Arrêt du Conseil d'Etat concernant la Juridiction Municipale fait défense d'élire pour Podestat-Major ou particulier les mêmes personnes, si ce n'est deux ans après leur sortie de cette charge, ni d'élire la même personne pour Père du Commun que deux fois de suite seulement, que cette défense doit s'étendre au père, au fils et aux frères des Officiers Municipaux en exercice, de sorte que les exclusions énoncées pour la même personne doivent aussi avoir lieu contre le fils, le père et le frère.

Sur la Quatrième Proposition.

Qu'il serait trop humiliant et trop désagréable pour un citoyen, qui aurait toutes les qualités requises pour être utile à sa Communauté, de se voir exclure des charges Municipales, faute de moyens de payer la Subvention ;

Que cette exclusion serait trop étendue et par conséquent fort odieuse, attendu que la classe des pauvres et de ceux qui sont dans une impossibilité absolue de payer la Subvention à laquelle ils se trouvent imposés, est très nombreuse ;

Que quoique le retard à acquitter les impositions excluant des charges Municipales, pût être un moyen d'exciter à payer les contributions, il pourrait cependant servir aussi à plusieurs de prétexte pour se soustraire à l'obligation de se trouver aux Assemblées et d'être nommés aux charges municipales ;

Que cette exclusion pourrait tout au plus avoir lieu relativement aux administrateurs des biens et des deniers des Communautés, des Pièves et des Provinces ; ainsi, tous les Officiers Municipaux ou Trésoriers qui n'auraient point rendu les comptes de leur administration ou qui se trouveraient débiteurs après la reddition de leur compte, n'auront point voix délibérative dans aucune Assemblée jusqu'à ce qu'ils se soient acquittés de leur dette ;

Que quoique l'art. 21 de l'Ordonnance du Roi de 1771 concernant l'Administration Municipale ait prescrit des règles pour la reddition des comptes des deniers communaux, la Corse n'a cependant pas ressenti les avantages de ces sages dispositions, attendu que les Officiers Municipaux qui succèdent, ayant trop de déférence pour leurs prédécesseurs, ne demandent aucun compte ; que cette indolence a multiplié les malversations ; que pour parer à tous ces abus, le Podestat-Major de la Piève devra se transporter dans chaque Communauté un mois après la confirmation des Officiers Municipaux, en y annonçait son arrivée, trois jours d'avance, pour y réquerir le Père du Commun chargé de la recette des deniers, de lui présenter le compte de son administration en présence des nouveaux Podestat et Pères du Commun, en distinguant des deniers appartenant à la Communauté, ceux relatifs aux impositions ; que l'on donnera communication de ce compte à la Communauté assemblée et présidée par le même Podestat-Major, qui sera tenu de le laisser dans les archives de la Communauté, après en avoir pris copie pour la remettre à M. l'Intendant ; Que la Ville de Bastia sera soumise à la même règle et rendra ses comptes à deux ou trois Syndics nommés à cet effet.

Les Députés de la Ville et de la Province de Bastia ont observé à cette occasion qu'il serait convenable que cette Ville fût libre dans l'élection de ses Officiers Municipaux, au moins pour le Podestat et les deux Pères du Commun, et qu'en conséquence il lui fût permis de nommer de nouveaux Officiers Municipaux, paraissant juste que chaque citoyen puisse parvenir aux charges de sa Patrie, à laquelle demande l'Assemblée générale a adhéré, en priant Sa Majesté de vouloir bien déroger en tant que de besoin à l'article premier de l'Ordonnance concernant la Juridiction Municipale.

Sur la Cinquième Proposition.

Que le domicile ne sera censé acquis qu'après quatre ans de demeure, quand il sera question de différentes Provinces ; de deux ans pour différentes Pièves et de six mois pour différentes Paroisses ;

Que celui qui ne voudra pas jouir du droit de bourgeoisie dans le lieu de son domicile, pourra conserver celui du lieu de son origine ;

Qn'il ne sera permis à qui que ce soit de jouir en même temps du droit de deux domiciles ;

Que ceux qui par leur emploi, ou à cause de leurs biens, passent une partie de l'année en deux différents endroits, seront tenus de faire leur déclaration du domicile dont ils veulent jouir.

Les Sieurs Cesari-Rocca et Quilchini, Députés de la Province de Sartene, ont observé que l'on devait excepter de cette règle les habitants de Portovecchio et de Quenza qui se considèrent comme deux Communautés incorporées ne formant qu'une Communauté, quoique éloignées entr'elles ; il a été arrêté par l'Assemblée que cette observation sera soumise à Nosseigneurs les Commissaires du Roi.

Après quoi la Séance a été renvoyée à demain, dix-sept de ce mois, à neuf heures du matin.

Et la présente Délibération a été signée tant par Mgrs l'Evêque Président que par Mgrs Guasco et de Guernes, Evêques; Alberti et Battestini, Piévans; Cesari-Rocca et Susini, Nobles ; Tasso et Murati, Députés du Tiers-Etat.

Signés, etc.

Séance du 17 Mai 1777

Monseigneur l'Evêque Président et Mgrs les Evêques et Députés, ci-devant dénommés, s'étant rendus à la Salle de l'Assemblée, Mgr l'Evêque Président a dit qu'il serait nécessaire de continuer les réflexions sur les articles relatifs au Règlement des Assemblées ; la matière mise en délibération, on a fait les observations suivantes :

Sur la Sixième Proposition.

Que pour jouir de la disposition où est Sa Majesté d'établir un dépôt dans chaque Communauté pour la conservation des papiers et titres de chacune d'elles, il serait nécessaire que, pour pourvoir aux frais des registres ordonnés, au loyer de la chambre destinée pour les archives et aux autres frais relatifs à cet objet, Sa Majesté daignât abandonner en faveur des Communautés les amendes de Police et des abus champêtres, prononcées par les Officiers Municipaux ;

Qu'une bonne partie des Communautés se trouvant sans exemplaires des Ordonnances concernant l'Administration Municipale, les abus champêtres et la perception de la Subvention, il serait nécessaire d'en faire une nouvelle impression pour les mettre en état de remplir les devoirs qui y sont prescrits.

Sur la Septième et Huitième Proposition.

Que l'absence de ceux qui n'ont point d'excuse légitime paraîtrait assez punie par l'amende indiquée sur la première proposition ; qu'au lieu de les déclarer inhabiles pendant quelque temps à l'élection des charges de la Communauté, il vaudrait mieux déclarer que l'absence ne pourrait pas les exempter de l'acceptation de l'emploi auquel on les aurait nommés ;

Que cette précaution paraît d'autant plus nécessaire en ce qu'ordinairement ceux qui tâchent de se soustraire aux charges des Communautés, sont ceux qui réunissent le plus de capacité pour les remplir louablement.

Sur la Neuvième Proposition.

Que pour l'élection des Officiers Municipaux on observera la disposition de l'article 4 de l'Ordonnance qui prescrit qu'elle se fera chaque année ;

Qu'il sera cependant libre à la Communauté de confirmer pour une autre année non seulement les Pères du Commun, ainsi qu'il est porté par le chapitre 7 de ladite Ordonnance, mais encore le Podestat ;

Que cette confirmation ne sera cependant réputée légitime qu'autant qu'elle sera appuyée du témoignage d'une entière satisfaction de l'administration des Officiers Municipaux, pour lequel témoignage il faudra obtenir les trois quarts des suffrages de ceux qui assistent à l'Assemblée de la Communauté ;

Que les Officiers Municipaux confirmés auront l'option d'accepter ou de refuser la charge à laquelle on les aura nommés ;

Que pour qu'aucun des Officiers Municipaux ne reste en charge que pendant une année seulement, ils devront tous commencer leurs fonctions au premier Janvier, et les cesser le dernier Décembre de la même année.

Sur la Dixième Proposition.

Que quoiqu'il n'y ait rien de plus juste que de donner aux Podestats-Majors quelque rétribution pour les indemniser des frais auxquels leurs commissions les exposeraient, l'état actuel de misère de la plus grande partie des Communautés ne permet cependant pas de les assujettir à cette nouvelle charge sans les gêner beaucoup ; Que les Podestats-Majors sont assez animés de zèle pour remplir les commissions dont ils seront chargés, sans prétendre d'autre récompense que l'estime de leurs Concitoyens.

Après quoi la Séance a été renvoyée à après-demain, dix-neuf du mois courant, à neuf heures du matin.

La présente Délibération a été signée tant par Mgr l'Evêque Président que par Mgrs les Evêques de Guernes et Santini; Emanuelli et Saliceti, Piévans; Fabiani et Poli, Députés Nobles; Balestrini et Trani, Députés du Tiers-Etat.

Signés, etc.

Séance du 19 Mai 1777.

Nosseigneurs les Commissaires du Roi, Mgrs les Evêques et Députés, ci-devant dénommés, s'étant rendus dans la Salle des Etats, Nosseigneurs les Commissaires du Roi ont dit qu'après avoir annoncé les intentions de Sa Majesté sur les dispositions du nouveau Règlement qu'elle se proposait de rendre pour établir la police des Assemblées des Communautés, ils allaient faire connaître les objets qui feront la matière de ce Règlement, quant aux Assemblées des Pièves et aux droits de ceux qui les composaient; que c'est dans ces Assemblées que commence la distinction des trois ordres; que le Clergé, la Noblesse et le Tiers-Etat y ayant leurs représentants, il était nécessaire de considérer séparément ce qui pouvait les intéresser;

Que relativement à l'ordre du Clergé, la Province du Cap-Corse avait demandé qu'il fût permis à tous les Curés des Pièves de se rendre aux Assemblées pour pouvoir y être élus, concurremment avec les Piévans, comme Députés aux Assemblées Provinciales;

Que cette demande tendait à augmenter le nombre des représentants du Clergé dans les Assemblées des Pièves, et à mettre les Curés au niveau des Piévans pour les députations aux Assemblées Provinciales et aux Etats; qu'elle n'était favorable sous aucun de ces points de vue;

Que les Curés sont suffisamment représentés dans les Assemblées des Pièves par les Piévans, qui dans leur rapport avec l'administration municipale, n'ont que des intérêts communs avec eux ;

Que les Piévans étaient leurs supérieurs dans l'ordre hiérarchique, et que par le même principe qu'on a refusé aux Piévans de concourir avec les Evêques pour la députation à la Cour, le Roi refusait aux Curés de concourir avec les Piévans pour les députations provinciales et générales.

Dudit jour 19 Mai 1777.

Nosseigneurs les Commissaires du Roi ont dit qu'ayant prévu le cas où le Piévan se trouverait valablement empêché d'assister à l'Assemblée de la Piève, ils avaient proposé d'admettre qu'alors il serait remplacé par le plus ancien Curé ;

Que cet expédient avait paru de toute justice à Sa Majesté, et qu'en conséquence il ferait un des articles du nouveau règlement.

Dudit jour 19 mai 1777

Nosseigneurs les Commissaires du Roi ont dit que la Province du Cap-Corse avait demandé qu'il fût permis aux Ecclésiastiques nobles de se rendre aux Assemblées des Pièves dans l'ordre de la Noblesse, et de pouvoir être élus concurremment avec les Nobles séculiers pour la députation à l'Assemblée provinciale et à l'Assemblée générale ;

Que cette demande tendait à donner au Clergé une influence sur les affaires de l'Ile plus grande encore que celle dont il jouit en vertu des premiers règlements ; qu'on pouvait remarquer qu'il ne possède en Corse que peu ou point de biens-fonds ;

Que la dotation des Evêques, des Chapitres et des Piévans consiste dans les dîmes qui se partagent entr'eux et celles des Curés dans des prémices et quelque casuel.

Qu'en prenant uniquement pour règle l'intérêt que le Clergé peut avoir aux affaires générales, il serait représenté dans les Assemblées générales et particulières dans une proportion relative à son intérêt, quand il n'aurait qu'un dixième dans le nombre des Députés ; qu'il en a le tiers, et que le Roi en le réglant ainsi avait pris en considération le secours que les Etats trouvent dans les lumières de cet ordre ; mais qu'en admettant les Ecclésiastiques nobles à entrer encore dans l'ordre de la Noblesse pour concourir avec les Nobles séculiers aux différentes élections, ce serait rompre l'équilibre que Sa Majesté a eu intention d'établir entre les trois ordres, et donner au Clergé dans les délibérations qui s'arrêtent à la pluralité des voix, une prépondérance et un avantage contraires à la nature des affaires de l'administration municipale et commune ;

Qu'ainsi Sa Majesté entendait que l'on tînt pour règle que les Ecclésiastiques nobles ne pourraient être admis dans les Assemblées des Pièves et par conséquent dans les assemblées Provinciales et générales que dans l'ordre du Clergé, et qu'autant qu'ils seraient revêtus des dignités et places requises pour être ses représentants.

Dudit jour 19 mai 1777.

Nosseigneurs les Commissaires du Roi ont dit, quant à l'ordre de la Noblesse, que l'article 7 du règlement de 1772 porte que nul ne pourra être député noble si ses titres n'ont été reconnus par Arrêt du Conseil Supérieur ;

Que l'article 17 du même règlement étend cette disposition aux Députés des Assemblées des Pièves et des Provinces, en ordonnant toutefois que, s'il ne s'y trouve pas le nombre requis de Nobles pour les députations, il y sera suppléé par addition au nombre des Députés du Tiers-Etat ;

Que cela ne s'étend, quant aux Assemblées des Pièves, que dans le cas où il ne s'y trouverait pas un seul Noble de noblesse reconnue, parce que s'il y en avait un seul, il serait Député de droit à l'Assemblée Provinciale, et il suffirait pour représenter l'ordre de la Noblesse dans l'Assemblée de la Piève, comme le Piévan représente seul l'ordre du Clergé ;

Que cette explication entrera dans le nouveau règlement, mais qu'il y sera ajouté que les Nobles qui se prétendront reconnus au Conseil Supérieur, seront tenus d'en justifier, en représentant une fois seulement l'Arrêt de reconnaissance de leur noblesse, en le faisant enregistrer au Greffe de la Piève.

Dudit jour 19 Mai 1777.

Nosseigneurs les Commissaires du Roi ont dit qu'ils avaient eu lieu d'observer que les Nobles des Pièves ne s'étaient point appliqué la règle établie par l'article 4 de l'Edit de Mai 1771, suivant lequel on ne peut admettre dans les Assemblées que les chefs de famille agés de 25 ans et au-dessus ; que, de plus, tous les Nobles d'une Pièvc se présentaient à l'Assemblée, soit qu'ils fussent chefs ou fils de famille, ce qui avait fait élever la question de savoir si un Noble qui commençait sa vingt-cinquième année pouvait y être admis :

Que sur ces deux cas l'intention de Sa Majesté était d'étendre dans le nouveau règlement aux Assemblées des Pièves la disposition de l'Edit de Mai 1771, et en conséquence de défendre d'y admettre tout Noble fils de famille qui ne serait pas jouissant de ses droits, et qui n'aurait pas 25 ans accomplis, à l'effet de quoi il serait tenu de justifier de son âge par la représentation de son extrait baptistaire.

Dudit jour 19 Mai 1777.

Nosseigneurs les Commissaires du Roi ont dit que l'abus introduit par quelques particuliers qui, se prétendant de plusieurs Communautés, sont entrés dans différentes Assemblées, s'était particulièrement manifesté dans l'ordre de la Noblesse ;

Que des Nobles avaient prétendu avoir séance dans plusieurs Assemblées des Pièves, dans les unes à raison de leur domicile, dans les autres à cause de leurs possessions ;

Que Sa Majesté voulait réformer cet abus ; que son intention était que désormais aucun Noble ne pourra prétendre séance que dans l'Assemblée de la Pièvc où il aura son domicile de droit, et que ce sera l'objet d'une disposition du nouveau règlement.

Dudit jour 19 Mai 1777.

Nosseigneurs les Commissaires du Roi ont dit qu'on avait élevé un doute sur les Officiers de Justice et les Subdélégués de Mgr l'Intendant relativement à leur idonéité pour avoir entrée et séance délibérative dans les Assemblées des Pièves ; que ce doute ne pouvait tomber sur les Officiers de Justice et les Subdélégués dont la Noblesse était reconnue au Conseil Supérieur ;

Qu'ainsi il y aurait dans le nouveau règlement un article portant qu'ils ont incontestablement le droit d'assister aux Assemblées des Pièves dans l'ordre de la Noblesse, et peuvent être élus, concurremment avec les autres Nobles, pour la députation aux Assemblées provinciales, à l'Assemblée générale et à la Cour.

Dudit jour 19 Mai 1777.

Nosseigneurs les Commissaires du Roi ont dit que l'on avait élevé les mêmes doutes sur l'idonéité des Officiers de Justice et des Subdélégués de l'Intendance pour être Députés du Tiers-Etat, et qu'ils étaient fondés ;

Qu'un principe très sage à maintenir, et que les règlements de 1770 et 1772 ont adopté, est celui de n'admettre comme les représentants du Tiers-Etat que des Officiers Municipaux ;

Que ces Officiers Municipaux étaient déjà par leurs places chargés des intérêts de la Communauté et réputés par conséquent capables de stipuler pour la cause commune ; que d'ailleurs il était juste de récompenser les embarras et les peines de leurs fonctions par les distinctions qui y demeurent spécialement attachées ; mais que dans leurs fonctions judiciaires étant subordonnés aux Juges Royaux auxquelles ils ressortissent, et étant soumis dans leurs fonctions municipales aux Subdélégués du Sieur Intendant, qui peuvent en son nom leur en demander compte, ce serait compromettre cette supériorité des Juges Royaux et des Subdélégués, que de les faire concourir avec les mêmes Officiers Municipaux, dont ils peuvent réformer les jugements ou redresser la gestion ;

Que Sa Majesté a donc trouvé beaucoup plus convenable d'écarter toute idée d'une pareille concurrence et de prononcer dans le nouveau règlement que les Officiers de Justice Royale et les Subdélégués de l'Intendance ne pouvant être en même temps Podestats et Pères du Commun, sont par là même dans l'impossibilité d'assister aux Assemblées des Pièves dans l'ordre du Tiers-Etat, et par conséquent d'être Députés pour cet ordre dans les Assemblées provinciales et générales.

Nosseigneurs les Commissaires du Roi ont observé à ce sujet que le Sieur Adriani, Juge Royal de Corte, le Sieur Boerio, Juge Royal et Subdélégué de la Porta d'Ampugnani, et le Sieur Balestrino, Subdélégué de Balagne, ont été élus par les Assemblées Provinciales pour être Députés du Tiers-Etat à l'Assemblée générale, ce qui se trouvait contraire au principe qui vient d'être expliqué, mais que sans tirer à conséquence, et pour cette fois, Sa Majesté voulait bien maintenir ces trois élections, de manière que les Sieurs Adriani, Boerio et Balestrino jouissent dans la présente Assemblée générale des mêmes droits et prérogatives que les autres Députés du Tiers-Etat sans aucune exception, nonobstant ce qui vient d'être déclaré et qui n'aura son exécution que pour les Assemblées suivantes,

Dudit jour 19 Mai 1777.

Nosseigneurs les Commissaires du Roi ont dit que la Piève de Tallà, Province de Sartene, a demandé que dans ses Assemblées chaque Communauté fût représentée par six Notables du Tiers-Etat, pour balancer, a-t-elle dit, le crédit de deux familles Nobles auxquelles elle imputait de choisir à leur volonté le Podestat-Major et les Députés à l'Assemblée Provinciale ;

Qu'en écartant de cette demande la part que pouvaient y avoir des intérêts personnels, on ne trouverait plus quel pouvait en être l'objet ; que cette Piève paraît composée de neuf Communautés dont les Officiers Municipaux, réunis en une même Assemblée, devaient suffire au delà pour balancer les suffrages de deux familles Nobles que la demande a en vue ; qu'elle ne pourrait être fondée qu'autant que les délibérations de cette Assemblée ne se seraient pas tenues en bon ordre, et c'est un point à éclaircir.

Dudit jour 19 Mai 1777.

Nosseigneurs les Commissaires du Roi ont dit qu'il y avait à veiller à la formation des registres et à leur dépôt, ainsi qu'à la conservation de toutes les pièces qui appartenaient particulièrement aux Pièves, de la même manière qu'il devait y être pourvu pour les registres et les pièces des Communautés ;

Qu'ainsi les registres des Pièves seraient côtés et paraphés par le Subdélégué de l'Intendance ; qu'ils contiendraient les procès-verbaux des Assemblées, qu'ils seraient déposés dans une armoire particulière fermant à deux clefs dont une serait remise au Podestat-Major en exercice et l'autre au Greffier.

Nosseigneurs les Commissaires du Roi ont ajouté que, conformément à la demande de la Province de Bastia, on déposcrait dans la même armoire les exemplaires des procès-verbaux des Assemblées générales, à mesure qu'il s'en trouverait d'imprimés et qu'on y enverrait ceux qui l'étaient déjà ;

Que cette disposition avait particulièrement pour objet de prévenir dans les Assemblées des Pièves la répétition des demandes sur lesquelles il aurait été déjà statué, soit qu'elles aient déjà été accordées en tout ou en partie, soit qu'elles se trouvent comprises dans la défense faite d'y revenir pour avoir été rejetées ;

Et enfin qu'au surplus l'intention de Sa Majesté était que le Greffier de la Piève fût celui de la Communauté dans laquelle elle avait continué de s'assembler.

Dudit jour 19 Mai 1777.

Nosseigneurs les Commissaires du Roi ont dit que Sa Majesté entendait que les Assemblées des Pièves ne pourraient être convoquées que par ses ordres qui seraient notifiés par ses Commissaires ;

Qu'il ne serait pas permis au Podestat-Major, ni à personne d'en changer l'époque ;

Qu'elles ne dureraient pas plus de trois jours, ainsi qu'il était porté par le Règlement de 1770.

Nosseigneurs les Commissaires du Roi ont ajouté que Sa

Majesté ayant été instruite que quelques personnes s'étaient cru en droit de se présenter armées dans les Assemblées et de faire environner le lieu de l'Assemblée par les Troupes, sous le prétexte d'y maintenir la tranquillité et le bon ordre, et Sa Majesté ne voulant pas que rien puisse gêner l'entière liberté des suffrages, le nouveau règlement contiendra des défenses expresses à qui que ce soit de paraître en armes dans les Assemblées des Communautés ou des Pièves, comme aussi de faire environner le lieu de l'Assemblée par aucun détachement militaire, ni de faire mettre des Sentinelles au dehors ;

Qu'au surplus Sa Majesté permettait à l'Assemblée générale de délibérer sur les autres points de règlement qu'elle croirait pouvoir proposer pour assurer de plus la bonne police dans les Assemblées des Pièves.

Dudit jour 19 Mai 1777.

Nosseigneurs les Commissaires du Roi ont dit que conformément à l'usage établi dans la Province de Languedoc, Sa Majesté serait disposée à accorder aux Evêques le droit de présider les Assemblées Provinciales qui se tiennent dans leur Ville Episcopale, à charge d'exercer par eux-mêmes cette présidence, sans qu'en aucun cas ils pussent transmettre ce pouvoir à qui que ce fût ;

Qu'au surplus Sa Majesté était persuadée que cette proposition serait reçue avec reconnaissance par les Etats, comme un nouveau moyen de donner aux Assemblées Provinciales tout le lustre dont elles pouvaient être susceptibles.

Dudit jour 19 Mai 1777.

Nosseigneurs les Commissaires du Roi ont dit que la disposition où est Sa Majesté de faire présider par les Evêques en personne les Assemblées qui se tiendront dans leur Ville Diocésaine avait pour principe le maintien d'une règle bien digne d'attention en matière de Députation, c'est d'empêcher que les Députés ne sortent des termes de leur mandat, et ne trouvent quelques moyens indirects de faire passer à l'Assemblée générale des propositions formellement rejetées par l'Assemblée Provinciale, ou soustraites à ses délibérations ;

Qu'ainsi les Evêques qui auraient présidé les Assemblées se trouveront exactement informés de ce qui s'y sera passé ; qu'éclairés sur les intérêts communs, ils auront dirigé vers cet objet les suffrages des Députés, ils y auront eux-mêmes fait les propositions qu'ils auront jugées les plus avantageuses à la Province dont ils présideront l'Assemblée, qu'ils en connaîtront distinctement le vœu, et que l'Assemblée générale acquerra aussi des connaissances plus parfaites, mieux dirigées sur les intérêts des principales parties du Pays ; qu'enfin les Evêques eux-mêmes n'auront plus à y proposer en leur nom que des objets d'une utilité générale et commune à toute l'Ile.

Nosseigneurs les Commissaires du Roi ont ajouté qu'en mettant sous les yeux de l'Assemblée générale les motifs qui ont déterminé Sa Majesté dans la proposition de faire présider les Assemblées Provinciales par Mgrs les Evêques dans leur Ville Diocésaine, ils ont pour objet de lui faire connaître les vues de bienfaisance dont Sa Majesté est animée, et mettre l'Assemblée générale plus à portée de prendre à ce sujet une délibération conforme à l'avantage commun.

Nosseigneurs les Commissaires du Roi ont dit que les Assemblées des Provinces devant être soumises au même régime que celles des Communautés et des Piéves pour la tenue des registres et la conservation de ses procès-verbaux, il serait ordonné par le nouveau Règlement, que les Provinces seraient tenues d'avoir des registres en bonne forme qui seraient cotés et paraphés par le Subdélégué de l'Intendance, et qui contiendraient les procès-verbaux des Assemblées Provinciales signés et arrêtés par tous les délibérants et par le Greffier ;

Que lesdits registres ensemble les titres et papiers des Assemblées Provinciales seraient déposés dans une armoire fermant à deux clefs, dont l'une resterait entre les mains du Podestat de la Ville ou Communauté dans laquelle l'Assemblée se tiendrait et l'autre du Greffier de la Ville ou Communauté qui serait en même temps le Greffier de la Province ;

Qu'au surplus Sa Majesté autorisait les Etats à proposer ce qu'ils croiraient pouvoir être ajouté aux Règlements actuellement subsistants pour les Assemblées des Provinces.

Dudit jour 19 Mai 1777,

Nosseigneurs les Commissaires du Roi ont dit que la Province du Cap-Corse avait demandé qu'il fût rendu une ordonnance pour obliger les Podestats de faire fournir en payant des montures aux députés pour se rendre aux Assemblées et contraindre les particuliers à en fournir sur les ordres des Podestats ;

Que Sa Majesté avait décidé que cette demande ne pouvait être accueillie, en ce qu'elle n'offrait que l'idée d'un assujettissement très onéreux au Pays.

Dudit jour 19 mai 1777.

Nosseigneurs les Commissaires du Roi ont dit que si l'avantage que le Gouvernement avait eu en vue en faisant publier, en 1770, l'édit pour la reconnaissance de la Noblesse s'était promptement manifesté en rendant aux Nobles la distinction à laquelle leur naissance leur donnait droit, et en remettant à sa place chaque ordre de Citoyens, il en résultait aussi des inconvénients auxquels Sa Majesté trouvait juste de remédier;

Qu'il n'était point question d'examiner si plusieurs familles avaient éprouvé dans la reconnaissance de leurs titres une indulgence qu'elles n'auraient pas trouvée chez les Juges de la Noblesse en France, parce que, s'il y avait eu quelques abus à cet égard, les dispositions mêmes de la loi en offraient le remède en ce qu'elle réglait que l'usurpation de la Noblesse ne se couvrait par aucune fin de non recevoir, et qu'elle laissait au Procureur général le droit et la liberté de se pourvoir, quand et comme il jugerait à propos, contre les abus de cette nature ;

Mais qu'en supposant toutes les familles reconnues Nobles par le Conseil Supérieur en possession légitime de leur état de Noblesse, il s'en fallait bien qu'elles fussent toutes également en état d'en soutenir le lustre, et de remplir les conditions auxquelles elle est naturellement attachée ;

Qu'on ne pouvait se dissimuler que dans les familles mêmes qui possèdent le plus de bien, il y avait des branches et des individus pauvres pour lesquels la Noblesse n'était qu'un fardeau ;

Que Sa Majesté trouvait juste de rechercher un expédient

qui, sans leur ôter les avantages attachés à leur naissance, pût cependent les tirer de leur état de pauvreté, ce qui ne pouvait être que le fruit de leur travail et de leur industrie ;

Que l'agriculture, les arts, le commerce et la navigation leur en offraient les moyens ;

Que tout consisterait à ce qu'ils pussent s'y livrer sans dérogeance, et qu'à cet égard on pourrait adopter deux expédients sur lesquels Sa Majesté permettait à ses Commissaires de demander les dispositions de l'Assemblée générale ;

En conséquence Nosseigneurs les Commissares du Roi ont ajouté que le premier expédient consisterait à n'admettre dans l'ordre de la Noblesse pour les Assemblées générales et particulières que les Nobles qui jouiraient en fonds de terres, ou en emplois et grâces du Roi, d'un revenu de 1,500 livres au moins, ce qui quant aux fonds de terres, se prouverait par le cadastre et la contribution soit de la subvention, soit de l'imposition aux logements ;

En second lieu que les Nobles qui auraient moins de 1,500 livres de revenu demeureraient les maîtres de suivre les moyens de fortune qui leur conviendraient davantage dans l'agriculture, les arts, le commerce ou la navigation, en laissant dormir leur Noblesse, et sans y déroger, pourvu qu'ils s'abstinssent des arts mécaniques et de tout genre de domesticité.

Après quoi l'Assemblée générale recevant toujours avec la soumission qu'elle doit les volontés de Sa Majesté, et avec la plus respectueuse reconnaissance les dispositions qui viennent d'être annoncées pour établir de plus en plus dans les Assemblées particulières et générales tout le bon ordre dont elles peuvent être susceptibles, a promis d'apporter l'attention la plus sérieuse, pour mettre sous les yeux du Roi, les réflexions qui pourront contribuer à remplir l'objet vers lequel le nouveau plan de règlement est dirigé.

La présente Délibération a été signée tant par Mgrs les

Commissaires du Roi que par Mgrs les Evêques Doria et de Santini; Ogliastri et Franceschi, Piévans; de Morlas et Antoni, Députés Nobles; Quilichini et Peretti, Députés du Tiers-Etat.

Après quoi la Séance a été renvoyée à demain, vingt du courant, à neuf heures du matin.

Signés, etc.

Séance du 20 Mai 1777.

Monseigneur l'Evêque Président et Mgrs les Evêques et Députés, ci-devant dénommés, s'étant rendus dans la Salle de l'Assemblée, Mgr l'Evêque Président a dit que Nosseigneurs les Commissaires du Roi avaient annoncé, dans la Séance d'hier, les différentes dispositions de Sa Majesté pour le règlement des Assemblées des Pièves et des Provinces; qu'il était à propos d'apporter toute l'attention convenable à rédiger les observations de l'Assemblée générale sur ces dispositions.

Après quoi les Etats ont continué d'exposer leurs réflexions de la manière suivante:

Sur la Première Proposition.

Que les Piévans doivent être conservés dans le droit qui leur a été accordé par les règlements concernant les Assemblées des Pièves; que leur préséance sur les autres Curés est juste et incontestable, attendu qu'ils ont une prééminence légale sur eux.

L'Assemblée générale a ici observé que, bien loin de diminuer les droits et les qualités des Piévans, son désir serait de les augmenter ; que le zèle de ces Ecclésiastiques, soit par rapport aux devoirs de leur ministère, soit pour tout ce qui peut contribuer à l'avantage du peuple, se manifeste d'une manière si générale qu'elle leur assure l'estime publique et une reconnaissance universelle ;

Que les Etats de 1773, dans la Séance du 22 Novembre, firent leurs humbles prières à Sa Majesté pour qu'elle daignât accorder aux Piévans le droit flatteur de représenter par tour l'ordre Ecclésiastique dans la députation à la Cour ;

Que cette demande a été refusée dans les réponses au procès-verbal de l'Assemblée de la même année ;

Que s'il était permis à l'Assemblée générale de renouveler la même demande, elle le ferait volontiers pour donner à cet ordre d'Ecclésiastiques des preuves de la constance de ses sentiments ;

Que s'il n'est pas possible d'espérer cette grâce, le vœu général du Pays serait qu'on accordât au moins qu'outre un Evêque, un Noble et un représentant du Tiers-Etat, il y eût un Piévan pour adjoint dans chaque députation à la Cour.

Sur la Deuxième Proposition.

Le Sieur Boerio, Député de la Province de Bastia, a observé qu'à Ampugnani, faute de Piévan, l'Archiprêtre de la Porta a assisté à l'Assemblée de la Piève ;

Que cela s'est aussi pratiqué à Corte, où le Prévôt de cette Ville a assisté jusqu'à présent, faute de Piévan de la Piève de Talcini, et qu'il serait convenable de les maintenir en possession de ce droit.

Le Sieur Trani, Député de Bonifacio a observé que cette Ville faisant Piève par elle-même, en cas d'empêchement légitime de l'Archiprêtre, l'Assemblée devrait nommer un des Prêtres les plus dignes de la Piève.

L'Assemblée générale adhérant à la remontrance du Député de Bonifacio a dit que, lorsqu'il s'agira d'une Piève qui n'a qu'une seule Paroisse, en cas d'empêchement légitime du Piévan, il sera suppléé par le Vicaire Forain ;

Qu'en cas de maladie ou d'empêchement légitime du Piévan, l'Assemblée de la Piève fût en droit de nommer parmi ses Curés celui qu'elle jugerait le plus capable ;

Que se trouvant dans une Piève un Piévan de titre de toute la Piève et un autre avec la qualité de Piévan d'une seule Paroisse, ce dernier devra assister en cas d'empêchement du Piévan de la Piève ;

Que, quant à la Piève de Bastia, en cas d'empêchement du Piévan, le Prévôt de l'Eglise de Saint-Jean de cette Ville ait le droit d'y assister en sa place.

Sur les Troisième, Quatrième et Cinquième Propositions.

L'Assemblée générale se conforme entièrement aux intentions de Sa Majesté.

Sur la Sixième Proposition.

Que les observations faites sur les Assemblées des Communautés s'entendent renouvelées sur les Assemblées des Pièves.

Sur les Septième, Huitième, Neuvième, Dizième et Onzième Propositions.

Les Etats se conforment entièrement aux intentions de Sa Majesté.

Sur les Douzième et Treizième Propositions.

L'Assemblée a appris, avec la plus grande satisfaction, la disposition où est Sa Majesté de faire présider Mgrs les Evêques aux Assemblées Provinciales ; que de cette manière les Assemblées acquerront un plus grand lustre et plus d'ordre ; que la préséance des Evêques ne pourra être que de la plus grande utilité ; qu'entièrement dévoués à l'intérêt public, ils s'employeront avec succès à procurer au Pays tous les avantages qu'il peut attendre du Gouvernement, et que leur zèle et leurs lumières seront d'un grand secours aux Députés des Assemblées qu'ils présideront.

Sur la Quatorzième Proposition.

Que les observations faites sur les archives s'entendent renouvelées.

Sur la Quinzième Proposition.

Que l'Assemblée générale se conforme aux intentions de Sa Majesté.

Sur la Seizième Proposition.

L'Assemblée générale a observé que si on n'admettait à jouir des avantages de la Noblesse que ceux qui ont en fonds de terres ou en grâces du Roi un revenu annuel de 1,500 livres, le nombre des Gentilshommes serait restreint de manière que la plus grande partie ne pourrait jouir des distinctions auxquelles ils ont droit par leur naissance ;

Que dans chaque Province la classe des pauvres est nombreuse, mais qu'elle l'est encore plus en Corse que partout ailleurs, à cause des tristes et malheureuses vicissitudes des temps passés ;

Que quoique plusieurs Nobles n'aient pas un revenu suffisant en biens fonds pour vivre selon leur état, cependant soit comme employés au service du Roi, soit par l'exercice de quelque profession noble, ils vivent avec assez d'aisance pour qu'on ne les prive pas d'un droit qui leur est le plus précieux ;

Que l'exclusion ou la suppression de l'ordre de la Noblesse pourrait avoir lieu contre ceux qui manquant tout à fait de secours pour vivre honnêtement, sont obligés d'exercer des arts mécaniques et de se livrer à des œuvres serviles et qui dérogent à leur état ;

Qu'il serait nécessaire de porter attention sur ceux-ci, parce que en les laissant subsister dans l'ordre de la Noblesse, ils ternissent le lustre de cet état, confondent les ordres et ne font pas voir qu'ils sentent le prix de la grâce que Sa Majesté a daigné accorder ;

Que cette surveillance pourrait être confiée à la Commission des Douze, qui par état doivent s'employer à soutenir la dignité de l'ordre de la Noblesse ;

Qu'ils auraient à rassembler tous les renseignements possibles pour reconnaître quels seront ceux qui à l'avenir se trouveront dans le cas d'avoir dérogé à leur Noblesse et en solliciter leur exclusion.

Après quoi la Séance a été renvoyée à demain, vingt-un du mois courant, à neuf heures du matin.

La présente Délibération a été signée tant par Mgr l'Evêque Président que par Mgrs Guasco, Evêque de Sagone, et de Guernes, Evêque d'Aleria; Villanova et Leca, Piévans; Mari et Colonna, Députés Nobles; Adriani et Emanuelli, Députés du Tiers-Etat.

Signés: etc.

Séance du 21 Mai 1777.

Nosseigneurs les Commissaires du Roi et Mgrs les Evêques et Députés, ci-devant dénommés, s'étant rendus à la Salle de l'Assemblée, Nosseigneurs les Commissaires du Roi ont dit que Sa Majesté était disposée à ordonner que les Etats s'assembleraient tous les ans, et, autant que faire se pourrait, au second dimanche après Pâques ; que cependant elle voulait bien permettre à l'Assemblée générale de faire connaître son vœu sur cette double disposition, et de faire les représentations dont elle paraîtrait susceptible et auxquelles Sa Majesté aurait tel égard qu'elle jugerait à propos.

Dudit jour 21 Mai 1777

Nosseigneurs les Commissaires du Roi ont dit que l'art. 6 de l'Arrêt de 1772, qui attribue la présidence des Etats à l'Evêque le plus ancien par son Sacre, n'étant que provisoire, il leur était expressément enjoint d'en faire la déclaration aux Etats, ainsi que de leur rappeler la disposition du règlement de 1770, qui porte que les Evêques présents aux Etats siègeront suivant le rang de prééminence qu'ils tiennent entr'eux ;

Qu'en conséquence Sa Majesté invitait Mgrs les Evêques à envoyer à son Conseil les mémoires qui leur ont déjà été demandés pour régler le rang de leurs sièges ; que cependant l'état actuel serait maintenu jusqu'à la décision du Conseil de Sa Majesté.

Dudit jour 21 Mai 1777.

Nosseigneurs les Commissaires du Roi ont dit que l'intention de Sa Majesté étant d'assimiler les Etats de Corse aux Etats de Languedoc dans tous les points auxquels les lois, les usages et les circonstances locales des deux Pays n'établiraient pas des différences essentielles entr'eux, elle serait disposée à ordonner pour l'avenir que les cinq Evêques du Pays seraient successivement, et chacun à leur tour, les Députés à la Cour pour l'ordre du Clergé, en suivant pour la députation le rang qu'ils tiennent aux Etats ;

Que Sa Majesté désirait connaître sur cette disposition le vœu de l'Assemblée dans laquelle cependant elle n'entend pas qu'il soit rien innové pour la députation qu'elle aura à nommer et à l'élection de laquelle il sera procédé, lorsqu'il en sera question, comme pour le passé.

Dudit jour 21 Mai 1777.

Nosseigneurs les Commissaires du Roi ont dit que le règlement de 1770 admettait dans l'Assemblée générale les Chanoines des Cathédrales et Collégiales ;

Que le règlement de 1772 suppose l'ordre du Clergé suffisamment représenté par les cinq Evêques et les dix-huit Piévans ;

Que les Députés avaient proposé de réduire les Piévans à douze et de substituer aux six autres cinq Chanoines députés des cinq Chapitres des Cathédrales et un Chanoine représentant les quatre Collégiales ;

Que Sa Majesté permettait à l'Assemblée de délibérer sur cette proposition.

Nosseigneurs les Commissaires du Roi ont ajouté que si on délibérait de réduire à douze le nombre des Piévans, il serait nécessaire que l'Assemblée vît comment la distribution s'en ferait entre les Provinces ;

Que dans l'état actuel elle était déterminée par l'article 5 du règlement de 1772, dans une proportion relative aux facultés respectives des Provinces, c'est-à-dire à leur population et à la somme qu'elles payent pour la subvention ;

Qu'il serait difficile de suivre la même proportion en réduisant le nombre des Piévans à douze, parce qu'il est indispensable que chaque Province en eût au moins un ; qu'il resterait donc à délibérer sur la question de savoir quelles seraient les Provinces qui en auraient deux ;

Qu'en cas que les Chapitres des Cathédrales fussent admis à envoyer chacun un Député, il y aurait à régler le rang qu'ils tiendraient entr'eux ;

Qu'il paraissait que cet article avait été arrêté dans l'Assemblée de 1770, qu'en tout cas ils avaient le droit d'être entendus sur ce point, et que s'il devenait nécessaire de faire à cet égard quelque règlement provisoire, on pourrait déterminer ou qu'ils suivraient le même ordre que Mgrs les Evêques entr'eux, ou qu'ils tireraient au sort ;

Qu'enfin ce dernier parti serait celui qui conviendrait le mieux pour régler le tout entre les quatre Collégiales, à moins qu'elles n'eussent des titres qui réglassent la préséance entr'elles ;

Que c'était un article sur lequel Sa Majesté trouvait juste de réserver leurs droits et de les entendre.

Dudit jour 21 Mai 1777.

Nosseigneurs les Commissaires du Roi ont dit que l'ordre de la Noblesse était en possession de fournir les Douze choisis entre les Députés aux Etats ; que les règlements de 1770 et 1772 l'avaient trouvé dans cette possession dans laquelle le Statut Civil l'avait déjà maintenu ;

Que la commission des Douze n'avait pas rempli jusqu'ici les espérances qu'on en avait conçues, et que c'était peut-être l'effet inévitable de la trop grande rapidité avec laquelle les Nobles se succédaient dans ce service; qu'il ne durait que deux mois pour chacun ; qu'encore souvent l'arrivée à Bastia était-elle différée de quelques jours, comme on en devançait aussi souvent le départ de quelques jours ;

Que quand même les Douze en exercice employeraient exactement les deux mois de leur service, comme ils arrivaient sans connaître les affaires dont ils devaient s'occuper, ils quittaient avant d'en avoir pu prendre une connaissance exacte, et qu'ainsi la commission des Douze, éludée dans les effets que le Gouvernement a eu en vue, n'était presque plus considérée par ceux mêmes qui en faisaient partie que comme un avantage pécuniaire et un droit qu'elle leur donnait de venir successivement recueillir l'émolument qui leur était attribué, sans que le Pays qui en fait la dépense en retirât aucune utilité ;

Que les Députés des Etats à la Cour, frappés de ces inconvénients, avaient proposé comme un moyen propre à y remédier de substituer à la Commission des Douze trois Syndics, un de chaque ordre, au choix des Etats, et avec la même attribution de 3,600 livres qui se payait à la commission des Douze ; qu'ainsi ils auraient chacun 1,200 livres de gages sans que ce fût une nouvelle charge pour le Pays ;

Que ces Syndics généraux serviraient, pendant trois années de suite, et se trouveraient par là plus au fait des affaires que ne pouvaient l'être les Douze ;

Que, chaque année, il en sortirait un, lequel accompagnerait la Députation à la Cour et dont les frais de voyage seraient payés comme frais de Députation ;

Qu'un des trois Syndics généraux résiderait toujours dans la Ville où se serait tenue la dernière Assemblée ;

Que les deux autres s'y rendraient, tous les trois mois, pour y résider, huit jours, avant la fin de chaque quartier ;

Qu'ils seraient, tous les trois, à l'Assemblée générale et partageraient le travail entr'eux pendant toute l'année, en se chargeant chacun des matières qui leur seraient distribuées par les Etats ;

Que les dispositions relatives à la Caisse des Etats et aux droits et intérêts des Contribuables ne pourraient être traités que par les trois Syndics, quand ils se trouveraient assemblés à la pluralité de deux voix contre une ;

Que le Greffier des Etats ferait le service près d'eux pendant toute l'année.

Nosseigneurs les Commissaires du Roi ont observé que ces différentes dispositions et ce changement de la Commission des Douze exigeaient toute l'attention des Etats ; que Sa Majesté les chargeait d'inviter l'Assemblée à les faire examiner par le Comité particulier, afin d'en délibérer ensuite en parfaite connaissance de cause.

Dudit jour 21 Mai 1777.

Nosseigneurs les Commissaires du Roi ont dit que la fixation des Députés de chaque ordre à l'Assemblée générale serait maintenue au nombre de vingt-trois, ainsi qu'il était porté par l'Arrêt de 1772, mais que le partage entre les Provinces pour les Députés de la Noblesse et du Tiers-Etat ayant donné lieu aux réclamations et protestations de plusieurs Pièves et Provinces qui prétendaient n'avoir pas un nombre de représentants proportionné à la Subvention, Sa Majesté permettait aux Etats de remettre en délibération ce que chacune des Provinces aura de représentants dans les deux ordres.

Nosseigneurs les Commissaires du Roi ont observé à ce sujet que la Province d'Aleria avait représenté que la Juridiction d'Aleria qui est, dit-elle, composée de 2,000 feux, n'avait la faculté d'envoyer à l'Assemblée générale que trois Députés ; qu'elle avait demandé en conséquence que, nonobstant l'Arrêt de 1772, elle fût autorisée à en envoyer six ;

Que cette représentation ne serait fondée qu'autant qu'on se serait trompé, lorsqu'en 1770 on a réglé le nombre des Députés de chaque Province sur celui de ses feux, ou qu'on pourrait dire que dans la Province d'Aleria la population s'était accrue depuis cette époque dans une proportion qui ne serait pas commune aux autres Provinces ;

Qu'il y avait tout lieu de présumer que la Province d'Aleria n'avait que 1,500 feux en 1770 puisqu'elle n'a envoyé que trois Députés aux Etats ; que si, aujourd'hui, elle a deux mille feux, les autres Provinces se sont accrues dans la même proportion, et qu'alors les mêmes principes de régénération étant communs à toutes, il faudrait donc que dans toutes, les choses restassent au même état.

Dudit jour 21 Mai 1777.

Nosseigneurs les Commissaires du Roi ont dit qu'ils allaient actuellement annoncer à l'Assemblée les dispositions que Sa Majesté jugeait convenable d'admettre dans le nouveau règlement et qui seraient communes à toutes les Assemblées, afin qu'étant connues des Etats, ils fussent à portée de faire à cet égard les observations dont ils les trouveraient susceptibles.

Que l'intention de Sa Majesté était donc que dans les Assemblées des Communautés, des Piéves et des Provinces, les délibérations prises dans chaque Séance fussent transcrites sur le registre, à la fin de la Séance, et signées de tous les Délibérants et du Greffier, sans désemparer, et sans qu'il fût permis de remettre la délibération au lendemain, quand elle aurait été ouverte, ou de remettre en délibération le lendemain, sous quelque prétexte que ce fût, ce qui aurait ainsi été arrêté la veille.

Dudit jour 21 Mai 1777.

Nosseigneurs les Commissaires du Roi ont dit que la Province d'Ajaccio avait demandé que le Député à la Cour qui devait être pris dans la partie d'au-delà des Monts, fût choisi alternativement dans les trois ordres ;

Qu'il a été déterminé que dans le nombre des Députés à la Cour il y en aurait toujours un de l'au-delà des Monts ;

Que s'il fallait le prendre alternativement dans les trois ordres, l'Evêque d'Ajaccio serait Député tous les trois ans, ce qui lui ferait un privilège contraire aux droits des autres Evêques de l'Ile ;

Qu'ainsi Sa Majesté trouverait suffisant que, conformément à l'usage établi, un des trois Députés à la Cour fût de l'au-delà des Monts.

Dudit jour 21 Mai 1777.

Nosseigneurs les Commissaires du Roi ont dit que l'on avait proposé de changer la garde d'honneur et de police qui est accordée aux Etats pendant leur Assemblée, et de substituer un détachement du Régiment Provincial à la Maréchaussée qui a fait jusqu'à présent le service ;

Que l'intention de Sa Majesté n'était pas de rien innover dans l'usage établi qui est conforme à ce qui se passe aux Etats de Languedoc.

Après quoi l'Assemblée générale ayant de nouveau protesté qu'elle se fera le devoir le plus sacré de se conformer aux volontés du Souverain auquel elle a le bonheur d'appartenir, a promis de s'occuper sérieusement des objets sur lesquels Sa Majesté daigne entendre le vœu des Etats : en attendant elle a remis au Comité l'examen de la cinquième proposition concernant la suppression des Douze.

La présente délibération a été signée tant par MM. les Commissaires du Roi que par Mgrs Doria et de Santini, évêques ; Olmeta et Moroni, piévans ; Joseph et François Sansonetti, nobles, Defendini et Grimaldi, Députés du Tiers-Etats.

Signés, etc.

Séance du 22 Mai 1777

Monseigneur l'Evêque Président et MM. les Evêques et Députés, ci-devant dénommés, s'étant rendus dans la Salle de l'Assemblée, Mgr l'Evêque Président a dit que, dans la Séance d'hier, Nosseigneurs les Commissaires du Roi ont annoncé différentes propositions concernant la tenue des Assemblées générales et spécialement celle qui regarde la Commission des Douze, dont l'examen a été renvoyé au Comité ;

Que l'Assemblée générale entendrait volontiers son avis sur cet objet pour être à portée de prendre en conséquence les délibérations qui pourront mieux convenir à l'intérêt de la Nation, et procéder ensuite à la discussion des autres propositions.

Sur quoi Mgr de Santini, évêque, Président du Comité, a dit qu'il n'avait pas été possible de convenir d'une opinion sur l'abolition de la Commission des Douze ;

Que les Députés du Clergé et ceux du Tiers-Etat ont insisté à ce qu'on substituât les trois Syndics proposés par les Députés à la Cour, ou que la Commission des Douze fût composée de quatre Piévans, de quatre Nobles et quatre Députés du Tiers-Etat ;

Que les Députés de l'ordre Noblesse n'ont voulu en aucune manière adhérer à cette proposition, et ont exposé les motifs de leur opposititon qu'il ont promis de répéter en présence des Etats ;

Que c'est à l'Assemblée générale à prendre en considération les raisons respectives pour en délibérer en conséquence.

Après quoi MM. les Députés Nobles ont dit que de leur

côté ils ne peuvent s'empêcher d'insister sur la conservation de leurs droits qui sont d'une date si ancienne qu'on n'en connaît pas l'origine ;

Que ce n'est qu'avec peine qu'ils voyent que l'on cherche à détruire un corps pour lequel la Nation a témoigné en tout temps toute son estime et sa confiance;

Qu'ils ne peuvent adhérer à aucune proposition du Tiers-Etat, ni de l'ordre du Clergé sur un préjudice évident à l'ordre de la Noblesse ; que tout ce qu'ils peuvent faire est de ne point s'opposer à ce qu'ils ayent pour adjoints à la commission des Douze trois Députés Ecclésiastiques et trois du Tiers-Etat pour faire le service chacun à leur tour conjointement avec les Nobles ;

Que toute autre proposition étant préjudiciable à leurs droits, ils la refusaient ouvertement, se réservant de faire valoir leurs raisons auprès de MM. les Commissaires du Roi et de ses Ministres.

Sur quoi MM. les Députés Ecclésiastiques et du Tiers-Etat sont convenus que la Commission des Douze subsisterait, mais qu'au lieu d'être composée de seuls Nobles, elle sera de quatre Piévans, quatre Nobles et de quatre du Tiers-Etat : MM. les Députés de la Noblesse ont protesté contre cette délibération, et Mgr l'Evêque Président a donné acte de cette protestation.

Après quoi on a procédé à l'examen des autres propositions de la manière suivante.

Sur la Première Proposition.

L'Assemblée générale a témoigné qu'elle était pleinement satisfaite, et que c'était le vœu général que les Etats fussent régulièrement convoqués, chaque année, pour être assemblés le second dimanche après Pâques, attendu que de cette manière les Députés pourront retourner dans leurs Communautés respectives assez à temps pour veiller à leurs récoltes.

Sur la Seconde Proposition.

Mgrs les Evêques ont promis qu'ils ne tarderaient pas de remettre au Conseil du Roi leurs mémoires pour soutenir leurs droits respectifs et ceux de leurs Diocèses relativement à la préséance de leur rang.

Sur la Troisième Proposition.

L'Assemblée, pénétrée des sentiments du plus profond respect et de la plus vive reconnaissance sur les dispositions où est le Roi de vouloir bien assimiler les Etats de Corse à ceux de Languedoc, après avoir fait ses plus humbles remerciements sur cette nouvelle marque des bontés de Sa Majesté, a témoigné le désir qu'elle aurait d'être instruite de la forme des Etats de Languedoc, à l'effet d'en connaître les règles et de pouvoir restreindre leurs demandes à celles qui peuvent se concilier avec les lois, les usages et les circonstances locales de cette Ile.

Quant à la nomination de Mgrs les Evêques pour Députés à la Cour, l'Assemblée a unanimement applaudi aux intentions où est Sa Majesté d'ordonner que, pour l'avenir, chacun d'eux à leur tour fût Député de droit à la Cour pour le Clergé, suivant le rang et l'ordre qu'ils tiennent aux Etats.

L'Assemblée générale a ici observé que, nonobstant tout mémoire et titre quelconque des rangs respectifs que Mgrs les Evêques pourraient produire à l'avenir, le rang pour la députation serait le même que celui qu'ils tiennent aujourd'hui, sans y apporter le moindre changement.

Sur la Quatrième Proposition.

L'Assemblée générale a représenté que la confiance qu'elle a dans le zèle et dans les lumières de Mgrs les Piévans est si bien fondée sur la raison et l'expérience qu'elle ne pourrait voir sans peine que le nombre aux Etats en fût diminué;

Que cette partie essentielle de l'Assemblée, dépouillée de tout intérêt particulier, est celle qui s'occupe sans partialité de tout ce qui peut contribuer à l'avantage de la Nation de laquelle étant les pasteurs, ils en connaissent les besoins et les inclinations;

Que les Etats désirent donc instamment qu'il ne soit rien innové sur ce point, et que le nombre des Piévans continue d'être le même qu'il est aujourd'hui.

Sur la Sixième Proposition.

Les Députés des Provinces de Balagne, Nebbio, Sartene et Aleria ont représenté qu'il fût permis d'avoir à l'Assemblée générale un nombre de Députés proportionné à leur population.

Tous les autres Députés des différentes Provinces ont fait la même représentation, et ils ont fait observer qu'ils avaient le même droit de demander un supplément.

Les Etats, délibérant sous le bon plaisir du Roi, ont arrêté que le nombre des Députés subsisterait dans la proportion et l'ordre qu'il se trouve réglé.

Les Députés des quatre Provinces susdites ont protesté contre cette délibération; les autres Provinces l'une après l'autre se sont réunies à faire les mêmes protestations.

Sur la Septième Proposition.

Que la signature de tous les délibérants dans les Assemblées des Communautés, et spécialement dans celles qui sont fort nombreuses, serait difficile et embarrassante ; qu'il suffirait de celle des Officiers Municipaux qui sont en exercice et de ceux qui les ont précédés immédiatement, des Nobles, des Ecclésiastiques et du Greffier ;

Qu'à l'égard des Assemblées des Pièves et des Provinces, les Séances seront signées de tous les délibérants et spécialement par Mgr l'Evêque, président des Assemblées Provinciales dans sa Ville Diocésaine ;

Que, lorsqu'il n'aurait pas été possible de délibérer dans une Séance sur quelqu'un des articles proposés, il fût permis de renvoyer la délibération à l'Assemblée du jour suivant.

Sur la Huitième Proposition.

L'Assemblée générale a observé que l'Evêché de Sagone est compris dans la partie au delà des monts.

Sur la Neuvième Proposition.

Les Etats renouvellent leurs humbles prières pour qu'une Compagnie de Grenadiers du Régiment Provincial ait l'honneur d'être la garde des Etats.

Après quoi la Séance a été renvoyée à demain, vingt-trois du courant, à neuf heures du matin.

La présente Délibération a été signée tant par Mgr l'Evêque Président que par MM. Evêques Guasco et de Guernes ; Bonavita et Poli, Piévans ; Frediani et Casabianca, Nobles, Corazzini et Giacobbi, Députés du Tiers-Etat.

Signés, etc.

Séance du 23 mai 1777

Nosseigneurs les Commissaires du Roi et Mgrs les Evêques et Députés, avec M. Cittadella, Evêque de Mariana et Accia, absent aux Séances précédentes à cause de maladie, s'étant rendus à la Salle de l'Assemblée, Nosseigneurs les Commissaires du Roi ont dit qu'ils avaient déjà eu occasion, en parlant de la Subvention, de faire connaître les intentions de Sa Majesté sur les objets qui pouvaient être discutés dans les Assemblées ; qu'Elle les avait chargés d'annoncer de quel œil elle verrait des projets qui tendraient à ébranler les fondements de l'imposition qu'Elle avait cru devoir préférer à tout autre ;

Qu'Elle envisagerait de même toutes les autres spéculations propres à égarer les opinions et à échauffer les esprits ; que l'expérience démontrait plus que jamais la nécessité de rappeler les vrais principes à l'Assemblée, afin qu'elle ne s'en écartât dans aucun cas ;

Qu'en général l'objet de la convocation des Etats était de faire délibérer les représentants des différentes Provinces sur leurs affaires communes ; qu'il était juste qu'ils pussent se livrer avec liberté à la discussion de leurs intérêts, mais que cette liberté était toujours subordonnée à des règles que Sa Majesté ne permettait pas qu'on enfreignît sous aucun prétexte ; que sans cette sage précaution le droit d'agiter toute sorte de questions dégénérerait en abus, introduirait un esprit d'innovation qui serait funeste au Pays, et détournerait les votants de l'examen des objets qui méritent de leur part une attention exclusive; que de ce nombre était singulièrement l'exécution des règlements établis pour les impositions; qu'on ne pouvait ranger dans la même classe des projets qui, sous prétexte de perfection, seraient propres à troubler l'harmonie qui s'établit dans toutes les parties d'administration du Pays, seraient inconciliables avec les vues du Gouvernement sur la Corse, et tendraient à renverser les établissements reçus; que dans le nombre de ces établissements, il en était plusieurs dont les Etats n'ont aucun droit de se mêler, soit parce qu'ils n'ont aucun rapport à leurs intérêts communs, soit parce qu'ils sont d'un ordre supérieur; que par cette raison, à moins que les Etats ne fussent consultés, il leur était interdit de s'occuper de tout ce qui est relatif à la formation des Tribunaux, à leurs privilèges, au nombre et aux titres des Officiers qui les composent, à leur traitement et aux matières dont la connaissance leur appartient; qu'il n'était pas de leur ressort de traiter aucun des points qui ont rapport à la police générale et au maintien de l'ordre public; qu'ils devaient s'attendre à voir rejeter toutes les demandes qui pourraient conduire à diminuer les droits qui appartiennent à sa couronne ou l'autorité qu'elle veut bien confier à ses Commissaires, et qu'enfin Sa Majesté ne souffrira pas qu'il soit traité des droits des particuliers, si ce n'est dans leurs rapports avec les affaires communes dans lesquelles elle veut bien entendre les Etats; que si les Assemblées générales ou particulières n'ont pas la faculté de délibérer sur ces différents objets, à plus forte raison elles ne peuvent pas la conférer; que la règle générale est que les Députés qu'elles nomment se renferment dans les bornes de leur mission et qu'ils se restreignent à faire valoir les demandes portées dans les procès-verbaux des Provinces ou dans le cahier qu'ils sont chargés de présenter à Sa Majesté; que, quelque bonne que puisse être l'intention qui leur suggérerait d'autres propositions, elle ne ferait jamais plier la règle ; qu'un des motifs qui avaient porté Sa Majesté à désirer que les Evêques présidassent l'Assemblée de leur Province, manifestait clairement sa volonté à cet égard ; qu'elle avait eu en vue que les Députés ne portassent à l'Assemblée générale, comme demandes de leurs Provinces que les propositions qu'elles auraient consignées dans leur procès-verbal; qu'il en était de même des Députés à la Cour; que les uns et les autres ne pourraient proposer, au nom de leurs commettants, que ce qui se trouverait différemment exprimé dans les délibérations qui constitueraient leur pouvoir, à moins que cette faculté ne leur fût expressément accordée pour des cas particuliers et très-importants, le témoignage d'une confiance aussi entière de la part des Etats ne pouvant avoir lieu que pour des causes infiniment intéressantes ;

Que c'était donc pour éviter que les Députés pussent s'écarter des pouvoirs qui leur seraient donnés que Sa Majesté voulait qu'il leur fût remis des expéditions en bonne forme des délibérations qui les contiendraient ;

Qu'au lieu de l'usage établi jusqu'ici pour les députations à la Cour de leur remettre le procès-verbal de l'Assemblée générale pour être présenté à Sa Majesté, les Etats feraient rédiger, et arrêteraient dans leur dernière Séance, un extrait dudit procès-verbal, lequel contiendrait les demandes, et représentations dont ils chargeraient les Députés à Cour, et formerait le cahier qui doit être présenté à Sa Majesté.

Dudit jour 23 Mai 1777.

Nosseigneurs les Commissaires du Roi ont dit que dans la fixation des dépenses et charges du Pays réglées par l'Assemblée des Etats de 1775, dans la quatorzième Séance on avait porté à neuf mille cinq cent livres les frais de Députation à la Cour ;

Que dans l'esprit de cette délibération la part que chacun des trois Députés y prenait était la juste indemnité de la dépense qu'entraînait le voyage de Corse à la Cour, le retour de la Cour en Corse et le séjour présumé nécessaire pour la présentation du cahier ;

Que le Secrétaire d'Etat du département et le Contrôleur général des Finances, pour entrer à cet égard dans les vues des Etats, s'étaient concertés pour régler l'arrivée des Députés à la Cour dans le temps précis où le cahier pourrait être présenté, rapporté et répondu, sans plus de délai que n'en exigeait un travail de cette nature pour les autres Pays d'Etat.

Que c'était sur ce plan qu'il avait été convenu que la dernière Députation arriverait en Janvier ou Février 1776, pour pouvoir être rendue en Corse dans les premiers jours de Mai suivant, époque fixée alors pour l'ouverture des Etats ;

Que les mêmes incidents, qui ont reculé d'une année cette ouverture, ont prolongé la Députation, d'où était résulté la justice et la nécessité d'indemniser les Députés des frais auxquels cette prolongation de séjour les avait exposés ;

Que, comme c'était pour les intérêts du Pays, cette indemnité devenait une de ses charges ;

Que cependant le Roi avait bien voulu la faire payer de ses deniers, en faisant distribuer en deux fois aux Députés des trois ordres une somme de dix-huit mille livres ;

Mais que Sa Majesté avait fait déclarer, et chargeait ses Commissaires de répéter à l'Assemblée que c'était la dernière fois qu'elle avait eu la bonté de se prêter à cette sorte de gratification dont il n'y avait aucun exemple en faveur d'aucune Province d'Etat dans le Royaume ;

Que sa détermination à cet égard serait d'autant plus invariable que les Députés dans leurs demandes avaient d'abord représenté cette grâce comme une sorte de droit qui leur était acquis par l'exemple de ce qui avait été accordé à leurs prédécesseurs ;

Que, sans doute, il n'était pas juste que les Députés supportassent personnellement les frais d'un séjour prolongé pour l'utilité de leurs Commettants, mais que c'était à ces Commettants à les indemniser.

Nosseigneurs les Commissaires du Roi ont ajouté que la dernière Députation avait aussi allégué la modicité du traitement qui leur était fait par les Etats ; que les observations qu'elle avait proposées sur cet objet pouvaient en effet mériter d'être approfondies ;

Qu'en conséquence Sa Majesté permettait à l'Assemblée de les mettre en délibération ; qu'elle pouvait même y être engagée par la détermination prise par Sa Majesté de n'entrer désormais pour rien à titre d'indemnité, ou pour toute autre raison, dans les frais de la Députation, et de rendre commune à cet égard, aux Etats de Corse et à leurs Députés, la règle établie pour les autres Pays d'Etat qui payaient leurs Députions, sans que le Roi y entrât jamais pour rien.

Dudit jour 23 Mai 1777.

Nosseigneurs les Commissaires du Roi ont dit que Sa Majesté avait bien voulu encore accorder une gratification de 1,500 livres au grand-vicaire de Mgr l'Evêque d'Aleria que la Députation avait dit avoir associé à son travail ;

Que Sa Majesté les avait également chargés de déclarer qu'elle n'en accorderait plus de pareilles à l'avenir, le Député de l'ordre de l'Eglise restant maître de se faire accompagner ou non d'un de ses grands-vicaires, et ce grand-vicaire n'étant pas censé entrer pour rien dans les affaires du Pays.

Dudit jour 23 Mai 1777.

Nosseigneurs les Commissaires du Roi ont dit que le changement proposé dans la formation de la députation des Douze, s'il était adopté, entraînerait la dépense nécessaire pour défrayer celui des trois Syndics qui accompagnerait la Députation des Etats à la Cour ;

Que dans ce cas ils étaient autorisés à déclarer à l'Assemblée que ce serait un article de dépense à déterminer, et à ajouter aux frais de la Députation, à la charge du Pays, quand le changement serait réglé.

Dudit jour 23 Mai 1777.

Nosseigneurs les Commissaires du Roi ont dit que la disposition de l'Edit du mois de Mai 1771, qui compose les Assemblées des Communautés de tous les chefs de famille au-dessus de vingt-cinq ans, était bonne à maintenir dans les campagnes pour toutes celles des Assemblées qui avaient pour objet l'élection des Podestats et les demandes à porter aux Etats ; mais que les villes devenant tous les jours plus nombreuses, leurs Assemblées devenaient considérables au point d'y faire craindre le tumulte et la confusion ;

Qu'aussi, par le même Edit, le Roi s'était réservé de statuer sur les demandes qui pourraient être faites par les Villes et les Communautés au-dessus de cinq cents feux ;

Qu'elles conserveraient la liberté de faire dresser des mémoires sur le régime particulier qu'elles croiraient leur être le plus convenable, et notamment sur les règles et la police de leurs Assemblées.

Nosseigneurs les Commissaires du Roi ont ajouté à ce sujet que l'intention de Sa Majesté était qu'ils rappelassent aux Etats cette faculté acquise aux Villes et aux Communautés nombreuses afin qu'elles en fissent l'usage le plus prompt et le plus convenable à leurs intérêts ;

Que cette faculté était particulièrement réservée par l'Edit de 1771, à la Ville de Bastia qui était spécialement dispensée de la règle générale des élections, en attendant qu'il fût pris une détermination sur les mémoires et instructions qu'elle devait fournir sur la forme à établir dans son régime ;

Qu'ainsi il paraissait que les Etats n'avaient à cet égard aucune proposition à faire, et qu'il ne devait être question de leur part que de concourir à ce que la Ville de Bastia, ainsi que les autres Villes au-dessus de cinq cents feux, remissent incessamment les mémoires et instructions qu'elles avaient la faculté de présenter concernant leur police et administration.

Dudit jour 23 Mai 1777.

Nosseigneurs les Commissaires du Roi ont dit que les Députés à la Cour avaient proposé de diminuer le nombre des Officiers Municipaux dans les petites Communautés ;

Que Sa Majesté permettait aux Etats de prendre cette proposition en considération, en l'appliquant aux Communautés au-dessous de vingt feux.

Dudit jour 23 Mai 1777.

Nosseigneurs les Commissaires du Roi ont dit que les Députés à la Cour avaient proposé d'attribuer aux Podestats-Majors des Pièves l'apposition des Scellés, la confection des inventaires et l'exercice de la juridiction tutélaire pour les Assemblées de famille ;

Que cette proposition présentait d'abord la question générale de savoir s'il convenait d'attribuer des fonctions judiciaires aux Podestats-Majors des Pièves, et qu'on ne pouvait pas y penser ;

Que, quant aux objets dont la connaissance particulière appartient aux Podestats et Pères du Commun, les Podestats-Majors ne pourraient en connaître que par la voie de l'appel et que ce serait multiplier inutilement les degrés de juridiction ;

Que s'agissant ici d'objets qui ne sont point attribués aux Officiers Municipaux des Communautés, et qui appartiennent aux Juridictions Royales, on ne pourrait les attribuer aux Podestats-Majors qu'à l'exclusion des Juges Royaux, ce qui ne paraissait pas admissible ;

Que l'apposition des scellés, la confection des inventaires et la juridiction tutélaire étant introduites pour la conservation des droits des mineurs et des absents, Sa Majesté ne pouvait s'en remettre qu'à ses Officiers pour l'exercice des fonctions qui y sont relatives, et que les Podestats-Majors, auxquels on n'imposait que la condition de savoir lire et écrire, et qui n'étaient point obligés d'être lettrés, ne pouvaient pas être rendus dépositaires d'une portion d'autorité dont l'exercice suppose la connaissance des lois et des formes judiciaires.

Dudit jour 23 Mai 1777.

Nosseigneurs les Commissaires du Roi ont dit qu'à l'occasion des scellés et inventaires à attribuer aux Podestats-Majors, les Députés à la Cour avaient exposé que les registres des baptêmes, mariages et sépultures passaient sans aucune formalité au pouvoir des nouveaux Curés après la mort de leurs prédécesseurs, d'où les Députés avaient conclu que ce serait une raison de plus de s'en remettre aux Etats présents sur les moyens de réformer et de perfectionner cette partie de l'administration ;

Qu'il n'y avait rien à ajouter aux précautions prescrites par l'Edit du mois de Juillet 1770, pour la tenue et conservation des registres des baptêmes, mariages et sépultures ;

Que les seules précautions à prendre étaient celles qui pouvaient être reconnues les plus propres à en garantir l'exécution ;

Que Sa Majesté permettait aux Etats de traiter les seules questions que cet objet donnait à examiner, savoir, si, ainsi que les Députés l'avaient exposé, l'Edit de Juillet 1770, était resté jusqu'ici dans l'oubli, et quels étaient les moyens de le mettre et de le soutenir en activité.

Dudit jour 23 Mai 1777.

Nosseigneurs les Commissaires du Roi ont dit que les Députés à la Cour avaient proposé de supprimer les quatre

Juntes Nationales et de leur substituer des Commissaires principaux, un par Province, lesquels auraient chacun sous eux deux Commissaires particuliers, chargés de correspondre avec les Podestats-Majors, comme ceux-ci le font avec les Podestats particuliers ;

Que, pour faire supprimer les Juntes, ils avaient exposé qu'elles avaient été quelquefois mal composées, souvent mal régies, presque toujours en conflit, soit avec les Officiers Municipaux, soit avec les Justices Royales ;

Que, s'il était vrai que le choix des Commissaires des Juntes eût été mal fait, il y aurait principalement à s'en prendre aux Etats à qui ce choix est déféré ; et que ce serait seulement une raison d'examiner s'il y aurait quelques nouvelles précautions à prendre pour diriger les élections des Assemblées générales vers les sujets les plus propres à remplir les vues du Gouvernement ;

Que, si les Juntes avaient été mal régies, ce que les Députés avaient expliqué, en ce qu'elles n'avaient pu ni prévoir, ni réprimer les troubles, ni même assujettir à leur règle les habitants du Pays, que, si elles avaient été dans un conflit perpétuel avec les Podestats et avec les Juges Royaux, il y avait à expliquer comment ni dans les procès-verbaux des Assemblées générales et particulières ni dans les comptes-rendus à Sa Majesté et à ses Ministres par ses Commissaires, ni dans la correspondance du Premier Président et du Procureur général, il n'y avait rien qui décelât l'inutilité ou les inconvénients de cet établissement, rien qui ne portât à croire qu'il a été avantageux et agréable au Pays ;

Que Sa Majesté désirait connaître distinctement quelle était l'opinion qu'on en avait en les considérant dans son principe et dans ses effets ; et Nosseigneurs les Commissaires du Roi ont ajouté qu'ils étaient chargés d'inviter les Etats à s'en expliquer spécialement.

Ils ont dit, en outre, que, quand il serait reconnu que les

Juntes seraient désormais inutiles, ce ne serait pas une raison d'y substituer des Commissaires Provinciaux ;

Que les Députés à la Cour avaient bien dit qu'on les choisirait parmi les personnes de la plus grande considération ; que les Commissaires particuliers seraient distingués par leur naissance et par leurs services ; que les Podestats-Majors seraient les Citoyens les plus considérables de la Piève, et les Podestats particuliers les habitants les plus estimés de la Communauté, mais que tous ces Officiers seraient choisis par le Pays comme ci-devant, et que le mauvais choix reproché à l'établissement des Juntes serait bientôt commun à l'établissement des Commissaires ; que les mêmes conflits des Juridictions reparaîtraient sous un autre nom ; qu'ainsi il ne fallait penser à supprimer les Juntes, qu'au moment où la dépense qu'elles occasionnent serait reconnue inutile ;

Que Sa Majesté n'avait vu dans l'opinion que les Députés à la Cour en avaient prise que le zèle qui leur faisait désirer un établissement plus parfait ;

Que si cette opinion sur les Juntes était celle des Etats, l'établissement qu'on y substituait ne paraissant pas pouvoir être meilleur, le mieux serait de reprendre le cours ordinaire et de supprimer entièrement une dépense de trente mille livres à laquelle le Roi ne s'était prêté qu'en considération des grands avantages qui avaient paru en résulter.

Dudit jour 23 Mai 1777

Nosseigneurs les Commissaires du Roi ont dit que la Piève de Castello, Province de Corte, demandait qu'on établît, comme dans le temps passé, un Gouvernement politique au centre des Pièves de Castello et Fiumorbo, qui, a-t-elle dit, *n'ont pas senti jusqu'à présent la douceur de la Justice, mais les incursions et les malheurs ;*

Qu'il était impossible de concevoir le sens de l'objet de cette demande ;

Que chaque Communauté de la Piève de Castello avait ses Podestats et Pères du Commun ; que la Piève avait son Podestat-Major ; qu'elle envoyait son Député à l'Assemblée Provinciale de Corte ; qu'elle dépendait de la Junte de Quenza ; qu'elle était pour le civil et pour le criminel de la Juridiction de Corte ; que pour le militaire elle était sous la protection de l'Officier qui y commandait, et que pour les détails de l'administration municipale elle était surveillée par le Subdélégué de l'Intendance ;

Qu'ainsi la demande de la Piève de Castello paraissait absolument sans objet, et par conséquent n'était point susceptible de réponse.

Dudit jour 23 Mai 1777.

Nosseigneurs les Commissaires du Roi ont dit que la Piève de Luri, Province du Cap-Corse, demandait à être divisée en deux, à quoi le Piévan et les autres Députés de la Province s'opposaient ;

Que la Piève d'Istria, Province de Sartène, demandait de former trois Pièves sous le nom d'Olmeto, Valle et Cruscaglia ;

Que la Piève de Vallerustie, Province de Corte, demandait que la Paroisse de Saint Laurent, qui est composée de plusieurs Villages et qui n'a qu'un seul Podestat, fût divisée sur l'ancien pied ;

Que les demandes de cette espèce pouvant intéresser les.

Piévans, la première règle à suivre était de les entendre ; que l'opposition du Piévan de Luri était de nature à être examinée, l'intérêt que la Piève pouvait avoir à fournir un plus grand nombre de Députés n'étant pas une raison suffisante de démembrer son bénéfice ;

Qu'en général, les Pièves n'étant pas égales entr'elles, il serait dangereux de se prêter aux vues particulières que pourraient suggérer des divisions et des dénombrements ; que l'ancien ordre du Pays se trouverait bientôt interverti, et qu'on se jetterait dans la confusion ; que c'était un inconvénient qu'il était nécessaire de prévenir ;

Qu'il pourrait cependant se rencontrer des circonstances particulières qui exigeassent quelque création de Piève pour le plus grand avantage d'un certain nombre de Communautés, et que, comme il serait possible d'y pourvoir, sans toucher aux droits des Piévans, Sa Majesté permettrait toujours aux Etats de délibérer sur les demandes de cette nature, et de lui faire connaître leur vœu.

Dudit jour 23 Mai 1777.

Nosseigneurs les Commissaires du Roi ont dit que, dans la Séance du 21 de ce mois, ils avaient annoncé aux Etats la proposition qu'avaient faite les Députés à la Cour concernant la suppression de la Commission des Douze, pour y substituer trois Syndics, un de chaque ordre, au choix de l'Assemblée générale, dans la forme qui était expliquée ;

Que les Etats avaient été invités à examiner et délibérer s'il convenait mieux pour l'intérêt de la Nation de laisser subsister la Commission des Douze, ou d'adopter le changement proposé de l'élection des trois Syndics ;

Que, dans la délibération d'hier, il a été délibéré, au moins par deux ordres, savoir, l'ordre du Clergé et celui du Tiers-Etat, que la Commission des Douze subsisterait, mais qu'on en changerait la forme, et qu'à l'avenir au lieu de seuls Nobles, ainsi qu'elle est composée actuellement, on y comprendrait quatre Piévans, quatre Nobles et quatre du Tiers-Etat ;

Que cette délibération, outre qu'elle est contredite par l'ordre de la Noblesse, ne satisfait pas à l'objet de la proposition qui était d'examiner et de délibérer s'il convient ou non, de nommer trois Syndics, au lieu de la Commission des Douze ;

Que la délibération des Etats doit contenir l'exposition des raisons qui leur font adopter ou refuser le changement proposé ; que tout au plus l'Assemblée pourrait, en cas qu'elle voulût délibérer de laisser subsister les Douze, de préférence aux Syndics, expliquer la nouvelle forme qu'elle désirerait y apporter ; mais cela ne pourrait être qu'un objet séparé et distinct de la proposition principale ;

Qu'en conséquence Nosseigneurs les Commissaires du Roi ont invité l'Assemblée à renouveler ses observations sur le changement projeté,

Et eux retirés, la matière mise en délibération,

Les Députés Nobles ont observé que le changement, proposé par les Députés à la Cour sur la Commission des Douze, ne paraît ni utile, ni nécessaire ; qu'ils ne peuvent voir sans peine, qu'on cherche à détruire un corps qui tire son origine de la plus haute antiquité, et dans lequel la Nation a marqué en tout temps avoir toute confiance ;

Que si les Douze n'ont pas fait paraître une grande activité dans ces dernières années, c'est que leurs fonctions ont été si bornées qu'ils n'ont pas eu le loisir de les développer ;

Que ce corps étant composé de Nobles il est à présumer qu'il aura une plus grande assiduité à s'acquitter de ses commissions qu'on ne peut en espérer des trois Syndics proposés ;

Que rien ne serait plus irrégulier que de voir un Curé abandonner sa Paroisse pour venir vaquer à des affaires tout-à-fait séculières ; que les Députés du Tiers-Etat ne pourraient sans préjudice de leurs occupations faire une longue résidence à Bastia ;

Qu'il est tout-à-fait naturel que douze Sujets doivent avoir plus d'activité, plus de zèle et plus de lumières que trois seuls Syndics; que ces Douze tirés des différentes Provinces sont mieux instruits que tout autre de la vraie situation de toutes les Communautés de la Corse ;

Que pour retirer plus d'utilité de l'établissement des Douze on pourrait prescrire qu'outre la résidence des deux membres par tour, tous les quatre mois, ce corps se réunit dans la Ville où serait convoquée l'Assemblée générale pour traiter et délibérer sur les matières adoptées par les Etats ;

Qu'il serait à observer qu'au lieu de s'occuper de la destruction de ce corps, on devrait supplier Sa Majesté de vouloir bien en augmenter les fonctions, en le faisant jouir des prérogatives dont il a joui dans les temps passés.

De la part de MM. les Piévans et Députés du Tiers-Etat il a été observé que le Pays n'a rien à reprocher à la Commission des Douze Nobles, et qu'on ne peut qu'applaudir à leur zèle ; mais qu'il serait d'une plus grande utilité de substituer les trois Syndics proposés par MM. les Députés à la Cour ;

Que le tour des Douze changeant tous les deux mois, ils n'ont ni le temps, ni le loisir de s'occuper des fonctions qui leur sont confiées ;

Que rien n'est plus juste, ni plus convenable que de faire participer tous les ordres à l'administration ;

Que la Commission des Douze n'étant composée que de l'ordre de la Noblesse, le Clergé et le Tiers-Etat se croyent lésés de cette attribution privative dont jouit la Noblesse ;

Que cette attribution n'est pas de l'antiquité que MM. les

Nobles le supposent ; que dans le temps du Gouvernement de la Sérénissime République, la Commission des Douze était composée de huit Nobles et de quatre du Tiers-Etat ;

Qu'alors le Clergé n'y était pas compris, parce que ne contribuant rien à l'Etat, en vertu de ses immunités, il n'avait pas droit de prétendre aux emplois séculiers ;

Qu'actuellement n'y ayant aucune différence d'ordre dans les contributions, le Clergé et le Tiers-Etat ont droit de prétendre à être associés à l'administration des intérêts de la Province ainsi que les Nobles ;

Que les Syndics devant résider pendant trois années, sont plus à portée de s'instruire de tout ce qui peut être avantageux pour la Corse ;

Que le Pays doit mettre toute sa confiance dans la conduite des Syndics, parce que chaque ordre y aura son agent, ou représentant ;

Qu'il n'y a aucun inconvénient qu'un Curé s'absente de sa Paroisse, pendant quelque temps, pour la cause publique, pourvu qu'il y laisse un bon Vicaire ;

Que parmi les Députés du Tiers-Etat on peut choisir un Syndic qui ait tous les moyens qu'un Noble pourrait avoir pour vivre à Bastia, sans préjudice de ses intérêts domestiques ;

Que, par conséquent, toutes les raisons se réunissent à faire croire que l'établissement des trois Syndics doit être adopté de préférence à celui des Douze, comme étant plus convenable au désir, à l'intérêt et à la dignité de tous les ordres.

Ici MM. les Piévans ont cependant observé, qu'en cas qu'on adoptât l'établissement des trois Syndics, il ne devrait point être question de commettre aucun d'eux pour accompagner la députation à la Cour, afin de ne pas charger le Pays de cette nouvelle dépense.

Sur quoi l'Assemblée générale a témoigné qu'elle s'occuperait promptement du soin d'examiner les objets qui viennent d'être annoncés par MM. les Commissaires du Roi et d'en délibérer.

Après quoi la Séance a été renvoyée à demain, vingt-quatre du mois courant, à neuf heures du matin.

La présente délibération a été signée tant par MM. les Commissaires du Roi que par Mgrs de Guernes et Cittadella, Evêques; Tusoli et Olivieri, Piévans; de Coti-Cuttoli, père et fils, Députés Nobles; Murati et Ferdinandi, Députés du Tiers-Etats.

Signés, etc.

Dudit jour 24 mai 1777

Monseigneur l'Evêque Président et Mgrs les Evêques et Députés ci-devant dénommés, (Mgr Cittadella absent pour cause de maladie) s'étant rendus dans la Salle des Etats, Mgr l'Evêque Président a dit que, dans la Séance d'hier, Nosseigneurs les Commissaires du Roi ont annoncé à l'Assemblée différentes propositions de règlement auxquelles les Etats doivent apporter la plus sérieuse attention.

Sur quoi ayant été procédé à la lecture de ce que MM. les Commissaires du Roi ont annoncé de la part de Sa Majesté;

L'Assemblée générale toujours disposée à donner des preuves de son entière soumission aux intentions de Sa Majesté a promis de ne s'écarter jamais des règles qui lui ont été annoncées par MM. les Commissaires du Roi relativement aux propositions à faire et aux matières à traiter dans les Assemblées particulières et spécialement dans les Assemblées générales, qui sont de ne recevoir jamais de la part des Députés des Pièves et des Provinces respectives que les propositions qui seront consignées dans les procès-verbaux de leur mission ; que cette règle est d'autant plus nécessaire qu'elle intéresse les Pièves et les Provinces commettantes et le maintien du bon ordre, et qu'on n'admettra aux Etats aucune proposition, qu'autant qu'elle aura pour objet le bien du service du Roi et l'avantage reconnu du Pays.

Les Etats ont dit, en outre, que le Pays est pénétré des sentiments de la plus respectueuse reconnaissance pour les libéralités exercées envers les quatre Députations précédentes, et qu'il a toujours senti tout le prix d'une grâce qui n'a point d'exemple pour les autres Provinces d'Etats de la France ;

Qu'ils sentent bien que les honoraires, qui ont été réglés à chacun des trois Députés à la Cour, sont trop modiques pour les indemniser de leurs frais, particulièrement lorsque leur séjour est prolongé pendant longtemps ; que néanmoins l'état d'indigence du Pays ne permet pas d'augmenter en rien leur traitement, dont la modicité est suppléée par l'honneur de porter aux pieds du Souverain les hommages de respect et de fidélité de leur propre Pays ;

Que pour hâter les mémoires demandés par Sa Majesté soit à la Ville de Bastia, soit aux autres Villes au-dessus de cinq cents feux, on convoquerait une Assemblée de ces Communautés à l'effet de proposer les moyens convenables pour établir une police et une administration différentes et que les deux membres de la Commission des Douze seraient chargés de faire accélérer par M. l'Intendant la fixation des Assemblées proposées. Quant à la demande qui a été faite de diminuer le nombre des Officiers Municipaux des Communautés au-dessous de vingt feux, l'Assemblée a cru convenable de ne rien innover à l'ordre établi ;

Que l'attribution de la Juridiction, qui a été demandée pour les Podestats-Majors, pourrait être prise en considération jusqu'à un certain point ;

Que pour éviter tous les inconvénients et tous les embarras qu'on rencontre dans les assemblées des parents pour la constitution des Tuteurs et Curateurs, pour les mariages des mineurs et pour les autres actes dans lesquels l'intervention des parents est nécessaire, on pourrait permettre que les prestations qu'on exige de leur consentement ou des raisons qu'ils peuvent avoir pour le refuser se fissent pardevant le Podestat du lieu ou pardevant le Podestat-Major de la Piève, qui auront en cette partie une faculté cumulative, et devront dresser procès-verbal qu'ils enverront au Procureur du Roi de la Juridiction pour solliciter auprès du Juge l'homologation de cet acte ;

Que le Podestat-Major soit juge d'appel des sentences des Officiers Municipaux des Communautés de la Piève ;

Que les Sentences étant conformes, il n'y ait point d'autre appel, mais si elles sont différentes, que l'appellation soit dévolue au Juge Royal, dont la sentence sera définitive, et qu'on n'admette plus aucune autre réclamation ;

Que comme les Officiers Municipaux connaissent des actions personnelles jusqu'à la concurrence de cinquante livres, leur juridiction soit aussi étendue aux actions réelles, pourvu qu'elles n'excèdent pas la somme de vingt-cinq livres.

L'Assemblée générale a témoigné sa plus grande surprise sur la représentation qui a été faite de supprimer les quatre Juntes du Pays, et encore plus sur les raisons dont on a fait usage pour attaquer un établissement que la Corse regarde comme le plus utile, le plus nécessaire et le plus précieux ;

Que les Sujets proposés par l'Assemblée générale pour remplir ces charges ont été ceux qui en tout temps ont joui de l'estime et de la confiance du Pays ;

Que tous, ou du moins presque tous, ont rempli exactement les devoirs de leurs fonctions, et ont répondu à l'objet de leurs nominations et à l'attente générale ;

Que le Pays, bien loin d'applaudir à la suppression des

quatre Juntes, la verrait au contraire avec la plus grande peine ;

Qu'il sent tout le prix d'une grâce par laquelle Sa Majesté a confié une partie de l'administration aux Corses, et a honoré les Etats du droit précieux de les choisir : que, par conséquent, l'Assemblée générale a unanimement supplié Sa Majesté de vouloir bien conserver en Corse les quatre Juntes, vu qu'elles contribuent à la tranquillité, à l'honneur et à l'avantage du Pays.

Monseigneur l'Evêque d'Aleria a exposé que son intention et celle des Députés ses collègues, n'a jamais été d'inculper la délicatesse, ni le zèle des Députés de la Commission des Douze, ni des sujets proposés pour les Juntes, auxquels il proteste son attachement et son estime.

Sur la demande de la Piève de Castello, M. le Piévan Battistini, Député de la Province de Corte, a représenté que cette Piève étant beaucoup éloignée de Corte, dont elle dépend pour la Juridiction, ne peut jouir que difficilement des avantages de l'administration de la Justice ;

Que du temps du Gouvernement de la Sérénissime République de Gênes et du Gouverment Corse, cet inconvénient avait été reconnu, et on y avait pourvu par l'érection d'un Tribunal plus près : qu'il serait à désirer que Sa Majesté voulut bien prendre en considération les besoins de cette Piève qui sont communs à celle de Fiumorbo.

Sur la demande de la Piève de Luri, d'Istria et de la Communauté de San Lorenzo de Vallerustie tendant à leur division et à la formation d'autres Pièves et Communautés, l'Assemblée a observé que cet objet intéresse peu le Pays en général, mais qu'il concerne plutôt les Provinces où il devrait être traité ; qu'en tout cas MM. les Commissaires du Roi pourront satisfaire à cette demande, s'ils la trouvent appuyée de raisons solides et valables.

Après quoi la Séance a été renvoyée à après-demain, vingt-six du mois courant, à neuf heures du matin.

La présente délibération a été signée tant par Mgr l'Evêque Président que par Mgrs les Evêques Guasco et de Santini; Pianelli et Susini, Piévans; Gentili et Colonna, Députés Nobles; Dominici et Agostini, Députés du Tiers-Etat.

Séance du 26 Mai 1777.

Nosseigneurs les Commissaires du Roi et Mgrs les Evêques, ci-devant dénommés, avec M. Cittadella, Evêque de Mariana, s'étant rendus à la Salle de l'Assemblée, Nosseigneurs les Commissaires du Roi ont dit que les principes de l'imposition des maisons pour acquitter le logement des Gens de Guerre étaient clairement établis, et qu'ils avaient été discutés et reconnus par les Assemblées précédentes ; que ce n'était point une imposition au profit du Roi, puisque Sa Majesté n'en touchait absolument rien ; que c'était une indemnité légitimement acquise aux propriétaires dont les maisons étaient occupées par les Troupes et justement imposée sur toutes les maisons de l'Ile, vu surtout que cette sorte de biens n'était pas cotisée à la subvention ;

Que les Etats précédents avaient demandé que les maisons occupées par les propriétaires fussent exemptes et que l'imposition des deux vingtièmes se levât seulement sur les maisons louées, sauf à suppléer à leur insuffisance par une imposition accessoire à la subvention ; que cette demande avait été accordée, et que dans le règlement des dépenses annuelles du Pays, l'Assemblée dernière avait arrêté à 12,000 livres la somme à prendre sur le produit de la subvention ; que l'expérience faisait déjà craindre que cet arrangement ne remplît pas son objet ; que quoique la somme de 12,000 livres fût très forte relativement au produit et à l'emploi de la Subvention, elle ne suffisait pas ; que le rôle des maisons louées pendant l'année, d'Octobre 1772 à 1773, ne produisait que 12,000 livres ; celui arrêté pour l'année suivante, n'était que de 11,438 livres, sauf encore les non valeurs, et que les loyers dûs pour les Troupes faisant un objet d'à peu près 26,000 livres par an, il s'ensuivait qu'il faudrait prendre jusqu'à 14 ou 15.000 sur la Subvention pour parvenir à les payer ;

Que d'ailleurs cette imposition additionnelle à la Subvention avait encore l'inconvénient de se faire longtemps attendre, en ce qu'elle ne pouvait s'acquitter qu'après le payement de l'abonnement et de plusieurs dépenses courantes qui sont encore plus privilégiées ;

Qu'il fallait donc que toute la Subvention d'une année fût à peu près payée, pour qu'elle fournît le supplément de 12,000 livres que la dernière Assemblée avait déterminé, et qu'il en résultait de plus grands embarras encore que ceux qu'on avait voulu éviter ;

Qu'ainsi il devenait nécessaire de remettre en délibération dans cette Assemblée, si au lieu du supplément de 12.000 livres, si difficile à recouvrer, il ne conviendrait pas mieux de rétablir l'imposition sur les maisons occupées par les propriétaires, en s'en tenant au tarif adopté par les Etats pour les quatre années échues le premier Octobre 1774, pendant lesquelles cette imposition a eu lieu.

Dudit jour 26 Mai 1777.

Nosseigneurs les Commissaires du Roi ont dit que le principe dominant de l'imposition des maisons devait être de rendre la recette égale à la dépense, et qu'il fallait même diminuer la dépense le plus qu'il était possible ; mais que lorsqu'elle était établie sur des états fixes et inattaquables, il fallait y subvenir en s'assurant une recette égale à la somme qu'on avait à dépenser ;

Que dans une des lettres écrites aux Ministres du Roi par les Députés à la Cour, on trouvait ce qui suit :

« L'imposition pour les logements est toujours de la même » somme, quoique le nombre des Troupes soit considérable- » ment et successivement diminué depuis 1769, jusqu'à la » présente année, quoique la générosité du Roi l'ait porté à » faire bâtir plusieurs casernes et abandonner aux Troupes » les bâtiments qui lui appartiennent, quoique les Religieux » aient déclaré aux Etats de 1772, qu'ils faisaient l'abandon » à la Nation de leurs loyers, tant pour le passé que pour » l'avenir ; »

Que cette lettre exprimait un doute qui supposerait que jusqu'ici on n'avait pas pris les mesures les plus précises et les plus authentiques pour constater, chaque année, les sommes dues pour les loyers aux propriétaires des maisons occupées par les Troupes, et qu'on n'en avait pas informé le Pays, soit dans les Assemblées soit par la Commission des Douze, ou qu'enfin il y avait de l'abus soit dans la désignation des maisons que les Troupes occupaient et auxquelles il faudrait préférer les couvents ou les maisons du Domaine, soit dans la fixation du loyer en faveur des maisons occupées par les soldats, soit dans la perception même qui serait portée au-delà du besoin ;

Que des doutes de cette nature méritaient bien d'être approfondis ;

Que l'article 3 de l'Arrêt du 24 Octobre 1772 voulait qu'on employât par préférence pour le logement des Troupes, les bâtiments appartenant aux Villes et Communautés et qui pourraient servir à cet usage :

Que les articles 6 et 7 assujettissaient à cette prestation ce qui n'était pas nécessaire pour la clôture dans les couvents, et donnaient acte de l'offre faite par les Religieux de ne prétendre aucun loyer ; que l'article 8 comprenait dans les maisons sujettes à recevoir les Troupes, les maisons mêmes du Domaine, si l'Intendant Commissaire départi ne jugeait pas devoir les employer à quelque autre service, et que la disposition du même article, qui portait que le loyer serait payé par le Pays, avait été abrogée par l'article 3, de l'Arrêt du 30 Septembre 1774, par lequel Sa Majesté en a fait remise ;

Mais que ces dispositions ne signifiaient pas que les bâtiments appartenant aux Religieux ou au Domaine, dussent être occupés de préférence ; qu'il fallait qu'ils convinssent à ce genre de service, et qu'il n'y eût point de maisons qui y convinssent davantage, ce qui était laissé au jugement du Sr Intendant Commissaire départi, sur le rapport des Commissaires des Guerres, et sous les ordres du Ministre de la Guerre ;

Que l'assiette des logements militaires n'appartenait en aucun sens aux Etats ni à leurs représentants, et que, suivant l'article 3, de l'Arrêt du 24 Octobre 1772, ils devaient recevoir de la part des Commissaires des Guerres un duplicata des rôles arrêtés par ceux-ci avec les Officiers Municipaux, et portant désignation des logements et fixation des loyers ;

Que c'était seulement à la réception de ces rôles que commençaient les fonctions et les pouvoirs des Etats pour l'imposition des logements des Gens de Guerre ;

Que si les Commissaires des Guerres ne faisaient pas remettre aux Députés des Douze le duplicata des états ou rôles pour la désignation des logements et la fixation des loyers, l'observation des Députés à la Cour était fondée à cet égard, mais que si cela s'était toujours pratiqué, ils avaient à s'imputer de n'en avoir pas pris connaissance.

Nosseigneurs les Commissaires du Roi ont observé à ce

sujet que, lors de la Session du 30 Mai 1775, ils avaient remis à l'Assemblée générale un état de tous les loyers dûs par le Pays depuis le premier Avril 1770, jusqu'au 1er Octobre 1774, lequel montait à la somme totale de cent trente-huit mille, huit cent cinquante-trois livres, un sol et huit deniers, sur laquelle il y avait à déduire celle de quatre mille cinq cent soixante-treize livres, trois sols et six deniers, à quoi montaient les loyers dûs, pendant ce même temps, pour les bâtiments appartenant au Domaine et occupés par les Troupes, ce qui faisait revenir la somme à payer par le Pays, à cent trente-quatre mille deux cent soixante-dix-neuf livres, dix-huit sols et deux deniers ;

Qu'ils remettaient actuellement un nouvel état de ces loyers, déduction faite de celui qui avait été réglé tant pour bâtiments du Domaine que pour ceux qui appartenaient aux Villes et aux Communautés Religieuses, et qui montaient encore pour le même temps à cent trente-sept mille cinq cent trente-quatre livres et quatre sols ; que la raison de cette différence était que les premiers paiements qui ont été faits, ont donné lieu à une multitude de réclamations de la part des propriétaires des maisons qui avaient été occupées par les Troupes ou pour le service du Roi, et que les Officiers Municipaux n'avaient point indiquées aux Commissaires des Guerres, lors de la formation des états ou rôles des maisons affectées au logement des Gens de Guerre.

Nosseigneurs les Commissaires du Roi ont ajouté qu'ils ne pouvaient point encore remettre à l'Assemblée un état complet des loyers dûs depuis le premier Octobre 1774 jusqu'au premier Octobre 1776, parce que tous les Commissaires des Guerres n'avaient point encore envoyé leurs états particuliers, mais que M. l'Intendant avait écrit à ceux qui étaient en retard de lui faire passer leurs états, et qu'il espérait les recevoir assez tôt pour en remettre le relevé général à l'Assemblée avant peu, mais qu'elle pouvait connaître par le relevé des années précédentes quel pouvait être le montant annuel des loyers militaires à payer par le Pays ;

Que cependant l'Assemblée verrait par l'état général qui venait de lui être remis, qu'il comprenait le montant de tous les loyers dûs jusqu'au premier octobre 1776, pour les Provinces de Calvi, Ajaccio, Vico, Balagne et Corte, et qu'il ne restait plus à recevoir que les états pour les autres Provinces qui étaient ceux que M. l'Intendant attendait incessamment,

Et reprenant la suite de ce qu'ils avaient à déclarer au nom de Sa Majesté sur la lettre des Députés à la Cour ci-dessus extraite, ils ont dit que si dans la désignation des logements on n'employait pas de préférence les bâtiments appartenant aux Communautés, conformément à l'article 3 de l'Arrêt, les Etats ou les Députés des Douze avaient droit de porter leurs représentations à M. l'Intendant à qui l'Arrêt en attribuait la connaissance ;

Qu'ils ne seraient pas également fondés à demander qu'on préférât aux maisons particulières les bâtiments appartenant aux Religieux ou au Domaine, parce que les dispositions que pouvaient faire à cet égard les Commissaires des Guerres étaient entièrement subordonnées aux besoins du service dont les Etats n'avaient point à prendre connaissance ;

Que si les propriétaires des maisons occupées par les Troupes se croyaient lésés par la fixation du loyer, ce serait à Mgr l'Intendant Commissaire départi qu'ils auraient à en porter leurs plaintes ; que, par la même raison, si la fixation était trop forte, ce serait aux Etats qui payaient à s'adresser au même Tribunal pour la faire réformer ;

Qu'enfin les rôles dressés par les Commissaires des Guerres devaient néanmoins être exécutés par provision, et qu'au moment où les duplicata en étaient remis, le Pays était débiteur des sommes qui y étaient portées, et devait se les imposer.

Dudit jour 26 Mai 1777.

Nosseigneurs les Commissaires du Roi ont dit que par l'article 2 de l'Arrêt du Conseil du 24 Octobre 1772, Sa Majesté avait déclaré qu'elle voulait bien continuer de prendre à sa charge les logements des Officiers de ses Troupes jusqu'à la révocation de cette grâce en tout ou en partie ; que les propriétaires des logements occupés par les Officiers, avaient représenté que le loyer qui leur en était payé des deniers de Sa Majesté, était le même que celui qui avait été arbitré en 1769 et 1770, mais que les maisons étant augmentées de valeur, ils les loueraient plus avantageusement aujourd'hui, s'ils avaient la liberté d'en disposer ; que cette remontrance avait paru fondée ; que Sa Majesté avait fait répondre qu'elle voulait bien encore continuer, quelque temps, à faire payer de ses deniers la même somme qui avait été acquittée jusqu'à aujourd'hui pour le logement des Officiers, mais que s'il y avait un supplément à y ajouter, il resterait à la charge du Pays, et que c'était un objet à mettre sous les yeux de l'Assemblée.

Pour exécuter les ordres de Sa Majesté, Nosseigneurs les Commissaires du Roi ont remis à l'Assemblée un état des sommes payées pendant l'année 1776 des deniers de Sa Majesté, tant pour le logement que pour l'ustensile des Officiers de ses Troupes, avec une copie du tarif qui fixait le loyer à payer aux propriétaires, suivant les grades des Officiers logés dans leurs maisons, et ont expliqué que les sommes fixées pour le loyer étaient payées par les Officiers aux propriétaires, et que celles réglées comme ustensiles étaient données aux Officiers à titre d'indemnité pour l'ameublement de leurs logements, mais que les unes et les autres, suivant les dispositions de l'article premier de l'Arrêt du Conseil du 24 Octobre 1772, devraient dans l'ordre ordinaire être à la charge du Pays.

Nosseigneurs les Commissaires du Roi ont ajouté que depuis longtemps, on éprouvait dans les Villes de Corse et surtout à Bastia, les plus grandes difficultés pour trouver le nombre et la qualité des logements nécessaires aux Officiers ; que différentes causes avaient contribué à les rendre extrêmement rares, depuis leur premier établissement en 1769 et 1770 ; que les reconnaissances de Noblesse avaient augmenté le nombre des privilégiés ; que les parents, en donnant en dot aux enfants des maisons, avaient rendu plus fréquentes les demandes formées par ces nouveaux propriétaires d'occuper leur logement par eux-mêmes ; que les acquisitions véritables ou simulées que plusieurs particuliers avaient faites leur avaient donné le même droit, en sorte que la difficulté de trouver les logements nécessaires aux Officiers, augmentant de jour en jour, on se verrait enfin forcé de ne plus avoir égard aux droits des propriétaires ;

Qu'on attribuait particulièrement à la modicité du prix fixé aux foyers, les moyens que les propriétaires employaient pour rentrer dans la disposition ou dans la possession de leurs maisons ;

Qu'on avait représenté que ces inconvénients n'auraient pas lieu si la fixation des loyers était plus relative au taux commun ; qu'il serait indifférent à un propriétaire que sa maison fût occupée par un Officier ou tout autre locataire, s'il en retirait un loyer à peu près égal ; que dès lors les Nobles et les privilégiés ne feraient point difficulté de recevoir des Officiers, et que les maisons nouvellement reconstruites pourraient être occupées également par eux, sans qu'il en résultât aucun préjudice aux bâtissants ;

Que dans la vue de procurer cet avantage commun, on

avait proposé de porter à un taux plus fort le loyer des logements des Officiers, en faisant supporter l'augmentation par une imposition générale dans chaque Ville sur tous les habitants sujets au logement des Gens de Guerre ; que pour l'exécution de ce projet ;

1º Le Commissaire des Guerres, chargé de ce détail dans chaque Ville, remettrait aux Officiers Municipaux un état des logements à fournir aux Officiers des Troupes, en spécifiant le nombre de ces logements et leur composition respective suivant chaque grade ;

2º Les Officiers Municipaux se procureraient tous ces logements de gré à gré avec les propriétaires quels qu'ils fussent, et conviendraient avec eux du loyer à en payer par an, à la charge par les propriétaires de les mettre en état d'être habités, à moins qu'ils ne consentissent que la Ville en fît la dépense pour être retenue sur le montant des loyers ;

3º Les logements seraient reçus, en présence du Commissaire des Guerres, par un Officier-Major et ceux auxquels ils seraient destinés. Il en serait dressé procès-verbal, au moyen de quoi l'Officier qui occuperait le logement deviendrait responsable des dégradations, et serait tenu des menues réparations ;

4º Pour subvenir à l'acquittement des loyers, le montant de l'indemnité que le Roi veut bien payer aux Officiers pour leur logement seulement, suivant le tarif qui en a été arrêté, et qui doit être payé au complet, serait remis sur l'ordonnance de l'intendant par le Trésorier des Troupes au Trésorier de chaque Ville ;

5º Ce qu'il y aurait à payer au-de-là, pour compléter le montant des loyers, serait imposé, comme il vient d'être dit, sur tous les habitants sujets au logement des Gens de Guerre, à l'effet de quoi il en serait formé un rôle par les principaux Notables qui seraient nommés et choisis dans une Assemblée générale, et ce rôle serait rendu exécutoire par l'intendant, qui préalablement arrêterait l'état du montant des loyers à payer, déduction faite de ce qu'il y aurait à recevoir du Trésorier des Troupes ;

6° Le montant du rôle serait également versé dans la caisse de la Ville dont le Trésorier payerait à l'échéance les loyers convenus avec les propriétaires, et présenterait à l'Assemblée de la Ville, à la fin de chaque année, le compte et l'emploi, tant des sommes reçues du Trésorier des Troupes que du montant de l'imposition faite pour subvenir au logement des Officiers.

Nosseigneurs les Commissaires du Roi, après avoir exposé le détail du projet proposé pour assurer le logement des Officiers d'une manière avantageuse pour les intérêts des propriétaires, ont observé qu'il paraissait difficile d'espérer que l'imposition des maisons, en rétablissant même les deux vingtièmes sur les maisons occupées par les propriétaires, pût suffire au supplément du loyer des logements pour les Officiers ;

Que pour que l'Assemblée fût en état de juger par elle-même de l'objet de ce supplément, M. l'Intendant avait fait former par les Commissaires des Guerres dans chaque Place, en présence des Officiers Municipaux et des personnes proposées par MM. les Députés des Douze, un état des logements affectés aux Officiers, du loyer qu'on en payait par mois aux propriétaires, suivant le tarif, et de l'augmentation dont chaque logement était susceptible dans son état actuel, et Nosseigneurs les Commissaires du Roi ont remis ces états sur le Bureau de l'Assemblée ;

Que le supplément qu'il y aurait à payer étant de quelque considération, les Etats pourraient en partager la charge tant avec chaque Ville qu'avec la Province, où chaque Ville était située, par exemple, que ce qu'il y avait à ajouter à la fixation actuelle des loyers pour les Officiers de la Garnison à Bastia pourrait être partagé par tiers, ou telle autre proportion, entre les Etats, la Ville et la Province de Bastia, et ainsi des autres Villes, Garnisons et Quartiers ;

Que le Roi autorisait l'Assemblée à examiner ces différentes propositions, et à délibérer sur ce qu'elle trouverait de plus convenable, pour assurer cette partie du service de la manière la moins préjudiciable aux intérêts des propriétaires.

Dudit jour 26 Mai 1777.

Nosseigneurs les Commissaires du Roi ont dit que les doutes relatifs à l'imposition des maisons ne paraissaient pas pouvoir tomber sur la comptabilité des deniers qui en provenaient ; qu'il avait paru à Sa Majesté qu'il n'y avait rien d'obscur dans la recette et la distribution de ces deniers, rien par conséquent qui pût donner lieu au plus léger soupçon ;

Que la recette se faisait par les Trésoriers des Provinces sur des rôles dressés par les Députés des Douze, et rendus exécutoires par le Sr Intendant Commissaire départi ; que la dépense se faisait sur des ordonnances de payement signées du Sr Intendant et expédiées sur la demande ou les observations des Douze ; que ces ordonnances se délivraient, conformément aux états ou rôles arrêtés par les Commissaires des Guerres et les Officiers Municipaux pour la désignation des logements et la fixation des loyers ;

Que c'était dans la Caisse du Trésorier des Etats que tous les deniers de la recette étaient versés par les Trésoriers particuliers ; que le même Trésorier faisait les payements et qu'il en tenait un Journal exact et distinct par recette et dépense ;

Qu'il en avait rendu compte aux Etats derniers, et qu'il en rendrait pareillement compte à l'Assemblée actuelle ;

Que ce compte portait en recette tout le montant des rôles mis en recouvrement, en dépense le montant des ordonnances qu'il justifiait avoir payées, et en reprise ce qui restait à payer sur les rôles ;

Qu'il n'y avait là rien d'équivoque, rien qui ne fût destiné à prévenir les abus et qui pût en couvrir aucun ;

Que les Etats étaient invités à porter leur attention sur cet objet pour se convaincre de l'exactitude avec laquelle cette comptabilité était tenue, de manière à écarter toute idée du plus léger soupcon.

Dudit jour 26 Mai 1777.

Nosseigneurs les Commissaires du Roi ont dit que le compte qui serait présenté aux Etats porterait un article de dépense assez considérable pour des réparations de maisons ; qu'il paraissait que, malgré les efforts faits pour maintenir l'ordre et l'économie dans cette partie, l'objet en était toujours très cher ; que plusieurs propriétaires n'étaient pas en état d'avancer le prix des réparations qui étaient à leur charge ; qu'on ne pouvait pas imputer aux Corps des dégradations qui sont inévitables dans d'anciennes maisons mal bâties auxquelles on ne pouvait toucher pour les réparer sans y mettre beaucoup d'argent ; qu'ainsi ce qui était indispensable et pressant devenait encore nécessairement très coûteux ;

Que le Roi avait bien voulu porter une partie de cette charge jusqu'au premier Octobre 1774, en faisant remise au Pays d'une somme considérable qui y avait été employée, tant des deniers de la Caisse Civile que de ceux de la Caisse Militaire ; mais qu'il était impossible d'admettre qu'une dépense de cette nature continuât de se faire aux frais de Sa

Majesté, et que l'Assemblée générale était prévenue que les sommes payées depuis l'époque du premier Octobre 1774, devaient être portées en dépense au compte du Pays sans aucune espérance nouvelle de réduction.

Nosseigneurs les Commissaires du Roi ont ajouté à cette occasion qu'ils croyaient devoir mettre sous les yeux de l'Assemblée le procès-verbal que venait de dresser le Sieur Dorly, Commissaire des Guerres employé à Bastia, par lequel elle verrait que des réparations reconnues avec toutes les formalités prescrites par l'Arrêt du 30 Septembre 1774 et adjugées publiquement pour trois mille huit cent quatre-vingt-six livres, seize sous et cinq deniers, se trouvaient monter par les ouvrages d'augmentation que les Adjudicataires s'étaient permis de faire, à douze mille quatre cent cinq livres, quinze sous et onze deniers, ce qui formait un excédent de dépense de huit mille cinq cent dix-huit livres, dix-neuf sous et six deniers;

Que MM. les Députés des Douze s'étaient élevés avec bien de la raison contre une augmentation aussi forte et d'autant plus extraordinaire qu'on n'avait observé aucune formalité pour en constater la nécessité, après avoir rempli toutes celles que les règlements exigent pour connaître l'objet des premiers ouvrages ; que cette négligence était inexcusable, et que les Adjudicataires ne paraissaient point fondés à réclamer contre la Nation ou les propriétaires le paiement d'ouvrages faits sans aucune autorité, sans même que Mgr l'Intendant en ait été prévenu, quoiqu'il fût encore à Bastia, lorsqu'ils ont été faits, ainsi que le Commissaire des Guerres qui avait le détail de cette partie; qu'il était occupé actuellement du soin d'approfondir ce qui s'était passé et comment on avait pu porter à ce point l'oubli des règles; que cependant l'Assemblée voudrait bien prendre communication du procès-verbal du Sieur Dorly, et délibérer ce qu'elle croirait juste à cet égard.

Dudit jour 26 Mai 1777

Nosseigneurs les Commissaires du Roi ont dit que l'Assemblée dernière avait cherché à s'affranchir d'une forte partie de la charge des réparations aux logements militaires, ou du moins à la borner à une somme fixe, en offrant de payer dix pour cent aux propriétaires en sus de la fixation de leurs loyers, à charge par eux de prendre à leur compte les réparations locatives, et d'en décharger le Pays ; que cette proposition avait été accueillie au Conseil du Roi, et qu'elle était accordée par les réponses de Sa Majesté au cahier des Etats ; mais que cette décision ne pouvait pas les dispenser d'aviser aux moyens de faire face, tant pour le passé que pour l'avenir, aux dépenses des réparations que les propriétaires des maisons se trouvaient hors d'état d'avancer, que ce ne pouvait être au Roi à les payer ;

Que plusieurs propriétaires offraient de subir les retenues graduelles sur les loyers jusqu'au remboursement du prix des réparations ; que c'était un arrangement à faire avec eux, et dont les Etats étaient les maîtres, en se réservant pour le passé leur recours contre les propriétaires des maisons dont les grosses réparations se trouveraient passées en compte.

Dudit jour 26 Mai 1777.

Nosseigneurs les Commissaires du Roi ont dit qu'au moyen des remises accordées par le compte rendu aux derniers Etats de l'imposition des maisons, le Trésorier s'était trouvé reliquataire, suivant l'arrêté de son compte, de la somme de vingt-sept mille trois cent vingt-cinq livres ;

Que les Députés à la Cour, ignorant sans doute que cette somme avait été employée depuis à payer des loyers d ùs, avaient écrit au mois de Juin 1776 pour en répéter le payement ;

Qu'il leur avait été acquitté, mais que de plus la Caisse Civile se trouvait en avance de vingt-deux mille livres pour d'autres payements faits depuis, et avant d'avoir reçu le produit des deux vingtièmes sur les maisons ;

Que cette réponse n'ayant pas empêché les Députés d'avancer verbalement et par écrit que la Caisse Civile devait des sommes considérables au Pays, il n'y avait plus eu d'autres moyens de faire cesser de pareilles incertitudes qu'en faisant compulser par les Douze et par le Greffier des Etats les journaux de la Subvention et de l'imposition des maisons pour faire vérifier et arrêter l'état et situation des finances du Pays ;

Que cette opération s'était faite par procès-verbal du 31 Décembre ; que la recette de l'imposition sur les maisons s'était trouvée monter à cinquante-un mille quatre-vingt-dix-sept livres, y compris les vingt-sept mille trois cent vingt-cinq livres, dues sur le compte précédent, et que la dépense avait été arrêtée à soixante-treize mille quatre-vingt dix-huit livres ; qu'ainsi le Trésorier était en avance de vingt-deux mille et une livres qu'il avait tirées de la Caisse Civile, à laquelle cette somme était encore due ;

Que l'avance s'était trouvée quatre fois aussi forte pour la Subvention, et que le Pays avait été reconnu débiteur envers la Caisse Civile d'une somme qui passait cent mille livres ;

Que c'était par un excès d'indulgence, et par égard pour les propriétaires indigents qu'on était entré en avance sur les logements ; que cette imposition ne regardait point le Roi ;

que toute la charge du Trésorier était de recevoir d'une main pour distribuer de l'autre, et que désormais qu'il fît ou non des avances de ce genre, il était prévenu qu'il ne lui en serait fait aucun état dans ses comptes de la Caisse Civile.

Nosseigneurs les Commissaires du Roi ont ajouté qu'il leur était expressément recommandé de prévenir l'Assemblée de cette disposition.

Ils ont en outre dit que cette observation répondait à la demande de la Province d'Ajaccio et à celle de la Province de Vico qui réclamaient le payement des loyers dûs aux propriétaires des maisons occupées par les Troupes ;

Que l'intention du Roi était qu'on rendît bien notoires dans l'Ile deux vérités également constantes : la première que dans le droit on ne pouvait ni ne devait payer le logement des Troupes qu'avec le produit de l'imposition sur les maisons ou avec le supplément que le Pays fournirait ; la seconde que dans le fait, bien loin que l'imposition des maisons eût suffi jusqu'ici pour payer les loyers, on était encore en avance de vingt-deux mille livres.

Dudit jour 26 Mai 1777.

Nosseigneurs les Commissaires du Roi ont dit que la Pième d'Istria avait demandé qu'il fût pourvu à la réparation de dix chambres du Couvent d'Istria qui ont servi à la Garnison, pendant cinq ans ;

Que c'était aux Religieux à s'adresser à M. l'Intendant, Commissaire départi, pour être fait droit sur leur demande, conformément aux Arrêts du Conseil du 24 Octobre 1772 et 30 Septembre 1774, dont l'exécution lui était remise.

Sur quoi les Etats ont unanimement déclaré qu'ils comprenaient toute l'importance des objets sur lesquels Nosseigneurs les Commissaires du Roi les ont invités de délibérer ;

Que l'imposition pour le payement des logements militaires, le supplément pour les loyers des maisons occupées par les Officiers et les précautions à prendre pour réprimer tous les inconvénients que présentent les réparations des premiers bâtiments, méritent d'être traités avec la plus grande attention ; qu'en conséquence les Etats vont s'en occuper incessamment pour satisfaire aux intentions de Sa Majesté et pourvoir à l'indemnité des particuliers et du Pays.

Après quoi la Séance a été renvoyée à demain, vingt-sept du mois courant, à neuf heures du matin.

La présente Délibération a été signée tant par Nosseigneurs les Commissaires du Roi que par Mgrs les Evêques Doria et Guasco ; Manenti et Bartoli, Piévans ; de Buonaparte et Cesari-Rocca, Députés Nobles ; Versini et Maraninchi, Députés du Tiers-Etat.

Signés, etc.

Séance du 27 Mai 1777

Monseigneur l'Evêque Président et Mgrs les Evêques et Députés, ci-devant dénommés, s'étant rendus dans la Salle de l'Assemblée, Mgr l'Evêque président a dit que, dans la Séance d'hier Nosseigneurs les Commissaires du Roi ont annoncé différents articles concernant les logements des Gens de Guerre ;

Que cette partie d'administration a besoin de toute l'attention des Etats, et qu'il serait bien d'y porter toute la clarté possible ; que pour parvenir à ce point, il faut examiner séparément les différents objets qui ont été proposés.

Après quoi l'Assemblée générale délibérant sur la première proposition, a arrêté que l'exemption des maisons occupées par les propriétaires était trop chère au Pays pour qu'on rétablit l'ancienne imposition ;

Que les inconvénients qui peuvent avoir eu lieu par la lenteur de la perception de la subvention pour acquitter les loyers des logements militaires seraient réparés, si la subvention pouvait se payer en quelque genre de denrées, ainsi qu'on l'a annoncé dans la Séance du 13 du mois courant ;

Qu'il est à croire que le montant des loyers des maisons et bâtiments occupés par les Gens de Guerre n'ira pas aux vingt-six mille livres qu'on suppose, si on les restreint au seul nécessaire ;

Qu'avant de rien délibérer sur ce second objet, il faudra examiner tous les états et tous les comptes qui peuvent y avoir quelque rapport.

Sur la Seconde Proposition.

L'Assemblée générale a observé que pour bien éclaircir cette partie d'administration de l'imposition, il est nécessaire d'examiner non seulement les états qui ont eu lieu depuis la dernière Assemblée générale, mais encore tous ceux des années précédentes ;

Que pour mieux les constater on nommera un Député par Province à l'effet d'examiner ceux de son district ;

Que chacun d'eux fera les observations qui seront nécessaires, en en faisant un rapport détaillé aux Etats pour les mettre à portée de prendre en conséquence les délibérations convenables.

Après quoi ayant été procédé à la nomination de ces Députés pour les Provinces respectives, on les a nommés de la manière suivante, savoir :

Pour la Province de Bastia, les Sieurs Frediani et Sansonetti.
Pour celle d'Ajaccio, le Sieur de Buonaparte.
Pour celle de Sartene, le Sieur Susini.
Pour celles de Balagne et Calvi, le Sieur Balestrino.
Pour celle de Corte, le Sieur Battistini, Piévan.
Pour celle de Vico, le Sieur Versini.
Pour celle du Cap-Corse, le Sieur Dominici.
Pour celle du Nebbio, le Sieur Achille Murati.
Pour celle d'Aleria, le Sieur Poli.
Pour celle de Bonifacio, le Sieur Trani.

Sur la Troisième Proposition.

Les Etats ont dit que, quoique toujours très disposés à se soumettre aux volontés du Roi, ils ne peuvent se dispenser de lui représenter respectueusement, qu'on rencontrerait beaucoup moins de difficultés pour les logements des Officiers, si on se bornait à assigner à chacun d'eux le nombre des chambres réglé par l'ordonnance de M. l'Intendant, suivant les différents grades ; qu'ils sont fondés à croire qu'en cela il y a de l'excès, et que c'est ce qui donne lieu à des réclamations de la part des propriétaires ;

Qu'une autre raison par laquelle on trouve difficilement des logements pour les Officiers, est celle de permettre aux Ingénieurs de se procurer ceux qui leur plaisent.

Que d'après ces observations, la prétention des propriétaires d'avoir une augmentation de loyer sur ceux qu'on a payés jusqu'à présent ne paraît pas plausible ;

Que personne n'ignore que les propriétaires des maisons des Villes, et spécialement ceux de Bastia et de Corte, ont quadruplé le revenu de leurs loyers depuis le nouveau Gouvernement. Qu'il n'y a aucun inconvénient à ce que cet avantage si étendu reçoive quelque restriction pour les chambres destinées pour les Officiers ;

Que les habitants de Villes étant ceux qui retirent les avantages les plus sûrs de la garnison, ils doivent par conséquent être moins sensibles à de certaines petites incommodités pour lesquelles ils sont si abondamment récompensés ;

Que les Communautés de l'intérieur sont sans industrie, sans argent, et dans un état évident d'indigence ;

Que quoique cette nouvelle charge ne présente qu'un objet de quatre mille soixante et douze livres par an, néanmoins elle ne laisserait pas que d'être sensible au Pays ;

Que si ces réflexions que MM. les Députés à la Cour seront chargés de mettre sous les yeux de Sa Majesté, n'étaient point agréées, que du moins les seules Villes qui réclament le supplément, soient celles qui en supportent la charge.

De la part de Mgrs les Evêques et Piévans il a été dit que si ce supplément de loyers restait à la charge des Villes et lieux où il y a des Garnisons, les Contribuables à la subvention étant assez chargés, ne devraient pas y concourir ; qu'il faudrait choisir quelque autre expédient pour y satisfaire, pourvu que ce supplément fût toujours réparti entre les habitants desdites Villes ; à laquelle proposition ont adhéré unanimement tous les autres Députés.

Sur la Cinquième Proposition.

L'Assemblée générale a dit qu'elle ne peut voir sans surprise que l'état des réparations faites l'année dernière dans différents bâtiments de Bastia, destinés aux logements des Gens de Guerre, qu'on a reconnues avec toutes les formalités prescrites par l'Arrêt du 30 Septembre 1774 et adjugées publiquement pour trois mille huit cent quatre-vingt-six livres, seize sous et cinq deniers, se trouve monter à douze mille quatre cent cinq livres, quinze sous et onze deniers, ce qui forme un excédent de dépense de huit mille cinq cent dix-huit livres, dix-neuf sous et six deniers ;

Que les Etats applaudissent aux raisons alléguées par MM. les Douze pour faire connaître toute l'irrégularité de ces ouvrages qu'on a exécutés sans qu'on en ait constaté la nécessité, sans intervention de la Commission des Douze, et sans aucun ordre de la part de M. l'Intendant ;

Qu'il est fort à soupçonner que dans ces ouvrages il y ait eu quelque connivence qui sera facilement découverte par le zèle de M. l'Intendant ; et qu'en conséquence étant une dépense tout-à-fait irrégulière, l'Assemblée ne pouvait aucunement l'approuver.

Après quoi la Séance a été renvoyée à demain, vingt-huit de ce mois, à neuf heures du matin.

La présente Délibération a été signée tant par Mgr l'Evêque Président que par Mgrs de Guernes, Evêque d'Aleria, et Cittadella, Evêque de Mariana et Accia, par les Sieurs Alberti et Battistini, Piévans ; de Fabiani et de Susini, Députés Nobles ; Casabianca et Colonna, Députés du Tiers-Etat.

Signés, etc.

Séance du 28 Mai 1777

Monseigneur l'Evêque Président et Mgrs les Evêques et Députés, ci-dessus dénommés, s'étant rendus à la Salle de l'Assemblée, Mgr l'Evêque Président a invité les Etats à continuer leurs réflexions sur les objets qui furent annoncés par Nosseigneurs les Commissaires du Roi, dans la Séance du 26 du mois courant, et la matière mise en délibération, on a fait les observations suivantes :

Sur la Sixième Proposition.

L'Assemblée générale a appris avec la plus grande satisfaction que Sa Majesté ait daigné accueillir favorablement la demande des Etats de 1775, par laquelle, au moyen d'une augmentation de dix pour cent sur les loyers des propriétaires, ceux-ci seront tenus de pourvoir à tous les frais des réparations sans aucune différence ou distinction entre les réparations principales ou locatives.

Les Etats ont observé que vraiment il est à croire que la plus grande partie des propriétaires manqueront des moyens nécessaires pour pourvoir promptement à ces réparations, dont tout retard ne pourrait être que préjudiciable au service du Roi, et qu'il y aura la même difficulté pour le payement des réparations déjà faites ;

Que cet objet pourrait être considéré sous deux points de vue différents, qui sont ceux des dépenses faites, et de celles qui sont à faire ;

Que quant aux réparations faites en vertu de l'article 5 de l'Arrêt du Conseil d'Etat du 30 septembre 1774, celles qui peuvent être à la charge de la Nation se réduisent purement aux locatives, puisque les principales, telles que celles des quatre murailles, du toit, du pavé, des portes, des fenêtres, des escaliers et autres semblables, sont à la charge des propriétaires ;

Que si ceux-ci ne sont pas en état de satisfaire aux dépenses faites pour leur compte, ils laisseront entre les mains du Trésorier de la Province les loyers qui leur sont dûs, jusqu'à ce qu'ils se soient entièrement acquittés de leur dette ;

Qu'à l'égard des réparations qui peuvent être à la charge de la Nation, Sa Majesté est suppliée humblement de vouloir bien étendre ses libéralités en en faisant la remise et l'abandon ;

Que quant aux réparations à faire à l'avenir, au moyen de l'augmentation du dix pour cent, le Pays n'y aura plus aucune part, conformément aux dernières délibérations de Sa Majesté par sa réponse au procès-verbal de la dernière Assemblée générale ;

Que les Etats n'ignorent pas que la plus grande partie des propriétaires manqueront des moyens pour y pourvoir, et que ce retard ne peut être que préjudiciable au service du Roi ;

Que quoique le Pays ne désire rien de plus ardemment que de venir au secours de ses concitoyens, il a le malheur d'être dans une impossibilité absolue de trouver des moyens pour former des fonds à l'effet de pourvoir aux réparations qui pourront avoir lieu ;

Que c'est une grâce que les Etats réclament du cœur paternel de leur Souverain. Qu'au moyen d'une avance de douze à quinze mille livres environ que la Caisse Civile pourrait faire sans lui préjudicier, Sa Majesté viendrait au secours des particuliers qui sont hors d'état de faire les réparations, et du Pays qui manque de moyens pour y suppléer ;

Que la perception de l'imposition sur les logements militaires et le supplément du dix pour cent au profit des propriétaires des maisons mettrait à couvert la Caisse Civile de cette avance ;

Que si les Etats ne peuvent obtenir cette grâce qu'ils sollicitent, le Trésorier de la Caisse des Etats, qui leur avait fait des offres très intéressantes pour mettre de l'ordre et de l'exactitude dans le payement des charges du Pays, pourrait faire les avances nécessaires pour ces réparations ;

Que le capital de cette avance serait garanti par l'imposition à laquelle la Corse se trouve assujettie, outre l'hypothèque et la prélation légale qui appartiennent de droit aux prêteurs sur les maisons améliorées ;

Qu'il serait cependant convenable que les réparations à faire se fissent toujours par adjudication, et que les propriétaires, y étant intéressés plus directement, dussent avoir la préférence sur toute autre personne dans ladite adjudication ;

Que les intérêts seraient payés par les propriétaires des maisons, en faveur desquels on ferait l'emprunt, au moyen d'une retenue sur leurs loyers, jusqu'à ce qu'ils se fussent entièrement acquittés.

Enfin les Etats ont observé combien il serait utile que Sa Majesté fît construire à ses frais dans les places les casernes nécessaires ;

Que cet établissement intéresserait son service autant que le bien du Pays, et pourvoirait à l'indemnité des particuliers ;

Que les maisons particulières n'étant point d'une construction propre à y loger des Troupes, il en résulte des dégradations inévitables, qui sont vraiment trop onéreuses pour les propriétaires ;

Qu'ainsi les Députés à la Cour devront faire valoir ces raisons, en les mettant respectueusement sous les yeux du Roi pour obtenir le succès que les Etats en espèrent.

Sur la Septième Proposition.

Les Etats ont dit qu'ils sont assez persuadés de l'exactitude de la comptabilité de leur Trésorier, et qu'on aura lieu de s'en convaincre par les comptes qu'il doit présenter à l'Assemblée générale ;

Qu'ils voyent avec surprise que le Pays paraisse devoir des sommes considérables ; mais qu'en considérant la nature des dettes, on pourra plutôt les regarder comme dettes des Provinces en particulier que du Pays en entier ;

Qu'on ne peut pas nier que les Provinces d'Ajaccio, Sartene, Vico, Balagna, Calvi, Corte et Nebbio sont aussi exactes qu'il est possible dans le payement de leurs charges, et que les moins exactes ont toujours été celles de Bastia, Aleria et Cap-Corse ;

Que pour mettre le recouvrement de ces trois Provinces en activité, il faudrait établir la règle de payer de préférence les loyers et autres charges du Pays à ceux des individus, dont les Communautés, Pièves et Provinces auront acquitté ce à quoi elles se trouvent imposées pour la subvention ou imposition pour les logements militaires.

Après quoi la Séance a été renvoyée à après-demain, trente du mois courant, à neuf heures du matin.

La présente Délibération a été signée tant par Mgr l'Evêque Président que par Mgrs les Evêques Guasco et de Santini; Emanuelli et Saliceti, Piévans; de Morlas et Poli, Députés Nobles; Giuseppi et Mariotti, Députés du Tiers-Etat.

Signés, etc.

Séance du 30 Mai 1777.

Nosseigneurs les Commissaires du Roi et Mgrs les Evêques, ci-devant denommés, s'étant rendus à la Salle de l'Assemblée, Nosseigneurs les Commissaires du Roi ont dit que l'Assemblée a dû remarquer par ce qui lui a été annoncé sur les réparations à faire aux logements occupés par les Troupes, que cet objet de dépense était beaucoup plus considérable que les précédents Etats ne l'avaient présumé;

Que M. l'Intendant avait fait connaître succinctement les causes qui concouraient à rendre ces réparations toujours plus fortes et par conséquent plus onéreuses aux propriétaires et au Pays, ainsi que plus embarrassantes pour les moyens d'y pourvoir;

Que pour donner à ce sujet toutes les facilités qui pouvaient dépendre de lui, il avait annoncé qu'il ferait rédiger un mémoire particulier dans lequel on exposerait avec plus de détail les causes des dégradations que le séjour des Troupes occasionnait dans les logements qu'elles occupaient ;

Que pour cet effet il avait engagé l'Entrepreneur des fortifications de Bastia qui a été souvent dans le cas de reconnaître les réparations à faire aux logements militaires, et de suivre journellement cette partie, à faire ce mémoire, à quoi il s'était employé sur le champ, et Nosseigneurs les Commissaires du Roi ont remis le mémoire de l'Entrepreneur des fortifications sur le Bureau des Etats, et ont ajouté que, sans admettre l'opinion particulière du rédacteur quant à la question de savoir à la charge de qui doivent tomber les réparations faites jusqu'à présent dans les logements, question qu'il n'avait point à examiner, et sur laquelle les Arrêts du Conseil et les décisions de Sa Majesté ne laissaient plus de doute, ils trouvaient que le moyen proposé de nommer un Casernier pour veiller continuellement à ce qu'il ne se commît aucune dégradation, et prévenir MM. les Députés des Douze et le Commissaire des Guerres, ou en son absence le Subdélégué de l'Intendance, de toutes celles qu'il reconnaîtrait, afin qu'il y fût pourvu sur le champ aux frais de qui de droit, était le seul dont on pouvait faire usage, pour porter dans cette partie intéressante toute l'économie convenable ;

Qu'ils étaient persuadés que les Etats prendraient cet objet en particulière considération, et détermineraient dans cette Assemblée ce qu'ils croiraient utile d'admettre pour établir la règle et le bon ordre dans cette partie des dépenses du Pays.

Dudit jour 30 Mai 1777.

Nosseigneurs les Commissaires du Roi ont dit que par les réponses du Roi au cahier des Etats les quatre Collèges demeureraient définitivement fixés à Bastia, Ajaccio, Calvi et Cervione ; que cette demande satisfaisait aux demandes des Pièyes de Tuani et de Sant-Andrea de la Province de Balagne et de la Province de Sartene ;

Que par les mêmes réponses les dépenses de chacun des Collèges étaient fixées à cinq mille livres ; que Sa Majesté ayant consenti de suppléer de ses propres fonds aux revenus appartenants à l'Instruction publique, jusqu'au moment où leur produit net fournirait vingt mille livres, cette décision s'exécuterait en faisant remettre par l'économe des biens appartenants à l'Instruction publique mille deux cent cinquante livres à chacun des Collèges, à la fin de chaque quartier, et en suppléant des deniers de la Caisse Civile à ce que la Caisse de l'Economat ne pourra pas fournir.

Nosseigneurs les Commissaires du Roi ont ajouté que, conformément aux réponses du Roi, la dépense de cinq mille livres dans chaque Collège serait dirigée suivant le plan dressé par les Etats derniers, sauf les corrections et modifications qui y seront apportées par la présente Assemblée ;

Qu'il sera rendu compte pardevant les Etats desdites cinq mille livres ; qu'ils nommeraient à cet effet un Bureau ou Comité, et qu'ils donneraient communication des comptes à nosdits Seigneurs les Commissaires du Roi à chaque réquisition.

Dudit jour 30 Mai 1777.

Nosseigneurs les Commissaires du Roi ont dit que l'économat, l'administration et les recettes de tous les biens qui appartiennent ou appartiendront à l'Instruction publique en Corse, ainsi que la recette des biens des Jésuites, seraient réunis à l'économat desdits biens des Jésuites pour être régis par un seul et même Econome qui sera en même temps Receveur sous les ordres du Sieur Intendant, Commissaire départi, et sous l'autorité du Secrétaire d'Etat du département ; que l'Econome aurait ses Commis et Préposés à Ajaccio, Corte, et ailleurs où il se trouverait des biens appartenants à l'Instruction publique, de la gestion desquels Commis il demeurerait civilement responsable, et en payerait les gages et frais au moyen du traitement qui lui serait fixé par Sa Majesté ;

Que, chaque trois mois, l'Econome remettrait au Sieur Intendant, Commissaire départi, un bordereau de sa situation pour régler le secours à fournir par la Caisse Civile ; que, chaque année, ledit Econome rendrait son compte qui serait vérifié par ledit sieur Intendant et arrêté par le Secrétaire d'Etat du Département ; que les comptes seraient communiqués aux Assemblées générales, quand elles le requérraient pour avoir connaissance de l'état des biens appartenants à l'Education publique, et faire sur l'administration desdits biens telles observations qu'ils jugeraient à propos.

Dudit jour 30 Mai 1777.

Nosseigneurs les Commissaires du Roi ont dit que Sa Majesté ayant interposé sa médiation et son autorité pour faire rendre à l'Instruction publique de Corse une somme de trente mille cinq cent quarante-neuf ducats qui avaient produit, argent de France, quatre-vingt-sept mille neuf cent trente-trois livres, treize sous et dix deniers, placés sur les fonds publics de Naples, au profit du Collège d'Ajaccio, et ayant ordonné que cette somme serait placée à intérêt pour accroître au capital, jusqu'au moment où il serait fait un emploi utile et convenu avec les Etats; elle avait fait examiner les différents mémoires présentés sur le meilleur usage à faire de ces fonds ;

Que le moyen qui lui avait paru préférable était de le faire remettre aux Etats qui le prêteraient par petites sommes à l'intérêt ordinaire de cinq pour cent aux habitants du Pays, Corses ou Français, qui voudraient recourir à cet emprunt pour mettre en valeur les biens qu'ils possèdent dans l'Ile; qu'en conséquence Sa Majesté autorisait les Etats à délibérer sur les conditions qu'il faudrait imposer et sur les mesures qu'il serait nécessaire de prendre pour assurer les fonds et le payement exact de la rente, de manière qu'il n'y ait ni perte sur le capital, ni retard sur les intérêts.

Nosseigneurs les Commissaires du Roi ont ajouté qu'il y avait également à déterminer les sommes au-dessus et au-dessous desquelles on ne pourrait pas prêter; que sur la délibération qui serait prise à cet égard par les Etats, et qui serait envoyée à Sa Majesté par les Commissaires, avec leurs avis, Sa Majesté ferait expédier les lettres-patentes nécessaires, et que les fonds seraient envoyés en Corse pour être distribués aux emprunteurs, ainsi qu'il aurait été ordonné.

Dudit jour 30 Mai 1777.

Nosseigneurs les Commissaires du Roi ont dit que les intérêts de la somme ci-dessus seraient dûs par les Etats à l'Instruction publique au même taux de cinq pour cent, et seraient payés entre les mains de l'Econome sequestre qui en ferait recette dans son compte ;

Que les capitaux seraient exigibles par les Etats faute de payement de la rente pendant trois années ; que pour éviter que les fonds remboursés ne demeurent oisifs, les débiteurs ne pourraient se libérer qu'après en avoir averti les Etats dans une Assemblée générale qui pourvoiraient au remploi.

Dudit jour 30 Mai 1777.

Nosseigneurs les Commissaires du Roi ont dit que, quoiqu'il soit dû des éloges au plan d'études proposé par les derniers Etats, il est loin de la perfection qu'on lui désire, et à laquelle il est indispensable de tendre dans une matière aussi importante ;

Qu'il avait paru à Sa Majesté d'une complication trop grande, et que c'était le motif qui l'avait portée dans ses réponses au cahier, à réserver aux présents Etats de rechercher les modifications, changements et perfections dont ce plan pouvait être susceptible, et de les proposer pour être approuvés s'il y avait lieu ;

Que quatre des cinq Evêques avaient proposé de substituer dans chaque Collège à la place des Eléments une chaire de Philosophie et les moyens d'y pourvoir, sans augmenter la dépense du Collège ; que cette proposition était très digne d'attention par le caractère des personnes qui l'avaient faite, et par les vues qui l'avaient suggérée ; qu'en conséquence nosdits Seigneurs les Commissaires du Roi remettaient sur le Bureau des Etats copie de leur mémoire, et que c'était un premier point sur lequel ils devaient délibérer.

Nosdits Seigneurs ont ajouté que les soins qu'on se donne en France pour mettre l'Instruction publique dans le meilleur état possible, rejailliraient sur la Corse ; que Sa Majesté ferait participer aux avantages qu'elle se promet du travail dont elle a chargé les personnes les plus éclairées de ses

Etats ; mais qu'en attendant le résultat de ce travail, et indépendamment des fruits que la Corse pourrait en retirer comme les autres Provinces du Royaume, il y a dans chaque Pays des goûts et des usages particuliers qui exigent des combinaisons différentes ; que les circonstances locales ne pouvaient être mieux appréciées nulle part que dans le Pays même qu'elles distinguent ; que sur ce principe tout ce qui intéresse l'Instruction publique en Corse devait faire constamment un objet spécial de délibération pour les Etats ; qu'en conséquence nosdits Seigneurs les Commissaires étaient chargés de les engager à former un comité, choisi avec soin, qui s'en occuperait particulièrement ; qu'il y aurait à délibérer avec la plus grande attention sur la question de savoir s'il n'y avait pas plus d'inconvénient que d'utilité à admettre les Bureaux d'administration que ce plan établit pour chaque Collège ; que quand ces Bureaux seraient nécessaires, ils se trouveraient beaucoup trop nombreux, en y admettant toutes les personnes qui y sont appelées ; qu'outre l'Evêque Diocésain et les Officiers Municipaux de la Ville où est le Collège, le plan y admet tous les Nobles du district ; qu'indépendamment de l'équivoque que cette énonciation présente, les Collèges n'ayant point de district qui leur soit affecté, on ne voit pas à quoi il serait bon que tous les Nobles d'un Pays assistassent à leur gré à un pareil Bureau ; que s'il s'agissait de le former des trois ordres, il suffirait sans doute que la Noblesse du Pays y eût un ou deux représentants ; mais que cette question ne devait être traitée qu'autant qu'il serait reconnu qu'un pareil Bureau fût nécessaire, et que cette nécessité n'était rien moins que constatée, quand on considérait la nature des fonctions qu'on attribuerait à ces Bureaux ;

Que le Roi attachait une telle importance au choix des Recteurs et Régents que Sa Majesté s'en réservait la nomination sur la présentation qui lui en serait faite par les Evêques ; que le droit de destituer dérivant du droit de nommer,

Sa Majesté se le réservait également sur les représentations des Evêques ; que la juridiction correctionnelle sur les Régents et la police intérieure du Collège devaient appartenir au Principal sous l'autorité des mêmes Evêques ; que l'administration des biens qui appartiennent à l'Instruction publique dans toutes les parties de l'Ile, serait plus solide et mieux éclairée, en la réunissant dans une seule main, comme il avait été déclaré précédemment, que si on en chargeait les Bureaux d'administration ; que l'on faisait d'ailleurs dans le plan des Etats la même équivoque sur les biens que sur les Nobles, en supposant que chaque Collège a son district particulier ; qu'il pouvait y avoir des observations de même nature à faire sur plusieurs autres articles du même plan, et que les Etats ne pouvaient trop s'en occuper.

Dudit jour 30 Mai 1777.

Nosseigneurs les Commissaires du Roi ont dit que pour indemniser la Corse de la perte de cet avantage, et pour le faire d'une manière digne de la munificence Royale, Sa Majesté voulait bien élever à ses frais dans le Séminaire d'Aix près de l'Université qui s'y trouve établie, vingt élèves qui y feraient leurs études en Humanités, Rhétorique, Philosophie, Théologie et Droit ; que la tenue des Etats n'ayant pu avoir lieu au mois de mai de l'année dernière, et l'ouverture se faisant au mois d'octobre, Sa Majesté avait ordonné que pour cette année ses Commissaires se concerteraient avec les Evêques pour faire le choix des vingt élèves qui seraient les premiers envoyés au Collège d'Aix ; mais que l'intention de Sa Majesté étant que les Etats influent dans la suite sur le choix et la nomination des sujets qui les remplaceraient, elle autorisait l'Assemblée à lui proposer le plan qui assurerait avec le plus d'équité une exacte distribution de cette grâce entre les Provinces de l'Ile, et sur la manière dont les Assemblées suivantes présenteraient aux Commissaires du Roi les sujets sur lesquels ils feraient leur choix pour les proposer à Sa Majesté ; qu'il y avait pour cette fois six élèves au grand Séminaire où ils étudieraient la Philosophie, la Théologie et le Droit ; qu'il devait y en avoir quatorze au petit Séminaire pour y étudier les Humanités et la Rhétorique, mais que dans la suite le partage entre les deux Séminaires serait égal, en sorte qu'il y aurait dix élèves dans chacun ;

Que les Corses du grand et du petit Séminaire passeraient toute l'année à Aix, et ne rentreraient dans l'Ile qu'après avoir achevé leurs études, à moins que, pour des raisons de famille ou de santé, ou pour quelques autres considérations reconnues suffisantes au jugement de Nosseigneurs les Commissaires du Roi, ou des Directeurs du Séminaire, quelqu'un d'entre eux ne fût dans le cas de passer les vacances chez ses parents ;

Qu'il serait entretenu un Directeur particulier aux frais du Roi tant pour conduire les vingt élèves Corses, pendant les vacances, que pour concourir à leur éducation pendant le reste de l'année, sous les ordres des Directeurs généraux, et de M. l'Archevêque ;

Que pendant les vacances, les élèves du grand Séminaire seraient réunis avec les autres dans le petit Séminaire, comme le désiraient les Directeurs, pour vivre tous à la même table, le grand Séminaire devant servir pendant ce temps à d'autres usages ; que les élèves Corses porteraient l'habit Ecclésiastique tant qu'ils demeureraient au Séminaire ; qu'on choisirait par préférence, surtout pour le grand Séminaire, ceux qui se destineraient à l'Eglise ; que ceux qui voudraient suivre leurs études en Droit, en même temps que la Théologie, en seraient les maîtres ; que le Roi ferait payer la pension de chaque élève pendant toute l'année, ainsi que le blanchissage et la fourniture du linge de table et de nuit ; que le voyage, l'habillement, l'entretien, les frais de maladie et ce qu'il en coûterait pour les grades dans les facultés de de Théologie et de Droit, pour ceux qui voudraient les prendre, seraient à la charge des parents ;

Que les élèves Corses qu'on enverrait à Aix seraient porteurs des attestations de leurs maîtres actuels et de leurs extraits baptistaires légalisés par leur Evêque Diocésain ; qu'ils demeureraient assujettis aux mêmes règlements que les autres Séminaristes, soit pour leur exercice, soit pour leur avancement, leurs études et leur temps de séjour dans le Séminaire.

Dudit jour 30 Mai 1777.

Nosseigneurs les Commissaires du Roi ont dit que sur les différentes demandes des Assemblées générales et particulières, Sa Majesté avait fait faire les perquisitions nécessaires pour savoir quel droit les habitants de la Corse pouvaient avoir à une fondation faite au Collège des Jésuites de Gênes par le Sieur Jean-Jérôme del Bene ; qu'il avait été vérifié que la fondation ne pouvait regarder que les sujets de la République, au moyen de quoi la Corse étant passée sous la domination de Sa Majesté, ne pouvait plus, à titre gratuit, avoir dans ce Collège de Gênes, le nombre de Sujets Corses que les Evêques du Pays y envoyaient chacun à leur tour.

Dudit jour 30 Mai 1777.

Nosseigneurs les Commissaires du Roi ont dit que la Piève de Talcini, Province de Corte, demandait que les Religieux du Couvent de Ghisoni fussent obligés d'enseigner les Humanités et la Philosophie ; que la Piève de Rogna, Province de Corte, demandait que la même obligation fut imposée aux Religieux du Couvent de Piedicroce ; que ces deux demandes étaient refusées ; que l'Instruction publique n'entrait pas dans les obligations des Religieux dont il s'agissait ;

Qu'il n'entrait pas dans le plan du Gouvernement de les charger et bien moins encore de multiplier sans mesure les Collèges et les écoles publiques pour les Humanités et la Philosophie, tous les Corses ne devant pas se croire destinés à ce genre d'études ; l'agriculture, les arts, le commerce et la navigation leur offrant des occupations auxquelles ils ne peuvent se livrer de trop bonne heure.

Dudit jour 30 Mai 1777.

Nosseigneurs les Commissaires du Roi ont dit que les Députés de Bonifacio avaient observé qu'il se trouvait dans leur Communauté un Couvent de Dominicains, lesquels, par les lois de leur établissement, s'étaient obligés d'y fournir des précepteurs de Grammaire, Rhétorique et Philosophie pour la jeunesse ; qu'ils demandaient en conséquence qu'il plût à Sa Majesté d'ordonner que l'ordre de Saint Dominique fût obligé de faire résider audit Couvent les Régents nécessaires pour lesdites classes ;

Que si, en effet, les Dominicains par le titre de leur fondation étaient obligés de procurer des maîtres pour l'instruction de la jeunesse, il serait juste de leur faire remplir cette obligation ; qu'il fallait donc que la Communauté de Bonifacio produisît ses titres, qu'elle les remît à Nosseigneurs les Commissaires de Sa Majesté, pour, après avoir entendu les Supérieurs de l'ordre de Saint Dominique à qui ils seraient communiqués, en être ordonné ainsi qu'au cas appartiendrait.

Nosdits Seigneurs les Commissaires du Roi ont ajouté que le Subdélégué de l'Intendance de Bastia avait, en l'absence dudit Seigneur Intendant, écrit aux Députés des Douze de prendre des éclaircissements sur cet objet, et de fournir un mémoire qu'ils ne tarderaient probablement pas à remettre à nosdits Seigneurs les Commissaires du Roi.

Dudit jour 30 Mai 1777.

Nosseigneurs les Commissaires du Roi ont dit que la Piève de Talcini, Province de Corte, demandait que l'Université fût établie dans la Ville de Corte le plus tôt qu'il serait possible ;

Que cet établissement tenait désormais uniquement à la possibilité de le doter convenablement, et qu'on en était encore fort éloigné; que les fonds rassemblés jusqu'à aujourd'hui, pour l'éducation publique, ne suffisaient pas encore à la dotation des quatre Collèges ; qu'il fallait donc attendre l'effet des ressources qu'il était possible d'employer, d'abord pour donner à ces quatre Collèges toute leur consistance, et ensuite pour leur joindre l'Université ; que si les Etats pensaient avoir quelques moyens d'accélérer un établissement aussi important pour le Pays, Nosseigneurs les Commissaires du Roi les engageaient à en délibérer et à proposer ce qu'ils croiraient convenable.

Dudit jour 30 Mai 1777.

Nosseigneurs les Commissaires du Roi ont dit que l'article 26 de l'Edit du mois de septembre 1769, sur la Juridiction Ecclésiastique en Corse, détermine les règles générales à suivre pour l'établissement des petites écoles ; que c'était aux Communautés à choisir leurs maîtres d'écoles et à pourvoir à leur salaire ; que c'était aux Curés à les approuver ; que c'était aux Evêques ou à leur Archidiacre à les examiner, dans le cours de leurs visites, sur leur doctrine et leurs mœurs, et à les faire changer s'ils n'en étaient pas contents ; qu'il restait donc à savoir comment les Communautés pouvaient soudoyer leurs maîtres d'écoles, ou s'ils seraient à la charge des parents ;

Que les Députés à la Cour avaient proposé de mettre à la charge des parents une rétribution légère, et d'ajouter un traitement fixe qui serait levé sur la Communauté en sus et au marc la livre de la subvention ; que Sa Majesté ne serait point éloignée d'admettre cet expédient dans les Communautés qui n'ont point de revenu, à la condition qu'il en serait usé suivant les règles établies par l'Edit des Podestats pour les dépenses communes.

Dudit jour 30 Mai 1777.

Nosseigneurs les Commissaires du Roi ont dit que Sa Majesté, toujours occupée du soin de concourir à tout ce qui pouvait assurer l'Instruction publique, et pénétrée de la vérité que ce qui la constitue essentiellement et qui en fait la base, est la connaissance de la Religion, avait accueilli favorablement la proposition de composer un Catéchisme français et italien, qui fût commun à tous les Diocèses ; que le Roi se porterait à faire les frais de l'impression, afin que la distribution en pût être gratuite ; qu'indépendamment de l'avantage précieux de procurer aux sujets ce moyen de s'instruire de leur Religion, il en résulterait l'utilité commune aux familles Corses et Françaises de rendre familier aux enfants l'usage des deux langues ;

Que Mgr l'Evêque du Nebbio, dont les Etats connaissaient le zèle qui l'animait sans cesse pour la Religion et le bonheur des Peuples, s'était empressé d'entrer dans les vues de Sa Majesté, et avait composé un Catéchisme français et italien ; que quelque disposée que fût Sa Majesté à adopter l'ouvrage d'un Prélat aussi digne de ses bontés que de la reconnaissance de ses Concitoyens, elle n'entendait point cependant prescrire à Mgrs les Evêques d'admettre le Catéchisme qu'il avait composé ; qu'elle voulait bien se borner à le leur indiquer, mais qu'elle les invitait à se consulter entr'eux pour en choisir un qui serait rédigé dans les deux langues, imprimé aux frais du Roi, et distribué gratuitement dans les Diocèses.

Nosseigneurs les Commissaires du Roi ont observé que si un Prélat se refusait à admettre un Catéchisme commun, il se trouverait alors engagé à faire imprimer à ses frais, et distribuer gratuitement le Catéchisme qu'il aurait cru devoir faire en son nom seul, Sa Majesté n'entendant se charger que des frais de l'impression du Catéchisme commun ; mais qu'ils étaient persuadés que Mgrs les Evêques s'empresseraient de se réunir pour faire jouir leurs Diocésains de la nouvelle faveur que le Roi daignait faire à la Corse, et que dans la confiance qu'ils se livreraient avec zèle à un travail d'une utilité aussi reconnue, ils leur donneraient communication, lorsqu'ils le jugeraient à propos, du Catéchisme composé par Mgr l'Evêque du Nebbio.

Sur quoi, l'Assemblée générale, reconnaissant toute l'utilité et la nécessité de l'instruction publique, a dit qu'elle se fera un devoir le plus précis de s'occuper avec la plus grande attention de tous les objets qui y sont relatifs, pour que la Corse puisse jouir des avantages que le cœur vraiment paternel de Sa Majesté ne cesse de lui procurer.

Après quoi l'Assemblée a été renvoyée à demain, à neuf heures du matin.

La présente Délibération a été signée tant par Nosseigneurs les Commissaires du Roi que par Mgrs les Evêques Guasco et de Guernes ; Ogliastri et Franceschi, Piévans; Antoni et Colonna, Députés Nobles ; Boerio et Raffaelli, Députés du Tiers-Etat.

Signés, etc.

Séance du 31 Mai 1777.

Monseigneur l'Evêque Président et Mgrs les Evêques et Députés, ci-dessus dénommés, s'étant rendus dans la Salle de l'Assemblée, Mgr l'Evêque Président a dit qu'il restait encore à examiner un article concernant les logements militaires, et qu'ensuite il sera nécessaire de passer aux objets relatifs à l'Instruction publique, et qui ont été annoncés dans la Séance d'hier par Nosseigneurs les Commissaires du Roi ;

Que ceux-ci exigent de mûres réflexions et des précautions exactes pour assurer au Pays les avantages que promet cet établissement utile, et que l'Assemblée ne s'occupera jamais assez d'une partie aussi intéressante d'administration de laquelle dépend l'illustration du Pays.

Sur quoi, l'Assemblée générale a observé que la dernière proposition concernant les réparations des logements des Gens de Guerre peut être considérée sous deux points de vue ;

Que le premier est celui des réparations faites, et le second des réparations à faire ; que les Etats, dans la Séance du 26 de ce mois ont déjà représenté combien l'objet de ces dépenses auxquelles le Pays peut être assujetti est modique, en s'en tenant aux dispositions du Conseil d'Etat du Roi du 30 septembre 1774 ;

Que la plus grande partie tombe à la charge des Propriétaires, et que l'autre partie doit être supportée par la Troupe même, qui, suivant l'article 5 du dit Arrêté, est responsable de toutes les dégradations occasionnées par sa faute ;

Que si on observait la disposition de cet article de l'Arrêté, et qu'on suivit dans la remise des maisons les règles qui y sont prescrites, les Régiments n'auraient aucun moyen de se soustraire à ce qu'ils devraient supporter à cet égard ;

Que l'Entrepreneur des fortifications lui-même, par le mémoire que MM. les Commissaires du Roi ont annoncé aux Etats, reconnaît cette vérité, et impute presque entièrement au mauvais usage que les Troupes font des maisons qu'elles occupent toutes les dégradations qui en sont journellement l'effet ;

Que ces raisons sur lesquelles il paraît qu'on ne puisse répandre aucun doute, encouragent l'Assemblée à renouveler ses prières à Sa Majesté pour que le Pays soit affranchi de cette charge à laquelle il ne pourrait satisfaire que difficilement ;

Qu'à l'égard des réparations à faire, il paraît qu'il n'y a plus aucune autre précaution à prendre de la part du Pays, dès que Sa Majesté a daigné adhérer à ses demandes, en les faisant supporter entièrement par les propriétaires des maisons, au moyen de la rétribution de dix pour cent en sus de la taxe ordinaire des loyers ;

Que quoique la demande des Etats relative à cet objet, ainsi que la réponse de Sa Majesté, ne pourvoyent qu'aux maisons des propriétaires auxquels le loyer en est dû, le vœu commun du Pays serait que cette décision s'étendît aux Couvents et aux bâtiments du Domaine, et qu'en payant à ceux-ci dix pour cent en sus des loyers qu'ils pourraient prétendre en cas qu'on n'en aurait pas accordé la remise, ils fussent chargés des frais des réparations ;

Que cependant, si Sa Majesté jugeait à propos qu'il y eût un Commissaire casernier pour visiter une fois par semaine, tous les bâtiments occupés par les Troupes, les honoraires qu'on lui attribuerait ne pourraient pas être à la charge du Pays, attendu qu'il ne doit plus entrer en rien dans cette partie d'administration.

Les Etats portant ensuite leur attention sur ce qui regarde l'administration des biens des Ex-Jésuites et de tout autre fonds qui pourrait appartenir à l'éducation publique, ont observé qu'il serait de la plus grande utilité que cette administration fût confiée à l'Assemblée générale, pour qu'elle s'occupât du choix des moyens qui peuvent en assurer l'exactitude et l'amélioration ;

Que l'expérience a fait connaître à quel point les biens des Ex-Jésuites étaient détériorés, leurs revenus diminués depuis qu'ils sont régis par l'économat; que les dépenses ont presqu'entièrement absorbé tous les revenus, et qu'il est à croire que, bien loin de cesser, les inconvénients passés se multiplieront à l'avenir ;

Que pour y remédier, il serait à désirer qu'il fût libre au Pays de nommer un comité chargé de veiller à la conservation, régie et amélioration des biens et à la perception des revenus ;

Que ce Comité pourrait être autorisé à vendre même les biens fonds, si on en trouvait un prix honnête ; que l'argent provenant de cette vente pourrait être employé dans l'établissement des lieux de mont, ou avoir la même destination que les quatre-vingt-sept mille neuf cent trente-trois livres, retirées des fonds publics de Naples, en les plaçant à cinq pour cent, sans être exposés à toutes les dépenses, aux malversations et aux accidents qui sont inhérents à l'administration des biens fonds appartenant à des Corps ou Communautés ;

Que de cette manière on verrait augmenter le revenu de l'éducation publique et diminuer le besoin du supplément auquel le Roi par sa munificence a bien voulu concourir.

Ayant été ensuite procédé à la recherche des moyens d'assurer l'emploi des quatre-vingt-sept mille neuf cent trente-trois livres, treize sous, dix deniers, retirés des fonds publics de Naples, et des intérêts provenant de ce capital depuis qu'on l'a prêté, conformément à la détermination prise par Sa Majesté ;

Les Etats, après avoir attentivement considéré tout ce qui peut contribuer à l'avantage commun, ont cru que la manière dont on pourrait rendre utile et sûr l'emploi de ce capital et des intérêts, serait :

1º De nommer une Commission de six sujets, savoir, de l'Evêque de Mariana, de deux d'entre les Députés des Douze, d'un Piévan, d'un sujet du Tiers-Etat et du Greffier des Etats, laquelle Commission devra s'assembler une fois par semaine dans la maison de Mgr de Mariana qui en serait le Président ;

2º Le concours de quatre suffrages sur six sera suffisant à déterminer les prêts qu'on devra faire et tous autres objets qui pourraient y être relatifs ;

3° Que le prêt pour chacun des emprunteurs ne pourra être moindre de cinq cents livres ;

4° Que l'intérêt de l'argent prêté sera à raison de cinq pour cent par an, ainsi qu'il a été réglé par l'Ordonnance de 1770, et payable entre les mains du Trésorier de la Caisse Civile ou de ses Substituts ;

5° Qu'on ne fera de prêts qu'à ceux qui promettront d'employer à l'agriculture l'argent emprunté, en en expliquant l'objet ;

6° Que l'emprunt ne pourra se faire pour un moindre espace de temps que celui de trois années, ni plus long de six années, après lesquelles l'emprunteur sera tenu de rendre l'argent emprunté, et l'Instruction publique sera en droit de le demander ;

7° Pour que les capitaux ne restent point oisifs, les emprunteurs qui voudront se libérer de leur dette, seront tenus de prévenir, six mois d'avance, ladite Commission ; mais la cessation de l'intérêt n'aura lieu que du jour du paiement effectif ;

8° Que les emprunteurs qui, pendant deux années, auront été en retard de payer les intérêts, pourront être contraints en Justice à la restitution du capital, même avant le laps de temps accordé pour le payement ;

9° Qu'on ne fera aucun prêt qu'aux personnes qui posséderont en biens fonds au moins le double de la valeur de la somme qu'on leur aura prêtée ;

10° Que pour constater les facultés de l'emprunteur, on pourra charger de cette vérification les Officiers Municipaux des Communautés ou les Douze du district ;

11° Que tous particuliers ou Communautés qui voudront se faire prêter quelque somme, seront tenus de présenter leur demande à la Commission ou aux Douze du district, qui en donneront sans délai communication à la Commission même ;

12º Que la demande devra contenir la quantité de la somme qu'on demande, l'emploi qu'on voudra en faire, et la spécification des biens que l'emprunteur possède pour l'assurer ;

13º Que les prêts seront réglés proportionnellement aux Provinces, de sorte qu'un tiers du capital à prêter soit accordé aux Communautés ou particuliers d'au delà des monts ;

14º Que ceux des Provinces d'au delà des monts, qui voudront emprunter quelque partie d'argent, pourront présenter leurs demandes aux Douze, au Podestat Major et aux Officiers Municipaux de la Ville d'Ajaccio, qui seront tenus de les faire passer à la Commission de Bastia avec les observations qu'ils jugeront convenables ;

15º Qu'au Bureau des Etats il y aura un registre sur lequel on inscrira soit les demandes, soit les prêts qu'on fera par la suite et toute autre délibération, sans que ce nouveau travail puisse coûter la moindre chose à l'Education publique ;

16º Que pour assurer à l'Instruction publique les deniers prêtés et les intérêts échus, elle aura sur les biens des emprunteurs le privilège et la priorité de temps sur tous les autres créanciers antérieurs et hypothécaires, quand même les créances seraient pour cause de dot, ou pour toute autre cause très privilégiée, et qu'elle exigeât une spécification expresse ; mais pour que cette antériorité ne soit point préjudiciable aux créanciers, on affichera une notification à l'Eglise Paroissiale de ceux qui demandent les emprunts, afin que leurs créanciers, en cas qu'il y en eût, puissent, dans le terme d'un mois, former les oppositions nécessaires pour leur indemnité pardevant la Commission, qui, si elle les trouvait justes, n'accorderait point l'emprunt qu'on aurait sollicité ;

17º Que Sa Majesté sera très humblement suppliée de vouloir bien accorder des Lettres-Patentes pour revêtir de toutes les formes légales ce privilège d'antériorité en faveur de l'Instruction publique ;

18° Que chaque année, lorsqu'il y aura Assemblée des Etats, la Commission sera tenue de rendre un compte exact de l'administration de ce capital et de ses intérêts ;

Enfin les Députés d'au delà des monts ont représenté, que les Etats ayant accordé à ce département un tiers de l'argent à prêter, il serait convenable que dans la Ville d'Ajaccio il y eût une Commission comme celle de Bastia, et qu'elle fût composée de Mgr l'Evêque de ce Diocèse, du Douze du district, du Podestat-Major de la pièvc, d'un Piévan et d'un Député du Tiers-Etat ; à laquelle demande l'Assemblée générale a adhéré d'une commune voix, en arrêtant cependant que la Commission d'Ajaccio observera les règles prescrites pour celle de Bastia.

Après quoi la Séance a été renvoyée à après-demain, deux du mois de juin prochain, à neuf heures du matin.

La présente délibération a été signée tant par Mgr l'Evêque Président que par Mgrs les Evêques Cittadella et de Santini ; Villanova et Leca, Piévans ; de Mari et de Sansonetti, Nobles ; Mattei et de Pietri, Députés du Tiers-Etat.

Signés, etc.

Séance du 2 Juin 1777.

Monseigneur l'Evêque Président et Mgrs les Evêques et Députés, ci-devant dénommés, s'étant rendus dans la Salle des Etats, Mgr l'Evêque Président a dit qu'il y avait encore plusieurs articles intéressants concernant l'Instruction publique sur lesquels l'Assemblée générale devait porter son attention.

Sur quoi les Etats délibérant ont arrêté que, conformément à ce que Nosseigneurs les Commissaires du Roi ont annoncé dans la Séance du 30 du mois de mai dernier, on procédera à la nomination d'un Comité qui s'occupera particulièrement à examiner et à proposer tout ce qui peut tendre à perfectionner le plan d'études formé par les Etats précédents, l'administration des biens des quatre Collèges et tout ce qui peut y être relatif, pour, sur ses réflexions portées à l'Assemblée générale, être par elle délibéré sous le bon plaisir de Sa Majesté, ce qu'elle jugera être le plus utile et plus nécessaire, pour donner à l'Education publique le régime convenable au but qu'elle doit avoir.

Sur quoi ayant été procédé à la nomination du Comité, l'Assemblée générale, persuadée du zèle et des lumières de Mgrs les Evêques, les a invités à vouloir bien s'occuper d'une partie d'administration qui regarde principalement leur ministère.

La présente délibération a été signée tant par Mgr l'Evêque Président que par Mgrs les Evêques Cittadella et de Santini ; Villanuova et Leca, Piévans ; de Mari et de Sansonetti, Députés Nobles ; Mattei et de Pietri, Députés du Tiers-Etat.

Signés, etc.

Dudit jour 2 Juin 1777.

Nosseigneurs les Commissaires du Roi s'étant rendus dans la Salle des Etats, ont dit qu'en vertu du pouvoir qui leur en était donné par Sa Majesté, ils annonçaient à l'Assemblée que ce serait dans la Séance de ce jour qu'elle aurait à procéder à l'élection des Députés à la Cour ;

Que Sa Majesté entendait que cette élection se fît par la voie du scrutin sans désemparer, et sans que la délibération pût être suspendue ou renvoyée à une autre Séance, sous quelque prétexte que ce fût, même par le Président de l'Assemblée ; qu'elle prescrivait que cette règle fût suivie pour toutes les élections que l'Assemblée aura à faire, et qu'il en fût usé même à l'avenir.

Nosseigneurs les Commissaires du Roi ont ajouté qu'ayant eu lieu de faire observer que dans plusieurs Assemblées les sujets présents et éligibles s'étaient excusés d'être ballottés pour les élections, sous quelque prétexte suggéré par les menées de ceux qui voulaient se faire élire, Sa Majesté trouvait que c'était un abus qu'elle voulait réformer ; que dans cette vue elle réglait que tout délibérant serait soumis aux suffrages de l'Assemblée, sans égard aux motifs qu'il pourrait alléguer pour en être dispensé, sauf à celui qui pourrait en avoir de suffisants, à requérir qu'ils fussent insérés dans le procès-verbal d'élection pour en être décidé par les Commissaires de Sa Majesté, réquisition qui ne pouvait être refusée ;

Que si les Commissaires du Roi trouvaient les motifs admissibles, ils confirmeraient l'élection de celui qui, après le refusant, aurait réuni le plus de suffrages, à l'effet de quoi il serait fait mention dans le procès-verbal du nombre des suffrages que chacun des Députés qui composent l'Assemblée aurait eu par l'événement du scrutin ;

Qu'en cas de maladie ou autre légitime empêchement de la part d'un des Députés ou sujets élus après son élection confirmée, il serait remplacé de plein droit par celui qui après lui aurait eu le plus grand nombre de suffrages, à la charge que son élection serait confirmée par les Commissaires de Sa Majesté ;

Que les nullités et irrégularités qui pourraient se rencontrer dans les élections ne seraient jugées que par les Commissaires du Roi, sans qu'après la délibération close, il fût permis à l'Assemblée, ni même au Président, de revenir à une nouvelle élection, sous quelque prétexte que ce fût, même de nullité et d'irrégularité, sauf à rendre compte aux Commissaires de Sa Majesté de celles qui auraient pu s'être commises dans les élections pour y pourvoir ainsi qu'ils trouveraient juste ;

Qu'enfin ces règles seraient observées par toutes les Assemblées Provinciales des Pièves ou des Communautés et pour quelque élection que ce fût.

Sur quoi l'Assemblée générale a dit qu'elle se fera un devoir de se conformer très précisément à tout ce que Nosseigneurs les Commissaires du Roi viennent d'annoncer de la part de Sa Majesté.

La présente Délibération a été signée tant par MM. les Commissaires du Roi que par Mgrs les Evêques et Députés qui ont signé la précédente.

Dudit jour 2 Juin 1777.

Nosseigneurs les Commissaires du Roi s'étant retirés, Mgr l'Evêque Président a dit que, d'après ce qu'ils viennent d'annoncer, on devait procéder dans cette Séance à l'élection des Députés à la Cour, savoir d'un Député Ecclésiastique qui doit être choisi dans l'ordre Episcopal, d'un Député Noble et d'un du Tiers-Etat, conformément à ce qui est prescrit par l'article 15, de l'Arrêt du Conseil d'Etat du 2 novembre 1772, concernant les Assemblées générales et particulières de la Corse ;

Qu'en conséquence des ordres de Sa Majesté, annoncés par ses Commissaires, aucun des membres de cette Assemblée ne pourra s'exempter de passer aux suffrages à la réserve des Piévans, et si on venait à élire quelqu'un qui eût des raisons pour s'en excuser, MM. les Commissaires du Roi devront les connaître ;

Que la manière dont on devra procéder à l'élection devant être par la voie du scrutin, chacun des membres de la présente Assemblée devra inscrire sur un billet le nom d'un Evêque pour l'ordre Ecclésiastique, d'un Député Noble pour l'ordre de la Noblesse et d'un Député du Tiers-Etat; que ces billets seront écrits en pleine liberté, pliés et mis dans une urne ou dans un chapeau ;

Que Mgr l'Evêque Président conjointement avec deux Piévans devront ensuite examiner distinctement chaque billet, et voir combien de suffrages chacun des Députés aura eu, en en faisant une note distincte pour l'annoncer à l'Assemblée générale.

Sur quoi les Etats ont nommé pour Piévans assistants au scrutin MM. le Piévan Olmeta et le Chanoine Moroni.

Ensuite ayant été donné un billet à chaque Député, et y ayant inscrit le nom d'un Député pour chaque ordre, ces billets ayant été ouverts, vus et lus par Mgr l'Evêque Président et par les deux Piévans susdits, on a trouvé les suffrages réglés de la manière suivante :

Pour Mgrs les Evêques :

En faveur de Mgr Doria . . . , ... vingt-huit.
       de Mgr de Guernes . . . . . quatre.
       de Mgr de Santini . . . . . trente-sept.

Pour les Députés Nobles :

En faveur de M. Frediani . . . . deux.
       de M. Casabianca . . . . . . neuf.
       de M. Buonaparte . . . . . trente.
       de M. Fabiani . . . . vingt-un.

En faveur de M. Cesari Rocca . . . . . quatre.
de M. Belgodere de Bagnaja . . deux.
de M. Colonna d'Ornano . . . un.

Pour les Députés du Tiers-Etat :

En faveur du Sieur Paul Casabianca . . . dix-neuf.
du Sieur Boerio . . . . . . sept.
du Sieur de Pietri. . . . . . quatre.
du Sieur Achille Murati . . . huit.
du Sieur Quilichini . . . . . un.
du Sieur Trani . . . . . . cinq.
du Sieur Balestrini . . . . . neuf.
du Sieur Adriani. . . . . . trois.
du Sieur Emanuelli . . . . . cinq.
du Sieur Grimaldi . . . . . un.
du Sieur Corazzini . . . . . un.
du Sieur Santo Dominici . . . un.
du Sieur Versini. . . . . . quatre.

Ainsi on trouvé que le plus grand nombre de suffrages a été, pour le Clergé, en faveur de Mgr de Santini, Evêque du Nebbio; pour la Noblesse, en faveur de M. Charles de Buonaparte, et pour le Tiers-Etat, en faveur du Sieur Paul Casabianca ; ils ont en conséquence été élus et nommés par la présente Assemblée générale; nomination et choix qu'elle confirme, pour, en qualité de Députés du Pays, se rendre à la Cour, présenter au Roi le procès-verbal des demandes faites et à faire par la présente Assemblée des Etats, porter aux pieds du Trône le tribut annuel des sentiments de respect, de reconnaissance et de soumission dont le Pays se trouve justement pénétré envers sa Personne Sacrée, et implorer de la bonté de son cœur la continuation de toutes les grâces multipliées qu'il a daigné répandre sur ce Peuple.

Lesquelles nominations et élections ont été acceptées par Mgr de Santini, Evêque du Nebbio, MM. de Buonaparte et Casabianca, avec les démonstrations de la plus vive reconnaissance, et avec promesse de ne rien négliger pour répondre à la confiance que l'Assemblée leur a montrée, et de remplir avec zèle les fonctions dont les Etats ont bien voulu les honorer.

Après quoi la Séance a été renvoyé à demain, neuf heures du matin.

La présente Délibération a été signée tant par Mgr l'Evêque Président que par Mgrs les Evêques et Députés qui ont signé les précédentes de ce jour.

Signés, etc.

Séance du 3 Juin 1777.

Nosseigneurs les Commissaires du Roi et Mgrs les Evêques, ci-devant dénommés, s'étant rendus à la salle de l'Assemblée, Nosseigneurs les Commissaires du Roi ont dit que la Piève de Santo Pietro, Province du Nebbio, a observé qu'il serait utile pour la Nation, ainsi que pour le Clergé, qu'un des Evêchés de l'Ile fût érigé en Archevêché pour n'être pas obligé de recourir à Pise ou à Gênes dans les affaires de la Juridiction Ecclésiastique ;

Que cette demande était présentée dans toutes les Assemblées ; qu'elle avait d'abord été portée aux Etats de 1770, en faveur de l'Evêché de Mariana ; qu'elle s'était reproduite dans les Assemblées suivantes dans des termes plus généraux ;

Qu'il serait sans doute avantageux à la Corse qu'un de ses Evêchés fût érigé en métropole ; que le siège en faveur duquel se ferait cette érection, la trouverait plus avantageuse encore, mais que chacun des cinq Evêchés pouvait aspirer à cette distinction, les uns parce qu'ils se prétendraient les plus anciens, les autres parce qu'ils se croiraient plus importants, ou par leur étendue ou par leur position ;

Que c'était une affaire d'un ordre supérieur qui ne pouvait point être traitée dans l'Assemblée d'Etats, et dont le Roi avait déjà fait déclarer qu'il se réservait la connaissance.

Nosseigneurs les Commissaires du Roi ont ajouté que Sa Majesté leur prescrivait de rappeler à l'Assemblée cette décision qui ne devait cependant pas empêcher que les Evêques et les Chapitres des Cathédrales ne rassemblassent les monuments historiques et les considérations qui pouvaient les faire aspirer à cette distinction ; mais que les mémoires qu'ils sont invités de faire rédiger, devaient être remis aux Commissaires de Sa Majesté ou adressés au Secrétaire d'Etat du département, sans que les Etats pussent désormais en prendre connaissance ; que l'Assemblée était même prévenue que dans la suite ce serait inutilement que de pareilles demandes se trouveraient insérées dans les procès-verbaux des Assemblées, et qu'elles ne seraient ni relevées ni répondues.

Nosseigneurs les Commissaires du Roi ont dit que la Piève d'Orezza, Province de Bastia, avait demandé le rétablissement du Séminaire d'Aleria et des fondations faites en sa faveur par le bienheureux Alexandre Saoli ;

Que la Province de Balagne avait demandé la révocation d'une ordonnance des grands-vicaires de Mgr l'Evêque d'Aleria ; qu'en conséquence les élèves continuassent d'être reçus gratis dans le Séminaire de Cervione ; que les autres Ecclésiastiques pussent faire leurs études où bon leur semblerait, et que les revenus du Séminaire échus et non payés fussent mis en dépôt entre les mains des Procurateurs pour être employés en fonds utiles.

Nosseigneurs les Commissaires du Roi ont répondu que ces demandes devaient être établies par des titres et portées pardevant les Juges compétents ; qu'il était juste que les fondations du bienheureux Saoli fussent exécutées, et que les arrérages dus au Séminaire fussent placés en fonds utiles ; mais qu'il fallait que les parties intéressées fussent bien averties, que les voies leur étaient ouvertes pour obtenir justice suivant les formes prescrites par les lois ;

Que c'était au Procureur général du Conseil Supérieur que devaient être portées les réclamations contre les Mandements et Ordonnances qui pouvaient blesser les droits des particuliers, Corps, ou Communautés ;

Que l'Ordonnance contre laquelle la Province de Balagne s'élevait n'étant pas connue de Sa Majesté, le Procureur général serait chargé d'en prendre connaissance et de lui en rendre compte.

Nosseigneurs les Commissaires du Roi ont dit que la Province d'Ajaccio avait renouvelé la demande qu'elle avait faite dans toutes les Assemblées pour que le Séminaire d'Ajaccio fût rendu à son ancien usage, et que M. l'Evêque d'Ajaccio fût tenu de liquider et de lui payer les arrérages dont on le prétendait débiteur.

Nosseigneurs les Commissaires du Roi ont répondu que les Casernes construites aux frais de Sa Majesté n'étaient pas encore suffisantes pour loger tous les soldats de la garnison ; que si la Ville d'Ajaccio pouvait fournir un emplacement capable d'y suppléer, rien ne serait plus juste ni plus agréable à Sa Majesté que de faire évacuer le Séminaire ; que si, au défaut de la Ville d'Ajaccio, les Etats trouvaient quelques moyens de remplir cet objet, ils pouvaient en délibérer et les présenter ; que le seul praticable serait d'augmenter les casernes, mais que les fonds que Sa Majesté destine à ce genre de dépenses devant être répartis entre plusieurs places, il n'y avait rien à ajouter à ceux qu'elle fait employer à Ajaccio pour cet usage ;

Que si les Etats, ou la Province d'Ajaccio, ou la Piève ou

même la Ville, pouvaient ou voulaient contribuer à une dépense de cette nature sur les offres qui en seraient faites de leur part, Sa Majesté prendrait cette affaire en particulière considération ;

Que quant aux arrérages répétés à M. l'Evêque d'Ajaccio, Sa Majesté déclarait que c'était une affaire contentieuse dont le jugement et la connaissance appartenaient aux Tribunaux compétents, et sur laquelle les parties intéressées pouvaient adresser leur mémoire au Procureur général du Conseil Supérieur.

Nosseigneurs les Commissaires du Roi ont dit que la Piève de Sorro-insu, Province de Vico, a demandé que le prix de la vente du Palais Episcopal, situé à Vico, fût employé à la construction d'un nouveau Palais dans Vico même, comme le chef-lieu de la Province, et où a toujours été, a-t-elle assuré, la Cathédrale et la vraie résidence de l'Evêque.

Nosseigneurs les Commissaires du Roi ont répondu que cette demande était encore contentieuse ;

Que le siège de l'Evêché de Sagone étant à Calvi, il était nécessaire que l'Evêque y fût logé convenablement ;

Que le Roi, pour venir à son secours, voulait bien faire à la décharge du Pays l'acquisition tant de l'ancien Palais Episcopal de Vico qui servait au logement des Troupes, que des restes de l'ancien Palais de Calvi, à condition que le prix que Sa Majesté en payera servira à Calvi au logement de l'Evêque et de ses successeurs ;

Que cette acquisition ne pouvait se faire que suivant les formes Civiles et Canoniques, et après que les parties intéressées auront été dûment appelées sur l'information de *commodo* et *incommodo,* et que les Etats n'avaient point à en prendre connaissance.

Nosseigneurs les Commissaires du Roi ont dit que la Province de Balagne avait demandé qu'il plût à Sa Majesté de permettre à la Piève d'Aregno de faire signifier au Greffier du Diocèse d'Aleria, la Bulle du Pape Innocent XI, concernant le tarif des actes, ce Greffier, a-t-on dit, ayant refusé jusqu'à présent de s'y conformer, en affectant de n'en avoir aucune connaissance.

Nosseigneurs les Commissaires du Roi ont répondu que cette demande a pu résulter de l'observation faite par Mgr l'Évêque d'Aleria dans l'Assemblée de 1773, à la Séance du 25 novembre, à laquelle ce Prélat avait exposé que, quoiqu'il ignorât les dispositions de la Bulle d'Innocent XI, cependant aussitôt qu'il était arrivé dans son Diocèse, il s'était occupé de la réforme du tarif pour le réduire au moindre prix possible ;

Qu'il est certain que si la Province de Balagne soutenait que la Bulle d'Innocent XI est plus favorable au Public que la taxe actuellement en vigueur au Greffe Ecclésiastique d'Aleria, elle était en droit de demander que cette Bulle y fût connue ;

Que c'était donc aux Etats à voir quel pouvait être à cet égard l'intérêt du Pays ; que s'il était utile que la Bulle d'Innocent XI y fût exécutée dans un ou plusieurs Diocèses, ils pourraient en faire un article de leur cahier, et que si Sa Majesté, après avoir fait examiner cette demande, la jugeait admissible, la Bulle serait revêtue de Lettres-Patentes pour être enregistrée au Conseil Supérieur à la diligence du Procureur général qui en suivrait l'exécution.

Nosseigneurs les Commissaires du Roi ont dit que la Piève du Niolo, Province de Corte, a demandé que le Couvent abandonné fût réparé au profit des Religieux à qui il appartenait ;

Que la même Piève et celle de Talcini ont demandé que les Religieux fussent conservés et qu'ils n'eussent plus dans leurs Couvents ni magasins ni Gens de Guerre.

Nosseigneurs les Commissaires du Roi ont répondu que l'Edit de 1771 sur les Ordres Religieux a pour objet de rendre ces Ordres à leur institution primitive, de manière que tous les Religieux qui les composent et les Pays où ils sont établis, retirent également les fruits qu'on s'est promis de leur institution ;

Qu'en conséquence il y aura dans chaque Province de l'Ile le nombre de maisons dont elle est présumée pouvoir tirer quelque avantage ; qu'il y aura dans chaque maison le nombre de Conventuels nécessaires pour en remplir les charges et y maintenir la régularité ;

Que Sa Majesté avait vu avec satisfaction dans plusieurs procès-verbaux des Assemblées précédentes que la partie saine et nombreuse du Pays avait saisi avec justesse les bons principes sur cette matière importante ;

Que les demandes des Pièves du Niolo et de Talcini étaient d'autant moins réfléchies que les Ordres Religieux eux-mêmes les désavoueraient, surtout en ce qui concerne les logements des Gens de Guerre ;

Qu'on devait se rappeler avec plaisir l'offre qu'ils ont faite eux-mêmes de laisser à la décharge du Pays les parties de leurs maisons qui n'étaient pas nécessaires à la clôture, et de n'en recevoir aucun loyer, et qu'il était étonnant que les Pièves du Niolo et de Talcini voulussent leur ôter le mérite de ce sacrifice.

Nosseigneurs les Commissaires du Roi ont dit que la Piève de Calvi a demandé des secours pour continuer la construction d'une église qu'elle a commencée dans la basse Ville de Calvi, la Chapelle qui servait de Paroisse ne pouvant plus en contenir les habitants.

Nosseigneurs les Commissaires du Roi ont déclaré que cette demande devait être réglée par les articles 22 et 23 de l'Ordonnance du mois de Septembre 1769 sur la Juridiction Ecclésiastique ;

Que si leur exécution rencontrait quelque difficulté à raison des usages du Pays, les parties intéressées devaient se pourvoir par les voies de droit, et que si les usages du Pays conférés avec les dispositions de l'ordonnance exigeaient de revenir sur cette matière, les Etats pourraient charger les Jurisconsultes qu'ils auraient à choisir pour la législation, d'en dresser un mémoire.

Nosseigneurs les Commissaires du Roi ont dit que la Piève de Portovecchio a demandé qu'il plût à Sa Majesté d'accorder à son Piévan le même secours de dix-huit livres, par mois, que la République de Gênes lui faisait payer pour suppléer à l'insuffisance des revenus de sa Cure.

Nosseigneurs les Commissaires du Roi ont répondu que cette demande serait prise en considération par Sa Majesté dans les dispositions qu'elle avait en vue pour faire habiter et mettre en valeur le Domaine de Portovecchio.

Sur quoi l'Assemblée générale a dit qu'elle se fera un devoir de porter ses réflexions sur les différents objets annoncés sur la matière ecclésiastique qui pourront mériter d'être soumis au jugement de Sa Majesté.

La présente Délibération a été signée tant par Nosseigneurs les Commissaires du Roi que par Mgrs les Evêques Doria et de Santini; Bonavita et Poli, Piévans; de Casabianca et de Cuttoli, Nobles; Tusoli et Tasso, Députés du Tiers-Etat.

Signés, etc.

Dudit jour 3 Juin 1777.

Nosseigneurs les Commissaires du Roi ont dit que Sa Majesté par ses réponses au cahier autorisant les Etats à nommer et élire par la voie du scrutin dans cette Assemblée les Jurisconsultes Corses qu'ils jugeront les plus capables de dresser des mémoires pour éclairer l'administration sur le degré d'utilité des loix publiées jusqu'ici dans le Pays et sur les changements, additions et modifications qu'elles peuvent exiger, il convenait que les intentions du Roi fussent remplies ;

Que l'Assemblée devait sentir toute l'importance de ce choix, et combien il était nécessaire d'écarter toute prévention et toute affection personnelle pour ne voir que le plus grand bien du Pays ;

Qu'il y avait donc à délibérer sur le nombre de sujets à qui l'Assemblée confierait un travail de cette nature, sur les honoraires qu'on leur attribuerait, comment et sur quel fonds il y serait pourvu ;

Nosseigneurs les Commissaires du Roi ont ajouté qu'il était à propos que l'Assemblée observât que si ce travail bien exécuté méritait un salaire honnête, non seulement à raison des connaissances qu'il suppose, mais encore du temps et des soins qu'il exige, il était à désirer qu'elle trouvât un moyen de soutenir l'émulation et d'exciter l'activité des Jurisconsultes, qui auront fixé son choix, en leur assurant une récompense qui fût plus considérable, à mesure qu'ils auraient fait en moins de temps un meilleur ouvrage ;

Qu'enfin Sa Majesté leur permettait d'assurer les Etats en son nom qu'elle distinguerait dans les occasions les Jurisconsultes qui auraient justifié par leur zèle et leur capacité le choix de l'Assemblée.

Nosseigneurs les Commissaires du Roi ont dit ensuite que les règles à établir sur la procédure civile étant un des points sur lesquels il y a eu des réclamations plus fréquentes et plus motivées, Sa Majesté avait chargé les Commissaires de son Conseil d'examiner quelle était la forme de procéder en matière civile avant la publication de l'Ordonnance du mois de septembre 1769 ; quels sont les changements motivés et de considération que cette Ordonnance et l'Edit de juin 1771 ont apportés aux usages des Tribunaux dans cette partie : enfin quelles seraient les dispositions en ce genre les plus conformes aux vœux du Pays, en observant qu'il fallait préférer les plus simples et les moins dispendieuses ;

Que pour éviter que le travail des Jurisconsultes portât sur les mêmes objets dont Sa Majesté réservait l'examen et la discussion aux Commissaires qu'elle avait nommés, ils devaient faire connaître aux Etats quelles étaient ses intentions sur les matières dont les Jurisconsultes auraient à s'occuper.

En conséquence, Nosseigneurs les Commissaires du Roi ont déclaré que l'administration de la Justice appartenant sans partage à l'autorité seule de Sa Majesté, elle défendait toute délibération qui serait relative à l'ordre judiciaire ; que cette défense embrassait la formation des Tribunaux, les fonctions, le traitement, les prérogatives des Magistrats et Officiers de Justice, la forme de procéder en matière civile et criminelle, et tout ce qui avait rapport à la police générale et au maintien de l'ordre public ;

Que c'était sur ce principe déjà annoncé que Sa Majesté, sans attendre que la demande de la dernière Assemblée lui fût présentée, avait commis des Magistrats de son Conseil, non seulement pour combiner les lois qui existaient en Corse, au moment de la réunion, avec celles qui ont été publiées depuis, reconnaître et proposer les perfections, modifications et changements dont elles pourraient être susceptibles, en déterminer les points sur lesquels il pourrait convenir d'entendre préalablement les Jurisconsultes du Pays, mais encore pour rédiger une Ordonnance sur la procédure ;

Qu'ainsi dans l'état présent le Statut Civil était confirmé dans tous les points auxquels il n'était point expressément dérogé par quelque Ordonnance rendue depuis la réunion ;

Que le Statut Civil avait deux parties très distinctes, le fond même des lois du Pays et la forme de procéder en jugement ; que par une disposition générale, il était dit que dans le silence du Statut Civil on recourra au Statut Génois, et qu'à défaut de l'un et de l'autre on suivra le droit commun ;

Que sur le fond des lois, sur ce qui est de coutumes locales, les Corses sentant aujourd'hui l'insuffisance de leur loi municipale, la difficulté de recourir au Statut Génois, l'embarras de déterminer précisément le cas où il faut suivre le droit commun, demandaient des lois plus précises, plus développées pour assurer les propriétés, régler les conventions, la manière de tester, de succéder, etc. ;

Que c'était là les objets sur lesquels les Jurisconsultes du Pays paraissaient devoir mieux connaître les besoins locaux et les circonstances particulières qui pouvaient engager à donner de nouvelles lois ;

Mais ce qui était relatif à l'ordre judiciaire dans le Statut Civil et dans les Ordonnances de France, qui par l'Edit de 1771 ont été mises à la place du Statut Génois, appartenait exclusivement aux Commissaires que Sa Majesté avait nommés dans son Conseil ;

Que les ayant chargés d'examiner quels étaient les règlements qu'il était nécessaire et convenable de donner à la Corse pour simplifier la procédure et l'assujettir à des règles claires et constantes, et l'objet de Sa Majesté étant de faire participer ses nouveaux Sujets aux avantages que recueilleront toutes les Provinces de son Royaume, du travail et des recherches qu'elle a ordonnés sur cette branche de l'administration, non seulement ce serait incompétemment, mais encore sans utilité que les Etats ou leurs Jurisconsultes porteraient leurs spéculations sur cette partie; qu'ils y employeraient beaucoup de temps et de dépense, et finiraient peut-être par proposer des vues qui n'entreraient pas dans le plan général que Sa Majesté veut rendre commun à la Corse ;

Que cette explication essentielle qui fixe et circonscrit la mission que les Etats leur donneront, était d'ailleurs très propre à prévenir les longueurs et les frais qu'entraînait nécessairement une mission indéfinie ; qu'au surplus les mémoires qui résulteraient du travail des Jurisconsultes pourraient être remis assez tôt à la Commission nommée par le Roi pour traiter le fond des lois du Pays après avoir discuté tout ce qui est relatif à l'ordre judiciaire.

Dudit jour 3 Juin 1777.

Nosseigneurs les Commissaires du Roi ont dit que la Piève de Santo Pietro, Province du Nebbio, a demandé que le Statut Corse fût suivi et exécuté en tout point comme il se pratique au Conseil Supérieur ;

Que cette demande supposait que l'Edit de juin de 1771, qui ordonne l'exécution du Statut Civil dans tous les points auxquels il n'y est pas expressément dérogé, n'était pas entendu de même dans toutes les juridictions ;

Que si les choses devaient rester dans l'état actuel, il deviendrait nécessaire d'établir l'uniformité entre tous les Tribunaux par une Ordonnance ou au moins par une Instruction qui expliquerait comment l'Edit de juin 1771 s'exécutait au Conseil Supérieur, mais que ce travail regardait la Commission nommée par Sa Majesté ;

Que la Piève de Casacconi, Province de Bastia, a demandé que toutes les affaires civiles fussent instruites et jugées dans les six mois, ou dans tel autre terme qu'il plairait au Roi de fixer ;

Que ce que la législation la plus sage pouvait, c'était d'écarter les procédures inutiles, en laissant à la vérité tous les moyens de se faire connaître ; que toutes les affaires n'étant pas de même nature, ne pouvaient être jugées dans le même délai ;

Que les procédures pour les affaires personnelles, médiocres et provisoires étaient resserrées dans le cercle le plus étroit qu'il soit possible par l'Edit qui en attribue la connaissance aux Podestats ; que les délais dans les autres affaires étaient déterminés par le Statut Civil dont l'Edit de mai 1771 a rétabli l'autorité ; que si ce Statut présentait des inconvénients qui exigeassent une réforme, la Commission nommée par le Roi qui s'en occupait, y pourvoirait ;

Que la Piève de Pino, Province de Calvi, avait formé deux demandes, la première tendante à ce que les termes probatoires et les délais du Statut Civil fussent observés ;

Que cela devait être ainsi, en vertu de l'Edit du mois de Mai 1771, et que si les Juges s'écartaient du Statut Civil dans leurs sentences, les parties avaient la voie d'appel ;

Que la seconde demande avait pour objet de faire prolonger les délais pour les assignations, ce qui signifierait que ceux portés par le Statut Civil étaient trop courts ;

Que c'était un point à examiner en observant que dans les poursuites des créanciers contre les débiteurs, ceux-ci trouvaient des ressources de chicane que l'Ordonnance de 1769 leur enlevait, et qui fatiguaient le créancier légitime.

Enfin que la Province entière de Bastia a demandé l'exécution du titre de l'Ordonnance de 1769 concernant les enquêtes, en abrogeant les dispositions du Statut Civil sur l'audition des témoins ;

Que cette demande très judicieuse et très bien motivée entrerait certainement dans le travail auquel on devait s'attendre de la part des Commissaires nommés par Sa Majesté, que soit qu'ils l'adoptassent ou la rejetassent, il serait pris le parti le plus convenable.

Dudit jour 3 Juin 1777.

Nosseigneurs les Commissaires du Roi ont dit que la Piève de Santo Pietro, Province de Nebbio, avait demandé qu'il fût permis à tout accusé contre lequel on instruirait un procès criminel, d'avoir un Avocat au Conseil pour sa défense, suivant l'exigence des cas ;

Qu'un accusé n'avait pas besoin de conseil pour répondre sur des faits ; que lorsqu'ils lui sont personnels, il ne fallait pas d'Avocats pour dire catégoriquement oui ou non ;

Que c'est dans les cas de cette nature que l'Ordonnance criminelle interdit les conseils aux prisonniers, et qu'elle leur en permet dans les affaires dont l'instruction est compliquée et dans lesquelles on admet les faits justificatifs ;

Qu'il n'y avait rien à changer à une disposition aussi sage.

Dudit jour 3 Juin 1777.

Nosseigneurs les Commissaires du Roi ont dit que les Pièves de Campoloro et Verde, Province d'Aleria, ont demandé que l'Ordonnance sur les mésus champêtres, relativement à la pâture des bestiaux, fût exécutée suivant sa forme et teneur ; que cette demande très sage répondait à celle qui a été recueillie dans le procès-verbal de la dernière Assemblée qui tendait à abroger cette Ordonnance sur les mésus champêtres et à rétablir l'article 46 du Statut criminel ;

Que l'Edit de juillet 1771, pour la police des campagnes

avait été rendu sur le vœu unanime du Pays ; que les dispotions qu'il contient avaient été accordées à la demande de toutes les Pièves et de toutes les Communautés qui, sans sans s'être concertées, s'étaient réunies pour solliciter ce règlement ; que tout consistait à le suivre ponctuellement, et que comme l'exécution en était confiée au Pays même dans la personne des Podestats, c'était aux Etats et à tous les membres qui les composaient, de leur rappeler leurs obligations dans les Assemblées des Pièves et des Provinces et d'exciter leur zèle ;

Que la Piève de Casinca, Province de Bastia, a demandé que les Nobles et autres privilégiés fussent sujets à la Juridiction des Podestats pour les mésus champêtres seulement, et que l'article 10 de l'Edit de Juin 1771 concernant cette juridiction fût abrogé ;

Que cette demande était très juste en soi, mais qu'elle était sans objet ; qu'à l'exception des cas énoncés par l'article 10 de l'Edit qui, à la vérité, constitue essentiellement la juridiction des Podestats pour les affaires purement personnelles, et qui en excepte les Nobles et autres privilégiés, ils étaient soumis à cette juridiction pour les mésus champêtres et pour les affaires de police ; que la règle était universelle et que l'article 10 n'en était que l'exception.

Dudit jour 3 Juin 1777.

Nosseigneurs les Commissaires du Roi ont dit que la Piève de Santo Pietro, appuyée du vœu de la Province du Nebbio, a demandé un règlement qui défendît aux particuliers de Santo Pietro et de San Gavino de laisser paître leurs bestiaux dans les plantations d'oliviers et dans les terres ensemencées ;

Que cette demande ferait croire que l'on n'a pas encore dans cette Piève une connaissance suffisante de l'Edit des mésus champêtres, ce qui était relatif à ce que la Province de Balagne avait demandé que les Officiers de justice fussent tenus de donner connaissance à toutes les Communautés de leur ressort des Ordonnances et Arrêts qu'il plaisait au Roi de rendre pour la Corse ;

Que la notoriété de droit était suffisamment établie par une loi, dès qu'elle était publiée au Conseil Supérieur et dans tous les Sièges Royaux du ressort ; qu'on n'en usait pas autrement dans toutes les Provinces du Royaume ;

Qu'au surplus, les demandes de la Province de Balagne et de Santo Pietro donnaient à examiner un point important que les Jurisconsultes nommés par les Etats auraient à traiter ; c'était la question de savoir quels seraient les moyens les plus propres de faire parvenir à tous les habitants les lois et ordonnances publiées dans le Pays, et ce qu'on pourrait ajouter à la notoriété de droit qu'elles acquerraient par l'enregistrement et la publication dans les Tribunaux.

Dudit jour 3 Juin 1777.

Nosseigneurs les Commissaires du Roi ont dit que la Piève d'Olmi, Province de Calvi, la Piève de Patrimonio, Province du Nebbio, et la Piève de Sorro-insu, Province de Vico, ont fait des représentations sur les dispositions de l'Edit des mésus champêtres qui sont relatives aux Gardiens des troupeaux ;

Que l'on voudrait qu'il leur fût accordé un délai plus long que de vingt-quatre heures pour déposer leur rapport au Greffe ;

Qu'on désirerait que les rapports fissent foi en justice, sans être signés par des témoins, quand même l'amende excéderait trois livres ;

Qu'on proposerait d'exciter leur émulation en leur accordant une part dans les amendes ; qu'on estimerait convenable de rendre les amendes plus fortes en faveur des propriétaires ; qu'on demanderait que les propriétaires pussent faire eux-mêmes des rapports sans même être assistés de témoins ;

Que ce qui résultait de toutes ces observations était qu'il pouvait y avoir des perfections à ajouter à l'Edit des mésus champêtres ; que les Jurisconsultes du Pays ne manqueraient pas de développer les réflexions que ces différentes demandes pourraient leur fournir, et qu'à cet effet les Commissaires du Roi pourvoiraient à ce qu'il leur en fût donné connaissance.

Sur quoi les Etats ont témoigné qu'ils étaient pénétrés de la plus respectueuse reconnaissance pour les dispositions bienfaisantes que Sa Majesté vient de manifester pour établir en Corse une législation relative aux mœurs, aux besoins et à la constitution de cette Ile ;

Et sentant tout le prix de la grâce qu'elle vient d'accorder au Pays, comme est celle d'autoriser l'Assemblée générale à nommer un certain nombre de Jurisconsultes Corses pour travailler à un ouvrage qui intéresse le bonheur et la sûreté du peuple, ils ont respectueusement remercié Sa Majesté de cette nouvelle marque de confiance, et ils ont promis de faire tous leurs efforts pour continuer à s'en rendre dignes.

Après quoi la Séance a été renvoyée à demain, quatre du présent mois, à neuf heures du matin.

La présente délibération a été signée tant par Nosseigneurs les Commissaires du Roi que par Mgrs les Evêques Doria et de Santini ; Bonavita et Poli, Piévans ; de Casabianca et Cuttoli père, Députés Nobles : Tusoli et Tasso, Députés du Tiers-Etat.

Signés, etc.

Séance du 4 Juin 1777.

Monseigneur l'Evêque Président et Mgrs les Evêques et Députés, ci-devant dénommés, s'étant rendus dans la Salle de l'Assemblée, Mgr l'Evêque Président a dit que dans la séance d'hier Nosseigneurs les Commissaires du Roi ont annoncé différentes affaires ecclésiastiques sur lesquelles il serait nécessaire que les Etats portassent leurs réflexions.

Sur quoi il a été observé par MM. les Députes de la Province d'Ajaccio combien il est préjudiciable à tout ce Diocèse que le Séminaire fût occupé par les Troupes;

Qu'indépendamment de ce qu'on est privé des avantages qu'on a eu pour but en formant un établissement aussi nécessaire, le bâtiment et tous les revenus qui y sont attribués souffrent un dommage très sensible en ce que ceux qui sont obligés d'y contribuer, voyant que le Séminaire est sans activité refusent de payer ce qu'ils doivent; qu'il serait facile de remédier à tous ces inconvénients en faisant évacuer les quatre compagnies qui logent actuellement dans ce bâtiment;

Qu'il n'est pas du tout difficile de trouver dans la ville d'Ajaccio des emplacements pour y loger ces quatre compagnies;

Que l'église des ex-Jésuites, l'oratoire de Saint Jérôme et autres bâtiments offrent un logement commode pour ces troupes;

Que cette facilité est incontestable si on considère qu'auparavant un bataillon logeait commodément dans la Ville, et qu'actuellement il s'est retiré dans la Citadelle depuis la construction des Casernes;

Qu'on pourrait faire la même observation pour le Collège de Jésuites qui pourrait servir au nouveau Collège.

Mgr l'Evêque de Mariana et Accia et tous les autres Députés de la Province de Bastia ont observé qu'ils faisaient la même représentation que MM. les Députés d'Ajaccio tant pour l'ancien que pour le nouveau Séminaire de leur Diocèse ;

Que celui-ci recevait autrefois environ soixante élèves ; mais qu'actuellement la plus grande partie étant occupée par les Troupes, le nombre de ceux qui peuvent y loger est réduit à vingt seulement ;

Qu'on pourrait dire la même chose pour le Collège des ex-Jésuites, qui est entièrement occupé pour différents objets, à l'exclusion de celui auquel on l'avait destiné ;

Qu'il serait de la plus grande utilité que le Recteur et les Professeurs du nouveau Collège pussent y avoir leur habitation et que l'église fût évacuée pour pouvoir y faire les exercices tant scholastiques que moraux pour l'Instruction de la jeunesse.

Sur quoi, l'Assemblée générale connaissant de quelle nécessité et utilité il serait pour les Diocèses de Bastia et Ajaccio que le Séminaire et le Collège fussent évacués et que la jeunesse pût y être élevée, a supplié humblement Sa Majesté de vouloir bien prendre en considération les demandes des Députés des Provinces d'Ajaccio et de Bastia ; qu'on insérerait à cet effet dans le procès-verbal des demandes que les Etats remettraient à MM. les Députés à la Cour.

Sur la demande de la Piève d'Aregno tendante à mettre en exécution la Bulle du Pape Innocent XI, concernant le tarif des actes du Greffe Ecclésiastique, Mgr l'Evêque d'Aleria a observé qu'il n'a pu entendre sans surprise les plaintes réitérées de la Province de Balagne sur la prétendue exorbitance du tarif du Diocèse d'Aleria ; qu'il ne lui est jamais parvenu aucune reclamation à ce sujet depuis qu'il est dans cet Evêché, tandis que ce serait à lui qu'on devrait s'adresser avant tout autre ; qu'à son arrivée dans le Diocèse il avait diminué le tarif qu'on y observait de temps immémorial ;

Que c'est un droit dont jouissent tous les Evêques en France de faire eux-mêmes le tarif de leur Greffe ;

Qu'il a plû à Sa Majesté d'en faire un article formel dans son édit concernant la Juridiction Ecclésiastique ;

Qu'il craindrait que cela ne fût une atteinte aux droits et privilèges du Clergé Corse, qui est assimilé, en vertu des lois publiées dans cette Ile, à celui de France ;

Qu'il ne connaît point le tarif du Pape Innocent XI et qu'il ignore si pour le passé il a eu quelque exécution ;

Que cependant il ne s'oppose point à ce que ce tarif soit mis en vigueur, pourvu qu'il le soit également dans les autres Diocèses, en renouvelant toutefois ses protestations pour qu'on ne fasse rien contre les droits de l'Episcopat ni du Clergé ;

Qu'il sera toujours disposé à veiller avec la plus grande attention à ce que le tarif de son Greffe soit modéré le plus qu'il sera possible ;

Que dans tous les cas contraires on pourra s'adresser à lui pour faire rendre la justice la plus exacte ;

Que la Piève d'Aregno voudra bien prouver que le Greffier d'Aleria a refusé jusqu'à présent de se conformer à cette Bulle d'Innocent XI en affectant de n'en avoir aucune connaissance, l'Evêque d'Aleria à qui on devait s'adresser n'ayant jamais entendu dire qu'une demande de cette espèce ait été faite à son Greffier ;

Enfin Mgr d'Aleria a invité Mgrs les autres Evêques à adhérer aux articles qui concernaient uniquement la conservation des droits et privilèges tant de l'Episcopat que du Clergé, en laissant à part la plainte faite contre le Greffier du Diocèse d'Aleria; de tout ce que dessus Mgr de Guernes a demandé acte à Mgr l'Evêque Président qui le lui a accordé.

Il a été dit ensuite de la part de Mgrs les autres Evêques, que n'y avant aucune plainte contre le tarif qu'on observe dans leurs Diocèses, ils ne croyaient pas avoir besoin de faire aucune observation, ni d'adhérer à aucune protestation.

Sur quoi, la matière mise en délibération, l'Assemblée générale délibérant, a arrêté que le vœu universel serait que le tarif du Pape Innocent XI fût observé indistinctement dans tous les Diocèses de la Corse en tout ce qui peut convenir avec la Juridiction Ecclésiastique actuelle, comme la plus propre aux intérêts du Peuple; et qu'on suppliera Sa Majeté de vouloir bien la revêtir de ses Lettres-Patentes pour qu'elle fût précisément exécutée.

La présente Délibération a été signée tant par Mgr l'Evêque Président que par Mgrs les Evêques Guasco et de Guernes; Tusoli et Olivieri, Piévans; de Cuttoli père et fils, Nobles; Trani et Quilichini, Députés du Tiers-Etat.

Signés, etc.

Dudit jour 4 Juin 1777.

Monseigneur l'Evêque Président a dit qu'une des demandes insérées dans le procès-verbal des Etats précédents avait pour objet de prier Sa Majesté de vouloir bien autoriser l'Assemblée générale à nommer un certain nombre de Jurisconsultes pour former des mémoires sur la législation en ce qui pouvait être analogue aux besoins, aux mœurs et à la constitution de cette Ile ;

Que Sa Majesté, toujours disposée à consentir à tout ce qui peut contribuer au bonheur et à la sûreté de ses Sujets, a bien voulu accorder cette demande, ainsi que MM. les Commissaires du Roi l'ont annoncé ;

Qu'en conséquence il était nécessaire de délibérer sur le nombre des Sujets à nommer pour un travail d'une telle importance, sur les honoraires qu'on devra leur attribuer, ainsi que sur les moyens à employer pour pourvoir à cette dépense ;

Que ce travail, ainsi que MM. les Commissaires du Roi l'ont observé dans la Séance d'hier, étant bien exécuté, méritait une juste récompense non seulement en raison des connaissances qu'on doit supposer dans les Jurisconsultes qui s'y appliqueront, mais encore du temps et des soins qu'il exige.

Mgr l'Evêque Président a ajouté que les Etats devaient sentir toute l'importance de ce choix ; qu'ainsi il fallait s'occuper avec zèle et impartialité de la nomination des Sujets capables d'assurer par leurs lumières, leur zèle et leur activité tous les avantages qui résultent d'une sage législation.

Sur quoi, l'Assemblée générale réitérant les expressions de respectueuse reconnaissance pour la confiance dont Sa Majesté a bien voulu l'honorer, délibérant, a arrêté que le nombre des Jurisconsultes à proposer sera de neuf, savoir, six pour les Provinces d'en deçà des monts, et trois pour les Provinces d'au delà des monts. Ayant été ensuite procédé à cette nomination par la voie du scrutin, après avoir distribué un billet à chaque Député sur lequel chacun d'eux a inscrit les noms des neuf sujets ; ces billets ayant été ouverts, vus et lus par Mgr l'Evêque Président et par MM. Olmeta et Moroni, Piévans, qui ont assisté au scrutin, on a trouvé que les suffrages ont été réglés de la manière suivante :

Pour les Provinces d'en deçà des Monts.

En faveur de MM.

Laurent Giubega . . .	quarante-six.
François Casabianca .	trente-cinq.
Paris Olmeta	trente-quatre.
François Giannettini .	vingt-huit.
Antoine Buonaccorsi .	vingt-sept.
Ignace Morelli . . .	vingt-trois.

Don Pierre Boerio . . vingt.
Paul-Baptiste Cattaneo. dix-sept.
Le Chanoine Ferdinandi. treize.
Alberti. . . . . . huit.
Belgodere de Bagnaja . cinq.
Bertolacci. . . . . cinq.
Fieschi. . . . . . quatre.
De Petriconi . . . . quatre.
Biadelli . . . . . trois.
Marc Morelli . . . . deux.
Boccheciampe . . . deux.
Montera . . . . . deux.
De Castelli . . . . deux.
Serval . . . . . . deux.
Odiardi . . . . . un.
Torchini . . . . . un.
Benedetti, Assesseur . un.
Cristofari . . . . . un.
Antoine-Michel Farinole un.
Bartolini . . . . . un.

Pour les Provinces d'au dela des Monts.

En faveur de MM.
Marc-Aurèle de Rossi . quarante-huit.
Ange-François Fozani . vingt-trois.
Cuneo d'Ornano . . . dix-huit.
Salinieri . . . . . quatorze.
L'Abbé d'Olmeto. . . douze.
De Buonaparte . . . sept.
Muselli . . . . . quatre.
Fieschi. . . . . . quatre.
Pianelli. . . . . . un.

Le plus grand nombre de suffrages pour les six Jurisconsultes d'en deçà des Monts, s'est trouvé en faveur de MM. Laurent Giubega, François Casabianca, Paris Olmeta, Giannettini, Antoine Buonaccorsi et Ignace Morelli ; et pour les trois autres Jurisconsultes d'au delà des Monts, en faveur de MM. Marc-Aurèle de Rossi, Ange-François Fozani et François Cuneo d'Ornano ; lesquels sujets, ainsi élus et nommés, devront, après que Sa Majesté aura daigné approuver leur nomination, s'assembler en cette Ville de Bastia pour s'occuper conjointement à la confection des mémoires qu'ils jugeront nécessaires pour hâter les lois décisives les plus utiles et les plus convenables à cette Ile, en s'abstenant cependant de tout ce qui peut concerner la procédure civile ou criminelle, et en se conformant entièrement à tout ce qui a été prescrit dans la Séance d'hier par Sa Majesté, et annoncé par ses Commissaires.

Les Etats ont cependant invité les Jurisconsultes ci-dessus dénommés à s'occuper avec zèle, et le plus promptement qu'il leur sera possible, de l'ouvrage confié à leur sagesse, en le réduisant au degré de perfection qui puisse répondre à l'attente générale ;

Qu'en cas de mort, maladie, absence ou autre empêchement légitime de quelqu'un desdits Jurisconsultes, ceux qui auront eu le plus grand nombre de suffrages après eux, devront les suppléer ;

Que les mémoires qu'ils rédigeront d'après leur travail seront adressés aux Commissaires nommés par Sa Majesté pour la partie de la législation qui concerne l'ordre judiciaire.

Enfin l'Assemblée générale a dit que, quoiqu'il n'y ait rien de plus juste que de donner un salaire honnête à ces neuf Jurisconsultes, obligés d'employer leur temps et leurs soins à un travail si long et si pénible, cependant, attendu l'état où se trouve actuellement le Pays, elle ne voit aucun moyen qui la mette à portée de leur offrir une récompense convenable ;

Que la plus glorieuse pour eux sera celle d'avoir mérité l'estime et la confiance du Pays pour lequel ils doivent employer leurs fatigues, et d'avoir la satisfaction d'avoir contribué par leurs lumières et leur activité au bonheur de leur patrie et aux vues toujours bienfaisantes du Souverain qui saura, en tout temps, distinguer ceux qui par leur capacité auront justifié le choix des Etats.

Après quoi la Séance a été renvoyée à après-demain, six du présent mois de juin, à neuf heures du matin.

La présente Délibération a été signée tant par Mgr l'Evêque Président que par Mgrs les autres Evêques et Députés qui ont signé la précédente de ce jour.

Signés, etc.

Séance du 6 Juin 1777

Monseigneur l'Evêque Président et Mgrs les Evêques et Députés, ci-devant dénommés, s'étant rendus dans la Salle de l'Assemblée, Mgr Santini, Evêque Président du Comité, a dit que, quoique ce Comité se soit assemblé plusieurs fois, il n'a pas encore pu être d'accord sur la rectification des prix réglés par les Commissaires des Rôles ; que le grand nombre des membres qui composent cette Assemblée est peut-être une des raisons pour lesquelles il n'a pas été possible de conclure la moindre chose sur une affaire d'une si grande importance ; qu'il serait expédient d'attribuer cette commission à un moindre nombre de Députés, et qu'il pourrait suffire d'en avoir un par Province.

Sur quoi la matière mise en délibération, il a été arrêté que les Députés qui devront s'occuper de la rectification des prix des terres et des vignes, seront Mgr de Santini et MM.

Paul Casabianca, Charles de Buonaparte, Trani, Dezio Emanuelli, le Piévan Manenti, Balestrini, Antoni, de Morlas, Maranchi et Mercure Colonna, lesquels s'occuperont, exclusivement à tous autres, de réduire les prix à telle proportion qu'ils jugeront juste et nécessaire.

La présente Délibération a été signée tant par Mgr l'Evêque Président que par Mgrs les Evêques de Guernes et Cittadella ; Pianelli et Susini, Piévans ; Gentili et Colonna, Nobles ; Balestrino et Peretti, Députés du Tiers-Etat.

Signés, etc.

Dudit jour 6 Juin 1777.

Monseigneur l'Evêque Président a dit que dans la Séance d'avant hier, après avoir été procédé à la nomination des nouveaux Jurisconsultes pour travailler à la confection des mémoires des lois de cette Ile, il serait nécessaire de faire quelque observation sur différents objets de la législation.

Sur quoi, les Etats, adhérant à la demande de la Piève de Casacconi, ont dit que les délais auxquels on est assujetti dans les instances font désirer que la durée de l'instruction soit bornée à un terme court, soit pardevant les Juges ordinaires, soit pardevant les Juges d'appel ; que cet article est très intéressant et a besoin d'un règlement relatif aux circonstances de cette Ile ;

Qu'il serait à désirer que les Jurisconsultes pussent rédiger, sous le bon plaisir de Sa Majesté, un mémoire sur l'ordre judiciaire et spécialement pour la fixation de ce terme duquel dépend la diminution de tous les frais, voyages et soins qu'un procès entraîne par sa longueur, et que ce sera une demande qui devra être insérée dans le procès-verbal des demandes des Etats à présenter par les Députés à la Cour.

Sur la demande de la Piève de Santo Pietro, Province du Nebbio, tendante à ce qu'il soit permis à tout accusé criminellement de faire ses défenses même par la voie d'un Avocat :

Les Etats, quoique toujours remplis de vénération pour la sagesse des Ordonnances que Sa Majesté a rendues pour ce Pays, hasarderaient, s'il leur était permis, de la supplier respectueusement de prescrire qu'on observât dans cette partie, les lois et usages par lesquels cette Ile a été gouvernée ; lois et usages qui sont communs non seulement à l'Italie, mais presque à tous les Royaumes de l'Europe ; que si Sa Majesté désirait un mémoire des raisons pour lesquelles le Pays voudrait qu'il fût permis aux accusés de se défendre, la commission des Jurisconsultes sera chargée de le rédiger.

Quant à la représentation de la Province de Balagne sur la notoriété qu'on désirerait qu'eussent les lois publiées et à publier en Corse, l'Assemblée générale a observé que la manière la plus sûre de la leur donner, serait de faire une nouvelle impression de toutes les Ordonnances, et d'en faire déposer une collection dans les Archives de chaque Communauté, persuadée que Sa Majesté voudra bien user de sa générosité ordinaire pour pourvoir à une dépense si utile.

MM. les Douze auxquels toute l'Assemblée s'est réunie ont représenté qu'il serait au moins nécessaire qu'on remît au Greffe des Etats un exemplaire de tous les Arrêts, Ordonnances et Lois ou Edits publiés et à publier en Corse, pour qu'on en eût une parfaite connaissance, qu'on pût y avoir recours le cas échéant, et que les Etats fussent à portée de faire, en cas de besoin, les remontrances qu'on jugerait convenables pour l'avantage du Pays.

Enfin l'Assemblée générale a invité les Jurisconsultes à s'occuper dans leur premier travail de tout ce qui concerne les mésus champêtres, en portant leur examen sur les demandes et les représentations de différentes Provinces.

Après quoi la Séance a été renvoyée à lundi, neuf du présent mois, à neuf heures du matin.

La présente Délibération a été signée par Mgrs les Evêques et Députés qui ont signé la précédente de ce jour.

Signés, etc.

Séance du 9 Juin 1777

Monseigneur l'Evêque Président et Mgrs les Evêques et Députés, ci-devant dénommés, s'étant rendus dans la Salle de l'Assemblée, Mgr l'Evêque Président a dit que l'un des droits précieux par lesquels Sa Majesté a daigné distinguer ce Pays est celui de choisir dans l'ordre de la Noblesse une Commission de douze Sujets parmi les Députés de l'Assemblée générale des Etats, qui, comme les représentants et les organes du Pays, doivent faire leur résidence à Bastia, par tour, au nombre de deux, et pour l'espace de deux mois, auprès de Nosseigneurs les Commissaires du Roi, aux charges et honneurs portés par le Règlement du 16 avril 1770, concernant les Assemblées générales de Corse ;

Que quatre de ces Sujets doivent être élus parmi les Députés Nobles des Provinces d'au-delà des Monts, et huit parmi les Députés des Provinces d'en deçà des Monts ;

Que, quoique les Sieurs de Pietri et Pozzo di Borgo représentent aux Etats le Tiers-Etat, cependant étant Nobles reconnus au Conseil Supérieur, ils peuvent être compris dans ladite Commission.

Sur quoi, ayant été procédé à cette nomination par la voie du scrutin, on a en conséquence distribué à chaque Député un billet sur lequel chacun d'eux a écrit les noms de douze Sujets, savoir, huit pour les Provinces d'en deçà des Monts et quatre pour les Provinces d'au-delà des Monts, lesquels billets ayant été ensuite ouverts, vus et lus par les Sieurs Abbés Olmeta et Moroni, Piévans, assistants au scrutin, et par le Greffier en chef, attendu l'incommodité alléguée par Mgr l'Evêque Président, on a trouvé que les suffrages ont été réglés de la manière suivante :

Pour les Provinces d'en deça des Monts.

En faveur de MM.

- Belgodere de Bagnaja . . quarante-quatre.
- de Mari. . . . . . . trente-un.
- Joseph de Sansonetti. . cinquante-deux.
- François de Sansonetti . quarante-neuf.
- de Frediani . . . . . quarante-quatre.
- de Casabianca . . . . quarante-cinq.
- de Fabiani. . . . . . quarante-six.
- de Poli. . . . . . . quarante-deux.
- de Morlas . . . . . . cinquante-neuf.
- Antoni du Cap-Corse. . quarante.
- Anfriani-Colonna . . . quarante-trois.
- de Pietri . . . . . . quarante-huit.

Pour les Provinces d'au-dela des Monts.

En faveur de MM.

- Colonna d'Ornano . . . onze.
- Dominique de Cuttoli . trente-quatre.
- Jean-Toussaint de Cuttoli. trente-quatre.
- Gentile . . . . trente-neuf.
- Michel-Ange Colonna . trente-deux.
- de Buonaparte . . . . trente.

de Cesari-Rocca . . . . quarante.
de Susini . . . . . . quarante-quatre.
Pozzo di Borgo . . . vingt-neuf.

Ainsi on a trouvé le plus grand nombre de suffrages pour les huit membres de la Commission d'en deçà des Monts, en faveur de MM. Joseph et François de Sansonetti, de Frediani, de Casabianca, de Fabiani, de Morlas, Anfriani-Colonna et de Pietri ; et pour les quatre des Provinces d'audélà des monts, en faveur de MM. de Cuttoli fils, Gentile, de Cesari-Rocca, et de Susini, pour jouir de tous les droits, honneurs, prérogatives et émoluments attribués à leur charge et remplir les devoirs qui y sont attachés en vertu dudit règlement.

Lesquelles nominations et élections ont été acceptées par MM. Joseph et François de Sansonetti, de Frediani, de Casabianca, de Fabiani, de Morlas, Anfriani-Colonna, de Pietri, de Cuttoli fils, Gentile, de Cesari-Rocca et de Susini ici présents, avec promesse de remplir exactement les fonctions de leur ministère, en se conformant à tout ce qui leur est prescrit par le susdit règlement.

Contre laquelle nomination et élection MM Belgodere de Bagnaja et Colonna d'Ornano, Douze actuels, assistants aux Etats, ont protesté comme faite irrégulièrement, attendu qu'on a trouvé des billets qui ne contenaient pas le nombre entier des douze sujets qui devaient y être inscrits ; d'autres où il y avait des équivoques dans les noms, et d'autres qui en contenaient un trop grand nombre ; et enfin que l'on n'avait point observé la règle prescrite par Nosseigneurs les Commissaires du Roi et ordonnée par Mgr l'Evêque Président qui est de se tenir chacun dans son rang, de laquelle protestation Mgr l'Evêque Président a donné acte.

A laquelle protestation la nouvelle Commission des Douze Nobles s'est opposée, et a fait entendre qu'elle voyait avec surprise que MM. Belgodere de Bagnaja et Colonna d'Ornano qui ne sont dans l'Assemblée que passivement, cherchent à attaquer une élection si légitime ; que l'Assemblée générale peut être témoin de la légalité avec laquelle on a procédé à cette nomination ; sur quoi, MM. Mari, Buonaparte, Poli et Antoni, quoique Députés Nobles, et non compris dans cette élection, ont cependant déclaré n'avoir rien à opposer.

Desquelles protestations et oppositions Mgr l'Evêque Président a donné acte.

Ensuite, l'Assemblée voulant régler les mois de service que chacun de MM. les Douze doit fournir à son tour ; il a été arrêté que la réunion de deux sujets par chaque bimestre serait faite par la même Commission, qui l'a réglée de la manière suivante :

M. Joseph de Sansonetti avec M. de Morlas.
M. François de Sansonetti avec M. de Pietri.
M. de Frediani avec M. Gentile.
M. de Cuttoli avec M. de Fabiani.
M. de Casabianca avec M. de Cesari Rocca.
M. de Susini avec M. Colonna Anfriani.

Après quoi les mois ont été écrits dans six billets différents de la manière suivante :

Dans le premier billet, Juillet et Août 1777.
Dans le second, Septembre et Octobre 1777.
Dans le troisième, Novembre et Décembre 1777.
Dans le quatrième, Janvier et Février 1778.
Dans le cinquième, Mars et Avril 1778.
Dans le sixième, Mai et Juin 1778.

Lesquels billets contenant les mois et les noms de MM. les Membres de la Commission des Douze ayant été fermés et tirés au sort, on en a fait lecture ainsi qu'il suit :

MM. Joseph de Sansonetti et de Morlas pour les mois de Mars et Avril 1778 ;

MM. François de Sansonetti et de Pietri pour les mois de Mai et Juin 1778 ;

MM. de Frediani et Gentile pour les mois de Juillet et Août 1777 ;

MM. de Casabianca et Cesari Rocca pour les mois de Novembre et Décembre 1777 ;

MM. de Cuttoli et de Fabiani pour les mois de Janvier et Février 1778 ;

MM. de Susini et Colonna Anfriani pour les mois de Septembre et Octobre 1777.

Après quoi la Séance a été renvoyée à demain, dix du courant mois de Juin, à neuf heures du matin.

La présente délibération a été signée tant par Mgr l'Evêque Président que par Mgrs les Evêques de Guernes et Cittadella ; Bartoli et Manenti, Piévans ; Buonaparte et Cesari Rocca, Députés Nobles ; Adriani et Emanuelli, Députés du Tiers-Etat.

Signés, etc.

Séance du 10 Juin 1777.

Monseigneur l'Evêque Président et Mgrs les Evêques et Députés, ci-devant dénommés, s'étant rendus dans la Salle de l'Assemblée, Mgr l'Evêque Président a dit que parmi les établissements utiles et flatteurs que Sa Majesté a daigné former en Corse pour assurer sa tranquillité, celui qui concerne la création des quatre Juntes du Pays, portée par l'Edit du Roi du 15 août 1772, tient certainement le premier rang ;

Que par cette loi Sa Majesté, confiant au Pays même une partie de son autorité, fait connaître authentiquement l'opinion avantageuse qu'elle en a ;

Que ce qui rend cet établissement plus glorieux pour la Corse, c'est d'avoir donné au Pays la faculté de nommer les Commissaires de ces Juntes ; que conformément à ce qui est prescrit par l'article 3 dudit Edit, l'Assemblée générale doit s'occuper de la nomination de quatre sujets pour chaque Junte, parmi lesquels Sa Majesté se réserve d'en choisir deux pour remplir les deux places qui doivent vaquer chaque année ;

Que la manière la plus sûre pour rendre la nomination sensée et raisonnable, sera de s'en remettre en premier lieu aux Députés des différents Districts des Juntes, comme étant plus en état que personne d'avoir une connaissance plus exacte et mieux fondée du mérite des sujets à proposer ;

Que chacun de ces Députés aura à inscrire sur un billet huit sujets d'entre ceux qu'il jugera les plus capables pour la Junte de son district ;

Que ces billets passeront au scrutin de la manière ordinaire et accoutumée, et ceux des huit sujets pour chaque Junte, qui auront eu la pluralité des suffrages, seront proposés à l'Assemblée générale ;

Que chaque Député assistant aux Etats écrira sur un billet quatre des sujets parmi les huit nommés pour chaque Junte, et ceux qui par la voie du scrutin auront eu le plus de suffrages, seront réputés proposés par l'Assemblée générale. Ici Mgr l'Evêque Président a fait sentir combien il est nécessaire dans une opération si intéressante de se décider avec zèle et impartialité sur le choix des sujets capables de remplir avec éloge les fonctions que l'Edit du Roi attribue à ces Magistrats ; que dans cette circonstance l'Assemblée générale doit donner des preuves de l'empressement qu'elle a d'établir en cette Ile la tranquillité, de répondre à la sagesse des vues bienfaisantes de Sa Majesté et de mériter la continuation des grâces et des privilèges qu'elle a bien voulu accorder à ce Pays.

Après quoi, les Députés de chaque district des quatre Juntes respectives ayant écrit sur un billet les noms de huit sujets, et ces billets ayant été ouverts, vus et lus, on a trouvé que les sujets nommés sont les suivants :

Pour la Junte d'Orezza.

MM. Giuseppi	dix-sept.
Mariotti	quatorze.
Achille Murati.	quatorze.
Jean Antoni	treize.
Dominici	quatorze.
Agostini	treize.
Jean-Vito de Pietri	quinze.
François-Marie Casabianca.	douze.
Antoine-André Filippi	cinq.
Le Docteur Paul Casabianca	sept.
Mattei	dix.
Jules Casabianca.	trois.
Charles-François Pietri.	trois.
De Sansonetti, le jeune.	treize.
Raffaelli, d'Orezza	vingt.
Paul-Toussaint de Mari.	quatre.
Jacques-Antoine Albertini.	deux.
Joseph Moretti	six.
Louis-Marie Marchetti.	trois.
Paul Casabianca.	un.
Jules-Etienne Mari.	un.
Hyacinthe Galeazzi.	trois.
Jean-François Santucci.	deux.

Ange-Mathieu Marcantoni . . . . un.
Giudicelli . . . . un.
Jean-Mathieu Angeli . . . . . un.
Antoine Dias . . . . deux.
Grégoire Lanfranchi . . . . . un.
Etienne Ferdinandi . . . . . . un.
Luc-Octavi Alessandrini . . . . quatre.
Paul Santamaria . . . . . . un.
Antoine-François Casanova . . . un.
Louis Pietri . . . . trois.
Paul-Pierre Luccioni . . . . . trois.
Jacques-Toussaint de Mari . . . un.
Simon-François Bernardi . . . . un.
Nicrose Poli . . . . un.
Jean-Frédéric Romani . . . . . un.

Pour la Junte de Caccia.

MM. Jean Defendini . . . . dix.
François Grimaldi . . . . . . dix.
Decius Emanuelli . . . . . . dix.
Vincent Ariani . . . . huit.
Maraninchi . . . . neuf.
Bernardini . . . . un.
Mazzola . . . . un.
Santini . . . . un.
Jean Massoni . . . . sept.
Pierre Arrighi . . . . deux.
Antoine-Jules Vincenti . . . . un.
Jean-Valère Albertini . . . . . un.
Jean-Darius Lucchini . . . . . un.
Grégoire Grimaldi . . . . . . un.
Le Docteur Salvadori . . . . . cinq.

Carli . . . . trois.
Jean Guidoni . . . . un.
Crucien Ludovici . . . . . . un.
Charles-Antoine Anfriani-Colonna . cinq.
Antoine-François Leca-Colonna. . un.
Joseph Renucoli . . . . . . un.
Marc-Antoine Lanzalavi . . . . six.
Jean-Thomas Arrighi . . . . . quatre.
Toussaint Graziani. . . . . . un.
Jean-Mathieu Giudicelli . . . . deux.
Jean-Martin Poletti . . . . . un.
François Poletti . . . . . . un.
Dominique Grimaldi . . . . . un.
Jean Paccioni . . . . un.
Antoine-Marie Luciani . . . . un.
Jean-André Grimaldi . . . . . un.
Darius Darj . . . . un.
Paul-Jean Albertini . . . . . un.
Antoine Darj . . . . un.
Antoine-Georges Bianconi . . . un.
Antoine-Léonard Belgodere . . . un.
Don-Pierre Orsini . . . . . . un.
François Raffaelli . . . . . . un.
Jean-Thomas Mariani . . . . . un.
Ange-Mathieu Raffaelli . . . . un.

Pour la Junte de Talla.

MM. Passano . . . . sept.
Jean-Baptiste Peretti . . . . . deux.
Ange-Marie Pietri . . . . . . deux.
Joseph-Marie Virgitti . . . . . trois.
Antoine-François Casanova . . . douze.

Jean-Grégoire Ortoli . . . . . trois.
Pierre-Antoine Roccaserra . . . deux.
Le Lieutenant Pierre Susini. . . un.
Jules de Pietri . . . . un.
Jean-François Santucci . . . . deux.
Lucien Susini . . . . huit.
Jean-Noël Corazzini . . . . . douze.
Jean-Baptiste Quilichini . . . . onze.
César-Mathieu Peretti. . . . . treize.
Casella . . . . cinq.
Pierre Peretti . . . . huit.
Jules Roccaserra . . . . . . quatre.
Valère Comiti . . . . un.
Lelius-Marie Peretti . . . . . un.
François Peretti . . . . . . un.
Joseph Pianelli. . . . . . . trois.
Nicolas Battestini . . . . . . deux.
Le Docteur Marchioni . . . . deux.
Don François Filippi . . . . . un.
Joseph-Marie Alberti . . . . . trois.
Antoine-François Rostini. . . . un.
Thomas Pietri, de Ghisoni . . . un.
Laurent Natali, de Lugo. . . . un.
Zacharie Biancardini . . . . . un.
Ours-Toussaint Bonelli . . . . un.
Joseph-Marie Poli . . . . . . deux.

Pour la Junte de la Mezzana.

NM. Gentile . . . . douze.
Morati . . . . neuf.
Colonna de Leca . . . . . . dix.
Versini . . . . dix.

Dominique Leca . . . . onze.
Pozzo di Borgo. . . . . . . dix.
Tasso. . . . . quatorze.
Paganelli . . . . seize.
Jean Olivieri . . . . trois.
Pierre Costa . . . . quatre.
Dominique de Cuttoli. . . . . sept.
Antoine Tusoli . . . . cinq.
Mathieu Mattei. . . . . . . deux.
Sylvestre Peri . . . . deux.
Paul Costa . . . . trois.
François-Antoine Malgrani . . . deux.
Pierre Colonna-d'Ornano. . . . deux.
Joseph-Antoine Ornano . . . . un.
Antoine-Martin Guargualé . . . quatre.
Michel-Ange Zicavo . . . . . deux.
Alphonse Pietri . . . . . . deux.
Antoine Vizzanuova . . . . . un.
Pierre Cacciaguerra . . . . . un.
Octavius Romanetti . . . . . un.
Xavier Pozzo di Borgo . . . . un.
Jean Nesi . . . . un.
Pierre Cauro . . . . un:

Ainsi on a trouvé que les sujets qui ont eu le plus grand nombre de suffrages sont neuf pour les deux Juntes d'Orezza et de Çaccia, dont quelques-uns en ont eu un nombre égal, que les Etats ont cru devoir les laisser subsister pour ne point blesser leurs droits respectifs.

Pour la Junte d'Orezza.

MM. Giuseppi. — Mariotti. — Achille Murati. — Raffalli. — Dominici. — De Pietri. — De Sansonetti, le jeune. — Jean Antoni. — Agostini.

Pour la Junte de Caccia.

MM. Defendini. — François Grimaldi. — Emanuelli — Adriani. — Marauinchi. — Massoni. — Lanzalavi. — Salvatori. Anfriani Colonna.

Pour la Junte de Talla.

MM. Corazzini. — De Susini. — Quilichini. — Antoine-François Casanova. — Pierre Peretti. — Peretti, de Cervione. — Casella. — Passano.

Pour la Junte de Mezzana.

MM. Gentile. — Morati. — Mercure Colonna. — Versini. — Pozzo-di-Borgo. — Tasso. — Paganelli. — Dominique Colonna.

Ensuite ayant été procédé au second scrutin, et, après avoir donné séparément et distinctement à chaque Député quatre billets où l'on a inscrit le nom de quatre sujets pour chaque Junte, tirés du nombre des huit proposés pour les Juntes respectives, on a trouvé, (après l'examen de scrutin), que le nombre des suffrages a été réglé de la manière suivante.

Pour la Junte d'Orezza.

MM. Antoni, du Cap-Corse . . . . . trente-cinq.
Mariotti, de Borgo . . . . . . trente-quatre.

Achille Murati, de Murato . . . trente-cinq.
Raffalli, d'Orezza. . . . . . . trente-quatre.
De Pietri . . . . vingt-un.
De Sansonetti. . . . . vingt-sept.
Agostini . . . . vingt-huit.
Dominici . . . . vingt-huit.
Giuseppi . . . . vingt-cinq.

Pour la Junte de Caccia.

MM. Defendini . . . . quarante-six.
François Grimaldi . . . . . quarante-sept.
Emanuelli. . . . . trente-neuf.
Anfriani Colonna . . . . . vingt-neuf.
Adriani, de Corte . . . . . vingt-six.
Maraninchi . . . . vingt.
Massoni . . . . vingt-un.
Lanzalavi . . . . dix-huit.
Salvatori . . . . vingt-cinq.

Pour la Junte de Talla.

MM. Corazzini . . . . cinquante.
Casanuova . . . . quarante-un.
Peretti, de Cervione . . . . trente-huit.
Susini . . . . vingt-cinq.
Pierre Pietri . . . . vingt-sept.
Casella . . . . vingt-deux.
Passano . . . . quinze.

Pour la Junte de la Mezzana.

MM.	Morati	quarante-cinq.
	Mercure Colonna	trente-neuf.
	Pozzo-di-Borgo	quarante-un.
	Tasso	quarante.
	Gentile	vingt-sept.
	Versini	vingt-neuf.
	Paganelli	vingt-neuf.
	Leca	vingt-un.

Ainsi la pluralité des suffrages s'est trouvée :

Pour la Junte d'Orezza.

En faveur de MM. Antoni. — Mariotti. — Achille Murati. — Raffalli.

Pour la Junte de Caccia.

En faveur de MM. Defendini. — Grimaldi. — Emanuelli. — Anfriani Colonna.

Pour la Junte de Talla.

En faveur de MM. Corazzini. — Quilichini. — Casanova. — Peretti, de Cervione.

Pour la Junte de la Mezzana.

En faveur de MM. Morati. — Mercure Colonna. — Pozzo-di-Borgo. — Tasso.

Le Sieur Dominique de Cuttoli a formé opposition contre la nomination des Commissaires des Juntes de la Mezzana et Tallà, en alléguant que le scrutin a été irrégulier, et contre les ordres de MM. les Commissaires du Roi, parce que la plus grande partie sont sortis de leur place pendant le scrutin pour aller demander des suffrages, ainsi qu'il l'expose par le mémoire qu'il a mis sur le Bureau ; à la protestation du Sieur Cuttoli ont adhéré les Sieurs de Pietri, Dominici, Giuseppi, Agostini, Tusoli et Ferdinandi, Députés du Tiers-Etat, en étendant leur protestation contre toutes les autres Juntes, ainsi qu'il est constaté par le mémoire qu'ils ont mis sur le Bureau ; les sujets nommés se sont opposés à ces protestations en en faisant sentir toute l'injustice et le manque de raison, et ils ont réclamé le témoignage des Etats, desquelles protestations et oppositions Mgr l'Evêque Président a donné acte.

Après quoi la Séance a été renvoyée à demain, onze du présent mois, à neuf heures du matin.

La présente délibération a été signée tant par Mgr l'Evêque Président que par Mgrs Guasco, Evêque de Sagone, et Santini, Evêque du Nebbio ; Battistini et Alberti, Piévans ; de Susini et de Fabiani, Députés Nobles ; Defendini et Grimaldi, Députés du Tiers-Etat.

Signés, etc.

Séance du 11 Juin 1777.

Monseigneur l'Evêque Président et Mgrs les Evêques et Députés, ci-devant dénommés, s'étant rendus dans la Salle de l'Assemblée, Mgr l'Evêque Président a dit que, dans la Séance du 13 mai dernier, Nosseigneurs les Commissaires du Roi firent entendre à l'Assemblée générale que la Province de Corte avait renouvelé une demande qui avait déjà été faite plusieurs fois par différentes autres Pièves ;

Que cette demande tendait à ce que le paiement de la Subvention, attendu la rareté de l'argent, pût se faire en grains;

Que quoique Sa Majesté eût des raisons pour rejeter une perception qui, outre qu'elle mettait quelque obstacle au commerce, jetait de l'embarras dans cette partie d'administration, cependant elle paraissait disposée à s'y prêter en quelque partie, en considération de l'état actuel de la Corse ;

Que cet objet digne de la plus grande attention devrait être examiné sérieusement ;

1º Sur la nature des denrées à percevoir en paiement de la Subvention ;

2º Sur le prix à fixer à ces denrées ;

3º Sur le choix des moyens à employer pour épargner tous les embarras et les dissipations qui pourraient en résulter.

Sur quoi, la matière mise en délibération, il a été arrêté que pour jouir des dispositions favorables où est Sa Majesté de vouloir bien permettre que l'on paye la Subvention en denrées, on pourrait déterminer :

Que chaque contribuable aura l'option de payer la quote de subvention à laquelle il se trouvera imposé, en argent ou en denrées ;

Que les seules denrées à recevoir en paiement seront en cire, cocons, grains et châtaignes;

Que lorsque quelque Province, Piève ou Communauté manquerait de ces moyens, on fixerait quelque autre denrée, telle que l'huile, vin, légumes, etc., pour les mettre en état de s'acquitter de leur contribution ;

Que dans chaque Province on convoquerait dans un temps convenable une Assemblée, où seraient invités tous ceux qui voudraient s'obliger de recevoir les denrées à payer par les contribuables, en les adjugeant au plus offrant et dernier enchérisseur pour la même Province ;

Que s'il ne se trouvait dans aucune Province des adjudicataires, il serait permis à chaque Piève de faire la même adjudication et ensuite à chaque Communauté ;

Que le prix à fixer pour les denrées respectives serait réglé d'après les différentes offres, en donnant la préférence à ceux qui auraient offert le prix le plus avantageux pour les contribuables ;

Que les adjudicataires devraient s'obliger de payer dans les termes prescrits en mains des Trésoriers des Provinces respectives la somme de subvention pour le paiement de laquelle ils auront reçu des denrées, en donnant les cautions nécessaires pour l'exécution de leurs engagements ;

Que pour trouver plus facilement des adjudicataires on suppliera humblement Sa Majesté de vouloir bien donner la préférence aux Corses ou Français qui seront naturalisés pour l'entreprise des vivres et des hôpitaux, ce qui établirait le commerce, rendrait l'argent plus commun, le conserverait en Corse et serait d'un grand secours aux nouveaux sujets de Sa Majesté.

La présente Délibération a été signée tant par Mgr l'Evêque Président que par Mgrs les Evêques Cittadella et de Santini ; Emanuelli et Saliceti, Piévans ; de Poli et de Morlas, Nobles ; Corazzini et Giacobbi, Députés du Tiers-Etat.

Signés : etc.

Dudit jour 11 Juin 1777.

Monseigneur l'Evêque Président a dit que Nosseigneurs les Commissaires du Roi ont fait remettre sur le Bureau les comptes présentés par le Trésorier de la Caisse des Etats relativement à la Subvention ;

Que ces comptes doivent être renvoyés au Comité, qui a été nommé pour les examiner, et en faire son rapport aux Etats en y ajoutant les réflexions qu'il jugera convenables ;

Que Mgr de Guernes ayant présidé au Comité de l'année 1775 pour l'examen des comptes, et ayant encore travaillé sur cet objet dans les Bureaux de Versailles, il serait nécessaire de le joindre au Comité, parce qu'il pourrait répandre des lumières sur cette partie d'administration.

Sur quoi, la matière mise en délibération il a été arrêté que les comptes en question seront remis au Comité ; que Mgr d'Aleria sera prié d'y assister conjointement avec Mgr de Santini, Evêque du Nebbio et Président du Comité.

Ensuite la Séance a été renvoyée à demain, douze du présent mois, à neuf heures du matin.

La présente Délibération a été signée tant par Mgr l'Evêque Président que par Mgrs les Evêques et Députés qui ont signé la précédente de ce jour.

Signés, etc.

Séance du 12 Juin 1777.

Compliment à M. le Comte de Barrin.

Séance du 13 Juin 1777.

Monseigneur l'Evêque Président et Mgrs les Evêques et Députés, ci-devant dénommés, s'étant rendus dans la Salle de l'Assemblée, Mgr l'Evêque Président a dit que les comptes de la Subvention ayant été remis hier, il résulte de l'état général des Provinces qu'elles sont débitrices de sommes considérables dont le total se monte à environ cent quatre-vingt mille livres ;

Qu'il paraît difficile que la dette du Pays soit telle qu'on vient de la présenter ; qu'il serait nécessaire de convoquer ici promptement tous les Trésoriers anciens et nouveaux pour savoir d'eux quelles sont les sommes qu'ils ont versées dans la Caisse des Etats, de leur demander d'apporter tous leurs comptes et récépissés pour qu'on puisse reconnaître la vraie situation de la dette ou de la créance du Pays ;

Que MM. les Députés des Douze écriront aujourd'hui une lettre circulaire à tous les Trésoriers des Provinces pour se rendre à Bastia ;

Sur quoi, la matière mise en délibération, il a été arrêté que MM. les Députés des Douze écriraient aux Trésoriers de la manière proposée par Mgr l'Evêque Président, et qu'ils feront partir plusieurs exprès pour n'apporter aucun retard à l'opération des comptes.

La présente Délibération a été signée tant par Mgr l'Evêque Président, que par Mgrs les Evêques Guasco et de Guernes ; Villanuova et Leca, Piévans ; Mari et Sansonetti, Nobles ; Agostini et Dominici, Députés du Tiers-Etat.

Signés : etc.

Dudit jour 13 Juin 1777.

Monseigneur l'Evêque Président a dit que dans la Séance du 13 mai, on renvoya à l'examen du Comité le travail des Commissaires des rôles de la rectification duquel dépend l'assiette au moins provisionnelle de la Subvention ;

Que, dans la Séance du 6 du présent mois, Mgr de Santini fit observer que ce Comité étant trop nombreux n'avait point opéré ce qu'on en attendait ;

Qu'il fut arrêté de le restreindre et le réduire à dix Députés seulement, tirés des dix Provinces respectives ;

Que l'Assemblée étant dans la persuasion que ce Comité s'est occupé sérieusement de cet objet, elle était disposée à entendre le résultat de ses observations pour être en état de délibérer ce qui pourra être nécessaire pour réduire la répartition de la contribution à un principe uniforme.

Après quoi Mgr Santini, Evêque du Nebbio et Président du Comité, a dit que les opérations des Commissaires des rôles et la multiplicité des représentations qu'on fait contre elles ont occupé différentes Séances du Comité ; qu'on a lu attentivement les états présentés par le Greffier en chef et quelques fois même les rôles en original ;

Que quoique, malgré le peu de temps qu'on a eu pour les rédiger et le défaut d'une partie des notions nécessaires, les rôles des Commissaires aient été réglés avec l'ordre qu'on pouvait désirer, on voit cependant qu'ils sont en grande partie fort éloignés de la perfection convenable pour rendre le recouvrement de la subvention exempt de la complication et de l'injustice qu'on cherche à éviter ;

Que le Comité n'a point perdu de vue les objets de sa commission, mais qu'il a rencontré des difficultés presque insurmontables pour y satisfaire ;

Qu'à l'égard de la quantité des terres et vignes, il est fort difficile de connaître quelles sont les communautés trop imposées ou trop favorablement traitées, lorsqu'on n'a point une base certaine sur laquelle on puisse appuyer ce jugement ;

Que les notions générales des territoires des Communautés respectives ne sont pas assez étendues, ni assez claires pour autoriser l'Assemblée à pouvoir prononcer sur un point qui est le plus important de tous ;

Qu'il n'a donc pas été possible de faire à cet égard aucune rectification sans procéder auparavant à une revision exacte ;

Que la différence des revenus assignés aux terres et aux vignes est ce qui a fait le plus d'impression sur l'esprit des Députés chargés de les examiner ;

Qu'on a observé que les terres réputées de bonne qualité dans les parties où elles sont très médiocres par comparaison aux autres, telles que celles de Zicavo, Cozzano, Palneca, Lozzi, Casamaccioli, Corscia, Calacuccia et beaucoup d'autres, sont taxées depuis six livres jusqu'à douze de revenu annuel par mézinade, lorsque les terres réputées les plus fertiles de la Corse, telles que le sont celles d'Aleria, de Casinca, de Marana et d'autres Pièves, ne sont estimées qu'à deux, trois et quatre livres par mézinade ;

Que cette disproportion de revenu qui existe également pour toutes les autres qualités de terres a aussi lieu pour les vignes ;

Qu'on a observé que les vignes de Bastia de bonne qualité sont évaluées à deux livres par journée ; celles d'Ajaccio et de Calvi à deux livres dix sols ; de Cervione à deux livres ; de Bonifacio à trois livres, tandis que les vignes de Lama, de Gavignano, de Mezzana, de Poggio, de Scata, San Gavino, Campana, Appietto, Ste-Lucie de Viggiano, Serra de Scopamene, Casabianca d'Ampugnani, Poggio de Venaco, Bisinchi de Rostino et de plusieurs autres Paroisses, où le vin n'a qu'un prix très bas, sont calculées à quatre, cinq livres et même davantage, de revenu annuel ;

Qu'on a cherché la raison d'une disproportion si remarquable, et on a reconnu qu'elle provient en partie des différents principes, d'après lesquels les Commissaires des rôles ont réglé leur travail, et en partie des experts qui n'ont pas procédé sous le même point de vue ;

Que les Commissaires des rôles n'ont aucune part à la plus grande partie des disproportions qu'on relève;

Que l'article 31 de l'instruction des Etats derniers autorisait les Commissaires des rôles, à entendre les réclamations des Communautés et des particuliers contre les opérations des experts ; que dans ce cas, ils devaient nommer deux autres experts auxquels le Commissaire pouvait se joindre pour revoir la première expertise, et que, lorsque la revision aurait apporté du retard à leurs commissions, de nommer un troisième expert pour la revision à faire dans le terme d'un mois ;

Qu'à cette instruction on en a jointe une autre de MM. les Commissaires du Roi, qui prévoyant sagement la connivence d'une grande partie des Communautés pour cacher leurs propriétés et leurs revenus, enjoignirent aux Commissaires des rôles de reconnaître avant toute autre opération les estimations des experts, et de faire les vérifications qu'ils trouveraient convenables pour parvenir à une rectification exacte, lorsque par l'inspection oculaire des différentes terres et vignes, ils auraient trouvé de la fraude dans les estimations de la quantité, qualité et revenu ;

Que l'expérience a fait connaître que sans cette précaution les estimations des experts dans une grande partie n'auraient été d'aucune utilité ;

Que cependant ni l'une ni l'autre instruction n'autorisait les Commissaires des rôles à diminuer ni la quantité, ni les revenus fixés par les experts, quoiqu'ils eussent excédé dans leurs expertises, si les Communautés en général, ou les individus en particulier, ne réclamaient point contre leur jugement :

Que l'acquiescement de quelques Communautés, qui n'avaient peut-être pas bien entendu l'esprit de l'Arrêt du Conseil d'Etat du 30 septembre 1774 concernant la Subvention, ni l'instruction qui l'avait accompagnée pour en faciliter l'exécution, a laissé subsister les erreurs des experts, d'autant plus qu'elles croyaient que la somme à laquelle elles se trouvaient imposées, devait subsister sans aucun changement au moins jusqu'à la confection du cadastre, et que l'excédent du revenu du territoire, pourvu qu'il fût réglé d'une manière uniforme pour tous les propriétaires, ne pouvait leur apporter aucun préjudice ;

Que la dernière opération d'après laquelle on a déduit du total du revenu de la Corse la proportion de la Subvention de la sixième année, a fait connaître l'intérêt que chaque Communauté avait de faire paraître ses revenus de peu de conséquence, ce qui a donné lieu à une partie des réclamations qui ont été faites.

Mgr l'Evêque du Nebbio a ajouté qu'il a cru devoir faire toutes ces observations préliminaires pour qu'on puisse connaître combien la rectification du travail des Commissaires des rôles avait été épineuse et difficile ;

Que cependant le Comité ayant porté son attention sur la diversité des prix pour y mettre toute l'uniformité et la proportion que la circonstance exigeait, a cru qu'on aurait dû fixer les différentes sortes de prix pour les vignes et les terres suivant la différente position et les différents avantages que les Communautés de la Corse retirent de leurs produits.

Que cette division sera réglée de la manière suivante :

VIGNES.

PREMIÈRE CLASSE.

Bonnes, 2 livres, 10 sols ; Médiocres, 2 liv. ; Mauvaises, 1 liv., 10 s.

DEUXIÈME CLASSE.

Bonnes, 2 liv. ; Médiocres, 1 liv., 10 s. ; Mauvaises, 1 liv. 2 s.

TROISIÈME CLASSE.

Bonnes, 1 l., 10 s. ; Médiocres, 1 l., 5 s. ; Mauvaises, 1 l.

Que sous la première classe seront comprises les vignes de la Ville de Bastia, Ajaccio et Corte ;

Que sous la seconde classe seront comprises celles des Provinces du Cap-Corse, Nebbio, Balagne, Calvi, Pièvo de Canale, Caccia, Talcini, Marana, Casinca, Orto, Tavagna, Ampugnani, Casacconi, Moriani, Campoloro, Verde, Bonifacio, Portovecchio, Sartene, Olmeto, Viggiano, Tallà et Istria d'en bas ;

Que sous la troisième seront comprises toutes les autres de la Corse.

TERRES.

PREMIÈRE CLASSE.

Bonnes, 4 liv., 10 s. ; Médiocres, 3 liv.; Mauvaises, 1 liv. 10 s.

DEUXIÈME CLASSE.

Bonnes, 3 liv., 10 sols ; Médiocres, 2 liv., 10 sols ; Mauvaises, 1 liv., 4 sols.

TROISIÈME CLASSE.

Bonnes, 2 liv., 10 sols ; Médiocres, 1 liv., 55 sols; Mauvaises, 0 liv., 15 sols.

Que dans la première classe seront comprises les terres de la Ville de Bastia, des Pièves d'Orto, Marana, Casinca, Tavagna, Moriani, Campoloro, Verde, Serra et Opino, Pancheraccia, Giuncaggio, Antisanti, Poggio, Petroso, Lugo, de tout le Fiumorbo, de la Ville de Saint Florent et Ajaccio, de la plaine de Talavo, des Pièves de Talavo, Istria et Ornano, de Taveria, de la Piève de Viggiano, de la plaine de Baraci, de la Communauté d'Olmeto, de la plaine de Liamone appartenant à Appietto et Cinarca ;

Dans la seconde classe sont comprises les terres des Provinces de Nebbio, Balagna, à l'exception de Giussani, Calvi, celles des Pièves de Canale. Caccia, Giovellina, de Bisinchi, Pastoreccia, Valle de la Piève de Talcini, Castello, Sermano et Favalello, le restant de Rogna à l'exception de Vivario, Istria, Piève de Viggiano, Tallà, Sartene, Portovecchio, les plaines de Figari et et de Saint Martin, Ornano, Mezzana, Appietto, Alata, Cinarca et Cauro ;

Que dans la troisième classe seront comprises toutes les autres terres de la Corse ;

Que quant aux terres plantées d'arbres, le Comité trouve que la revision des revenus en est plus difficile, ne pouvant pas les comprendre sous une règle générale, parce que cela dépend de la quantité et qualité des arbres, notion qui manque soit dans les expertises, soit dans les rôles des Commissaires, qui ordinairement se sont servis de la dénomination générique de terres plantées d'arbres, expression insuffisante pour établir une base de revenu ;

Que cependant le revenu des arbres étant une partie considérable de la masse des revenus de la Corse, et étant à observer qu'il y a à cet égard une disproportion encore plus sensible que celle qui résulte des vignes et des terres, le Comité a cru que toutes les terres plantées d'arbres dans les Pièves de Casinca, Tavagna, Marana et Ampugnani d'en bas pourraient être réglées à douze livres la mézinade les bonnes, à dix livres les médiocres et à 8 livres les mauvaises ; celles de Casacconi, Ampugnani d'en haut, Orezza, Alesani, Campoloro, Verde et Serra, les bonnes à onze livres, les médiocres à neuf livres et les mauvaises à sept livres.

Les autres terres de la Corse plantées en châtaigniers, les bonnes seront à neuf livres, les médiocres à sept livres et les mauvaises à cinq livres.

Qu'à l'égard des terres plantées en oliviers, celles des Pièves de Tuani, Saint-André et des Communautés d'Avapessa, de Catteri et de Santa-Reparata, ainsi que pour le canton vers la rivière Regino de la Province de Balagna, des Communautés de Cassano, Zilia et Lunghignano de la Province de Calvi, de la Ville d'Ajaccio, des Communautés de Sorio, Pieve, Rapale et Vallecalle, de Saint-Florent, de la Province de Bastia ; les bonnes seront calculées à vingt livres, les médiocres à dix-sept livres, les mauvaises à quinze livres la mézinade. Que toutes les autres du restant de la Corse seront calculées, à dix-sept livres les bonnes, à quinze livres les médiocres et à douze livres les mauvaises par mézinade ;

Que si cette répartition n'était point admissible, on pourrait déduire le dix pour cent sur le prix réglé par les Commissaires, pourvu qu'il soit plus fort que celui qu'on vient d'indiquer, et le trouvant moindre que celui qui a été projeté jusqu'à présent, on devra l'augmenter jusqu'à ce qu'il soit porté au point fixé ;

Qu'à l'égard de la quantité, le Comité ne saurait trouver d'autre moyen que celui d'une revision ;

Que pour recueillir le fruit de cette seconde opération, il faudrait choisir trois Commissaires ;

Que ces Commissaires fussent tenus de se servir d'une mesure uniforme pour tout le Pays, en suivant d'autres règles à détailler par une instruction ;

Que la fixation des prix a été réglée après avoir rassemblé les renseignements qu'il a été possible de se procurer sur le revenu des terres et des vignes de Corse;

Que sa modicité ne doit pas surprendre parce qu'elle est en proportion des frais de culture et du prix des denrées ;

Que pour démontrer que cette fixation de prix est celle qui peut s'approcher le plus de la vérité, le Comité a fait rédiger un mémoire qui sera remis à MM. les Députés, et qui paraît satisfaire aux observations faites dans la Séance du 14 Mai, par MM. les Commissaires du Roi ;

Que comme le total du revenu de la Corse, calculé d'après les prix indiqués, ne présentera pas un objet capable de contribuer avec les deux vingtièmes seulement aux cent vingt-mille livres dues au Roi et aux autres charges du Pays, il deviendra indispensable de faire proportionnellement telle augmentation qui sera nécessaire pour le payement de la somme à laquelle le Pays sera imposé ;

Que le Comité soumet ces réflexions au jugement de l'Assemblée générale à qui il appartient de délibérer ce qu'elle croira le plus juste et le plus convenable.

Il a été présenté ensuite de la part de MM. les Députés des Provinces d'au delà des Monts un mémoire duquel ayant été fait lecture, on l'a trouvé de la teneur suivante.

Messieurs,

Les Députés des trois Provinces d'au delà des Monts, savoir, Ajaccio, Sartene et Vico, après avoir inutilement proposé différents plans pour la rectification des prix et des quantités pour chaque Province en général et pour les Pièves et Communautés en particulier, et après avoir travaillé sans fruit pour faire adopter les moyens les plus convenables de réduire la répartition de la Subvention dans la proportion des facultés de chaque individu, voyant qu'une partie de l'Assemblée, et en particulier MM. les Députés de Bastia, se refusent d'adhérer à aucune proposition, se sont trouvés dans la nécessité de mettre sous les yeux de cette Assemblée leurs surcharges, et celle-ci ne leur faisant point droit, ils protestent de nullité des délibérations, qui pourraient être contraires, en demandant acte à Mgr l'Evêque Président, et requérant que ce mémoire soit inscrit mot à mot sur le registre, et fasse partie de la délibération de ce jour, pour être mis ensuite sous les yeux de MM. les Commissaires du Roi à ce qu'ils donnent leurs ordres pour l'exécution de l'ordonnance qu'ils vont réclamer, et pour qu'ils ne laissent pas ignorer à Sa Majesté la répartition arbitraire qui résulte du travail de MM. les Commissaires des rôles, et les raisons qui viennent au secours des Provinces d'au-delà des Monts ;

Premièrement, les Députés susdits demandent l'exécution de l'article 2 de l'Ordonnance du Roi du 30 septembre 1774, en vertu duquel chaque Province devait contribuer jusqu'à la confection du cadastre pour la somme à laquelle elle était fixée par le rôle provisionnel des Etats de 1775, laquelle répartition est le produit de l'année commune sur les trois précédentes, tandis que les opérations des Commissaires des rôles n'avaient pour objet que de rectifier les produits et les quantités des possessions des individus de chaque Communauté, et de répartir, d'après eux, la quote provisionnelle que le Roi a fixée pour règle de ce qu'on payera jusqu'à l'entière confection du cadastre.

Ainsi les Provinces d'au-delà des Monts demandent non seulement l'exécution de cet arrêt pour l'année que l'on doit payer incessamment, mais encore d'être indemnisées de l'augmentation de vingt-trois mille livres environ dont elles ont été chargées par la dernière répartition, laquelle augmentation ne pouvait être faite ni par MM. les Députés des Douze, ni par le Pays, avant l'approbation de Sa Majesté, sur lequel article elles insistent et demandent qu'il soit prononcé.

En second lieu, les Députés susdits attaquent les opérations des Commissaires des rôles, et entendent qu'elles soient déclarées nulles, attendu que le sieur Pietri, supposant mal à propos qu'il devait faire monter les produits de chaque Communauté à la quote portée par le rôle provisionnel des Etats, a fait arbitrairement une augmentation générale relative audit rôle, ainsi que les Députés de la Province de Sartene offrent de faire connaître par l'examen de ses opérations, quoique sur la fin du travail s'étant aperçu de l'erreur qu'on lui a reprochée, il ait voulu faire paraître qu'il s'y trouvait des différences.

Quoique le sieur Fiorella ait fait ses opérations d'après le même faux principe, il est tombé dans des erreurs plus blâmables, ainsi que l'Assemblée Provinciale d'Ajaccio l'a déclaré dans son dernier procès-verbal de la manière suivante :

« Sur quoi, les Députés de la Pièvc d'Ajaccio, Cinarca, Mez-
» zana, Celavo et Cauro ont représenté qu'ayant fait de mûres
» réflexions sur la conduite tenue dans les Communautés
» respectives par le sieur Fiorella, et après s'être informés
» chacun dans sa partie, ils sont parvenus à connaître que
» son travail, au lieu d'avoir donné une règle d'imposition
» proportionnée aux facultés respectives, il n'en est résulté
» dans lesdites Pièves qu'une répartition odieuse, arbitraire
» et au-dessus de la valeur des productions. »

En premier lieu, ce Commissaire a obligé les Experts à force de menaces et de mauvais traitements, à faire monter les productions respectives au même taux au moins de la quote portée par le rôle provisionnel des Etats, il a fait altérer à ce sujet les originaux des expertises, qui suivant l'article 27 de l'instruction des Etats, devaient être déposés dans leur entier au Greffe des Communautés pour y avoir recours, le cas échéant, et il a fait commettre ces altérations, avant que de procéder aux convocations ordinaires et accoutumées, sans nommer de nouveaux Experts pour les revisions. Ils déclarent, en outre, que la manière avec laquelle le Commissaire en question a traité ses Concitoyens par des termes indécents et par des menaces de prison et d'exil, est trop contraire aux intentions du Gouvernement, à l'honneur de la Province et aux individus qui la composent ; que pour avoir voulu décharger à Ajaccio ses Concitoyens qui payaient la Dîme, et s'être fait diminuer sa propre quote de subvention, cela prouve suffisamment un esprit de parti et une malversation. Pour tous ces motifs et bien d'autres qu'on omet, les Députés à l'Assemblée des Etats sont autorisés à spécifier en temps et lieu les surcharges ci-dessus énoncées.

La matière mise en délibération, il a été unanimement arrêté que pour remédier à ces désordres l'Assemblée déclare les opérations du sieur Fiorella mal et indûment faites, et elle autorise les Députés à l'Assemblée générale des Etats à faire toutes sortes de réclamations pour mettre sous les yeux de Sa Majesté et du Pays l'estimation excessive à laquelle les produits de ces Pièves ont été portés, et qu'il soit ordonné que les Experts respectifs des Communautés fassent de nouvelles expertises, suivant la valeur des biens, et non pas pour parvenir au montant du rôle provisionnel ; lesquelles opérations seront sujettes à la révision d'un nouveau Commissaire, privant à cet effet le sieur Fiorella des gratifications qui lui ont été attribuées.

Les quatre autres Commissaires ayant opéré dans leurs Provinces respectives, n'ont pas pris en considération ce qui a été caché des quantités des prix et du revenu, ainsi qu'il résulte par la comparaison de ce que payaient les Provinces, Pièves et Communautés respectives suivant le rôle provisionnel, tiré de leurs propres déclarations, et ce qu'elles payent ou devraient payer suivant le travail des Commissaires des rôles. Et, en effet, est-il à présumer que la Province de Bastia, qui, d'après ses propres déclarations qui ont été déclarées infidèles soit par le Pays, soit par la lettre de M. le Marquis de Monteynard, payait cinquante-cinq mille cinq cent quarante-une livres, ne soit en état de payer que quarante-six mille quatre cent cinquante-quatre livres, et qu'Ajaccio qui payait vingt-trois mille quatre cent quarante-cinq livres, et que le même Ministre a trouvé être trop imposée, soit actuellement en état de payer trente-trois mille quatre cent vingt-six livres ; que Sartene, qui payait seulement quinze mille cent cinquante livres, soit susceptible de vingt-sept mille cent soixante-trois livres ; que Vico, qui payait cinq mille cinq cent dix-neuf livres, soit actuellement susceptible de six mille huit cent quatre-vingt-huit livres, d'autant plus que cette Province a perdu le territoire de Cargese qui était le plus étendu et le plus précieux qu'elle avait, et qui a été compris dans ses premières déclarations, quoique lesdites Provinces qui sont actuellement augmentées si excessivement aient été trouvées trop imposées jusqu'à présent?

Qu'ainsi les Députés susdits se voyant si excessivement surchargés, insistent et demandent qu'il soit accordé une revision générale de toute l'Ile aux frais des Provinces qui se trouveront le moins imposées, avec ordre aux reviseurs de suivre leurs opérations avec la plus grande précaution, et en égalisant les prix et les mesures, employant à cet effet le temps nécessaire, attendu que des opérations de cette nature ne peuvent être faites exactement dans le peu de temps que MM. les Commissaires des rôles y ont employé.

Enfin ils se plaignent de l'inexactitude avec laquelle les Provinces d'en deçà des Monts, quoique moins imposées, payent la subvention, et spécialement les Provinces de Bastia, d'Aleria, du Cap-Corse, qui ne payent presque jamais ; qu'ainsi la justice étant distributive, Sa Majesté doit permettre que les Provinces d'au delà des Monts s'abstiennent de payer la subvention, ou Elle doit donner les ordres les plus précis pour que le recouvrement général soit consommé.

Signés, etc.

Les Députés d'en deçà des Monts ont protesté contre ce mémoire faisant sentir l'injustice des prétentions des Provinces d'au delà des Monts ; que vouloir laisser subsister les répartitions de 1775 ce serait vouloir appuyer tous les vices et les disproportions qui ont obligé de recourir à une nouvelle distribution ;

Que pour mieux faire voir combien sont peu raisonnables les demandes des trois Provinces d'au delà des Monts, ils se réservent de présenter un mémoire qui mettra dans son vrai jour combien il est injuste d'employer ces expressions contre les Provinces d'en deçà des monts.

Sur quoi la matière mise en délibération, il a été arrêté sous le bon plaisir du Roi ce qui suit :

Qu'on nommera trois Commissaires Reviseurs pour rectifier le travail des Commissaires des rôles lesquels devront agir conjointement dans leurs opérations ;

Que la règle qu'ils devront suivre dans leur travail sera la même que celle qu'on observe actuellement dans les Provinces respectives, parce que si on voulait la réduire à une parfaite uniformité d'après ce que MM. les Commissaires du Roi ont annoncé dans la Séance du 14 Mai, ce serait une opération longue et difficile, et qui ne pourrait être exécutée que par les arpenteurs les plus habiles ; qu'ainsi les Reviseurs prendront en considération la diversité des dimensions et la qualité des terres et des vignes pour en régler un prix proportionné ;

Qu'en cas que les trois Commissaires Reviseurs ne s'accordent point, le sentiment uniforme de deux devra prévaloir provisionnellement, sauf aux Etats à décider définitivement ; que pour rendre utile au Pays le nouveau travail des Commissaires Reviseurs, il sera accompagné d'une instruction des Etats qui pourvoye à tous les cas qui se présenteront ; que les Reviseurs ne se borneront pas dans l'estimation des terres et des vignes à trois prix seulement, mais qu'ils donneront à chaque pièce de terre et de vigne, quoique divisées en trois classes, la différente gradation des prix qui sera nécessaire ;

Que conformément à ce qui fut ordonné par MM. les Commissaires du Roi dans la Séance du 14 mai, on devra distinguer les terres susceptibles d'être ensemencées des terres destinées au seul pâturage ;

Que les trois Reviseurs seront les sieurs Bernardin Olivese, Marc-Marie Carli de Speloncato et Jean Sale Limarola de Nebbio, et en cas de maladie ou de quelqu'autre empêchement légitime, ils seront suppléés par les Sieurs Casanova de Venaco, Astolfi de la Porta d'Ampugnani et François-Antoine Bianchi ;

Que le prix réglé par le Comité pour les terres, vignes et arbres sera adopté, et on règlera en conséquence le rôles de la subvention pour la septième année, sans cependant que la fixation de ces prix doive en aucune manière influer sur celle qui sera réglée par les trois nouveaux Commissaires Reviseurs ;

Que les Potagers et Jardins resteront au prix fixé par les Commissaires ; que quant au prix des arbres pour la rédaction des rôles de la subvention, on devra employer toute l'attention possible, pour que sous le nom de terres plantées en arbres on ne comprenne point celles qui ne contiennent que peu d'oliviers, ou de châtaigniers, lesquelles ne peuvent être comprises dans cette classe ;

Qu'à l'égard des terres susceptibles d'être ensemencées, ou de pâturages seulement, on pourra donner à ces arbres un revenu séparé ;

Que les terres plantées en orangers et citronniers seront calculées un tiers de plus de celles plantées en oliviers ;

Que les terres plantées en amandiers seront considérées comme celles plantées en oliviers ; que les terres plantées en noyers seront considérées comme celles plantées en amandiers ;

Que les châtaigniers de la Piève d'Orezza seront compris dans la troisième classe;

Que si les revenus qui résultent de ces prix ne présentent pas un objet suffisant pour payer avec les deux vingtièmes la somme à laquelle le Pays sera taxé, on l'augmentera en proportion pour parvenir à former la quote nécessaire.

MM. les Députés d'au delà des monts ont protesté contre cette délibération, réclamant l'exécution de ce qu'ils ont demandé dans leur mémoire; à laquelle protestation ont itérativement contredit MM. les Députés d'en deçà des monts; desquelles protestations et oppositions Mgr l'Evêque Président a donné acte.

De la part de M. Joseph de Sansonetti, Député Noble de la Province de Bastia, a été représenté que le prix fixé pour les vignes de Bastia et pour les orangers et citronniers était excessif; plusieurs autres Députés voulant faire d'autres opérations, l'Assemblée générale a refusé de les recevoir, sauf à eux d'adresser leurs raisons à MM. les Commissaires du Roi.

Après quoi la Séance a été renvoyée à demain, quatorze du présent mois, à neuf heures du matin.

La présente délibération a été signé par Mgrs les Evêques et Députés qui ont signé les précédentes de ce jour.

Signés, etc.

Séance du 14 Juin 1777.

Monseigneur l'Evêque Président et MM. les Evêques et Députés, ci-devant dénommés, s'étant rendus dans la Salle de l'Assemblée, Mgr l'Evêque Président a dit que dans la Séance d'hier on a pris les mesures qu'on a cru les plus convenables pour rectifier le travail des Commissaires des rôles; mais que, quoiqu'elles pourvoyent à l'indemnité de chaque Province, Piève et Communauté relativement aux prix des différentes productions, elles ne remédient cependant pas aux abus qui viennent de l'injustice de la quantité, à laquelle on les a portées, sur quoi il est nécessaire d'attendre la revision des trois nouveaux Commissaires ;

Que cependant il y a des abus qui ne sont relatifs qu'entre individus d'une même Communauté ;

Que c'est à ces abus plus fréquents et plus onéreux qu'il faut par provision apporter quelque remède ;

Que l'Assemblée générale ne sera point embarrassée dans le choix des moyens propres à pourvoir à ce désordre.

Sur quoi la matière mise en délibération, il a été arrêté que chaque Communauté s'assemblera dans le mois d'Août, d'après la permission de M. l'Intendant, pour entendre les réclamations des Contribuables qui se croiront lésés relativement aux autres ; que si la Communauté est dans le cas de connaître la validité ou le peu de fondement des réclamations, elle en fera une déclaration par un procès-verbal, mais si elle y rencontrait des difficultés, elle nommera un certain nombre de Notables, pourvu qu'il n'excède point le nombre de dix pour celles qui sont au-dessus de cent feux, et qu'ils ne soient pas moins de cinq pour les Communautés qui sont au-dessous ;

Que dans la déclaration des Communautés ou des Notables on ne pourra pas décharger un Contribuable trop chargé, sans rejeter sur les autres du même territoire qui ne seraient point imposés ou le seraient plus légèrement, la somme dont ils croiront devoir décharger le premier ;

Que pour faciliter ce travail, le Bureau des Etats délivrera préalablement un état de la quote de Subvention à laquelle chaque Communauté se trouvera taxée pour la septième année ;

Qu'il sera remis à chaque Communauté un modèle des opérations à faire par les Notables ou par les Communautés ;

Que l'opération des Communautés ou des Notables devra être faite dans tout le mois d'Août, et qu'ils en remettront le résultat au Trésorier de la Province, pour qu'il soit adressé au Bureau des Etats, pour régler les rôles en conformité de cette opération, après toutefois que M. l'Intendant l'aura approuvé.

La présente Délibération a été signée tant par Mgr l'Evêque Président que par MM. les Evêques Guasco et de Guernes ; Olmeta et Moroni, Piévans ; François de Sansonetti et de Frediani, Députés Nobles ; Mariotti et Casabianca, Députés du Tiers-Etat.

Signés, etc.

Dudit jour 14 Juin 1777.

Monseigneur l'Evêque Président a dit que MM. les Commissaires du Roi, dans la Séance du 13 Mai, ont fait entendre que différentes Pièves et Communautés avaient demandé d'être remboursées en argent des sommes qu'elles avaient payées de trop pour la Subvention de la seconde et de la troisième année ;

Que Sa Majesté, ayant reconnu la justice de cette demande, avait autorisé l'Assemblée générale à former un état général de ce que chaque Communauté doit pour les sept années échues au premier octobre 1776 : qu'en le comparant aux sommes payées jusqu'à la même époque, ou aux décharges obtenues, ou aux remises accordées par la présente Assemblée sur le bénéfice de l'abonnement, on imputerait l'excédent sur le payement des années suivantes ;

Qu'il n'est pas possible de rédiger actuellement ce rôle général, puisque celui de la septième année n'a pu être commencé que depuis la délibération d'hier, dans laquelle les Etats ayant adopté une appréciation différente de celle des Commissaires des rôles, celle-ci va apporter du changement dans toutes les Paroisses de la Corse ;

Que ce travail exige de nouveaux calculs et de nouvelles combinaisons, en sorte qu'on ne pourra en connaître le résultat que dans quelques jours ;

Que cependant les Etats pourraient prendre les délibérations nécessaires pour pourvoir à l'indemnité de ces Communautés.

Sur quoi la matière mise en délibération, il a été arrêté, qu'on formera au Bureau des Etats un état général de la somme de Subvention que chaque Communauté devait payer pendant les années échues au premier octobre 1776 ; que cet état contiendra tous les payements faits, les décharges obtenues, et les remises accordées à chacune d'elles sur l'abonnement de la Subvention, et ce qui restera dû, leur sera imputé à compte du payement des années suivantes.

La présente Délibération a été signée tant par Mgr l'Evêque Président que par Mgrs les Evêques et Députés qui ont signé la précédente de ce jour.

Signés, etc.

Dudit jour 14 Juin 1777.

Monseigneur de Santini, Evêque du Nebbio a dit qu'étant Président du Comité des comptes de la Subvention et des autres objets de détail, il n'est pas dans le cas d'assister à ces différents travaux ;

Qu'il serait convenable, pour n'apporter aucun retard aux opérations, de députer un autre Evêque pour présider au Comité qui devrait être restreint à cinq ou six sujets, attendu qu'un trop grand nombre, bien loin de pouvoir concourir à l'éclaircissement des opérations, peut y apporter de la confusion.

Sur quoi la matière mise en délibération il a été arrêté que Mgr Guasco présidera au Comité des comptes, lequel sera composé de MM. Sansonetti, Susini, Trani, Boerio et Balestrini, et que Mgr d'Aleria sera prié de s'y joindre, ainsi qu'il a été arrêté par la délibération d'hier.

Après quoi la Séance a été renvoyée à après demain, seize du présent mois, à neuf heures du matin.

La présente Délibération a été signée tant par Mgr l'Evêque Président que par MM. les Evêques et Députés qui ont signé les précédentes de ce jour.

Signés, etc.

Séance du 16 Juin 1777.

Monseigneur l'Evêque Président et Mgrs les Evêques et Députés, ci-devant dénommés, s'étant rendus dans la Salle de l'Assemblée, Mgr l'Evêque Président a dit que M. l'Intendance vient de donner communication d'une lettre de M. Dorly, Commissaire des Guerres, par laquelle il fait sentir la nécessité de réparer promptement quelques dégradations survenues au Couvent de Saint'Angelo, occupé en partie par les Troupes, dégradations que MM. les Députés des Douze ont aussi reconnues ;

Qu'il serait convenable d'entendre leurs observations.

Sur quoi, M. Colonna d'Ornano, membre de la Commission des Douze, a dit qu'ayant examiné les dégradations du Couvent Saint'Angelo, il n'en a vu aucune qui puisse être mise à la charge du Pays ; que celle de la voûte qui est la principale, provient de la vétusté du bâtiment ; que quant aux autres, elles concernent les Religieux propriétaires ;

Qu'on ne peut pas considérer ceux-ci comme les autres propriétaires de la Corse, qui au moyen d'une rétribution de dix pour cent en sus des loyers ordinaires, doivent en supporter tout le poids.

Sur, quoi la matière mise en délibération, il a été arrêté que le Pays ne devra contribuer en aucune manière aux dégradations reconnues par MM. les Députés des Douze dans le Couvent Saint'Angelo ; que celles même qui sont purement locatives doivent être à la charge des Religieux propriétaires, moyennant la rétribution du dix pour cent en sus du loyer qu'ils auraient pu prétendre justement, si, en 1772, ils n'en eussent pas fait la remise ; que s'il y avait des dégradations occasionnées par les Troupes, les régiments doivent en être responsables ; et il a été arrêté que copie de la présente délibération sera remise à M. l'Intendant.

Après quoi la Séance a été renvoyée à demain, 17 du mois courant, à neuf heures du matin.

La présente délibération a été signée tant par Mgrs les Evêques de Sagone et de Nebbio ; que par MM. Bonavita et Poli, Piévans ; de Casabianca et de Cuttoli, Nobles ; Maraninchi et Versini, Députés du Tiers-Etat.

Signés, etc.

Séance du 17 Juin 1777.

Nosseigneurs les Commissaires du Roi et MM. les Evêques et Députés, ci-devant dénommés, s'étant rendus dans la Salle de l'Assemblée, Nosseigneurs les Commissaires de Sa Majesté ont dit qu'ils avaient vu par l'expédition qui leur avait été remise des délibérations de l'Assemblée sur les élections, que quelques membres avaient fait des protestations à ce sujet.

Comme l'objet de ces protestations n'est point éclairci, ils s'attendaient que ceux qui les avaient faites, s'adresseraient à eux pour en avoir la décision, attendu que, d'après ce qu'ils ont annoncé aux Etats, l'intention de Sa Majesté est que ses Commissaires soient les seuls juges des nullités ou irrégularités qui pourraient avoir lieu contre les élections ; que n'ayant reçu à ce sujet aucune représentation et étant nécessaire qu'ils soient particulièrement instruits de la manière avec laquelle on a fait les élections et des motifs sur lesquels on établit les protestations, ils demandaient à l'Assemblée de s'expliquer en détail sur tout ce qui s'était passé, pour pouvoir prononcer en connaissance de cause sur les protestations qui avaient été faites.

Sur quoi, Nosseigneurs les Commissaires du Roi ayant entendu le rapport et le vœu de l'Assemblée générale et les raisons des protestations faites contre l'élection de la Commission des Douze et des Sujets des quatre Juntes, ont prononcé que l'opposition qui avait été faite de la part des deux Députés des Douze assistants au Bureau, n'était point recevable, n'ayant ni voix active, ni passive aux Etats, ni dans aucune des délibérations qui y sont prises ; en conséquence ils ont déclaré et arrêté que l'élection de la Commission des Douze Nobles avait été légitimement et validement faite ;

Quant à la nomination des Commissaires des Juntes, l'Assemblée générale ayant fait connaître qu'elle avait été faite légitimement, et que les oppositions faites contre elle par quelques membres de l'Assemblée ne sont pas soutenables, Nosseigneurs les Commissaires du Roi ont déclaré et statué que cette nomination était valide et légitime et que, les protestations qu'on a faites contre elle n'avaient aucune force ni valeur.

La présente Délibération a été signée tant par Nosseigneurs les Commissaires du Roi que par Mgrs les Evêques d'Ajaccio et de Sagone ; par MM. Olivieri et Tusoli, Piévans ; Gentili et de Cuttoli, Nobles ; Colonna de Leca et Versini, Députés du Tiers-Etat.

 Signés, etc.

Dudit jour 17 Juin 1777.

Monseigneur l'Evêque Président (Nosseigneurs les Commissaires du Roi s'étant retirés) a dit que l'un des objets qui intéressent le plus le Pays est celui de la Subvention ;

Que les Etats ne s'appliqueront jamais assez à en rendre la perception claire et la moins onéreuse qu'il soit possible au Peuple ;

Que cette année le Pays a plus besoin que jamais de provoquer la bienfaisance du Roi, pour solliciter de son cœur paternel quelque remise ;

Que de tous les côtés de la Corse on entend annoncer des dommages considérables occasionnés par les pluies de l'hiver, par la sécheresse du printemps et par la grêle de l'été ;

Que la stérilité des récoltes est générale dans toute l'Ile ;

Que la rareté de l'argent en Corse se rend de jour en jour plus sensible, et que par conséquent les difficultés de payer la Subvention se multiplient ;

Que quoique les contribuables fassent tous leurs efforts pour payer en entier ou en partie la quote de Subvention à laquelle ils se trouvent imposés, plusieurs cependant manquent de moyens pour satisfaire à leur dette, quoique animés de la meilleure volonté ;

Que ce qui consterne toujours plus la Corse c'est, qu'outre

les sommes dues sur les six années mises en recouvrement, elle se voit arriérée de deux années entières qui sont celles du premier octobre 1775 au premier octobre 1777 ;

Que tous ces objets méritent la plus grande attention de la part des Etats à qui le Peuple a confié ses intérêts.

Sur quoi, la matière mise en délibération, l'Assemblée générale délibérant a arrêté de mettre respectueusement sous les yeux de Sa Majesté, que l'expérience fait connaître de jour en jour combien il est difficile et presque moralement impossible de retirer du revenu des terres la somme de cent quatre-vingt mille quatre cent livres par an, et ce qu'il faudra y joindre pour satisfaire aux charges du Pays ;

Que la rareté de l'argent est telle qu'il faut prendre des gages d'une partie des contribuables, et les dépouiller des meubles de première nécessité, gages qui ordinairement sont de peu d'utilité, attendu qu'on ne trouve point à les vendre, de sorte qu'une partie de la Subvention reste toujours sans être recouvrée, les charges du Pays non payées, et les dettes multipliées avec peu d'apparence de les acquitter ;

Que pour pourvoir à tous ces inconvénients, le Pays désirerait que la Subvention sur les terres, vignes et arbres fût bornée aux deux seuls vingtièmes, résultant du travail des Commissaires des rôles, ou des prix réglés par les Etats.

Les Députés des trois Provinces d'au delà des Monts ont déclaré qu'ils ne voulaient pas adhérer à cette proposition si elle pouvait apporter quelque atteinte à leur mémoire et à leurs oppositions au travail des Commissaires des rôles.

Et de la part de MM. les Députés d'en deçà des Monts il a été répliqué que la présente demande subsisterait dans les termes précis dans lesquels elle a été rédigée, et ils en demandent l'exécution :

Et si on ne pouvait espérer cette grâce, que ce qu'il fallait de plus pour suppléer aux charges du Pays soit rapporté sur les autres objets au choix des Etats pour en rendre la perception plus facile et moins onéreuse ;

Qn'un autre objet sur lequel les Etats réclament les bontés du Roi, est celui de mettre la Corse au courant pour le payement de la Subvention ;

Qu'au premier octobre prochain l'Ile serait débitrice de deux années, puisque la septième année qu'on devra dans peu mettre en recouvrement, sera du premier octobre 1775 au premier octobre 1776, ainsi il reste toujours une année à recouvrer ; qu'on peut dire qu'elle ne le sera jamais, attendu qu'il n'est pas possible que la Corse contribue deux années en même temps.

Que ce vide de deux années ne fait que répandre de l'obscurité dans la perception, et causer de la peine aux personnes sujettes à la contribution qui se voient toujours en retard d'une année, outre celle qui est en recouvrement, sans aucune utilité pour la caisse du Pays ;

Que pour y remédier Sa Majesté sera suppliée humblement de vouloir bien faire remise d'une année, qui pourrait être celle du premier octobre 1775 au premier octobre 1776, et que les rôles qu'on mettra en exécution seront intitulés pour l'année du premier octobre 1776 au premier octobre 1777, et ainsi on procédera à l'avenir, en exigeant immédiatement la Subvention de l'année précédente ;

Que Nosseigneurs les Commissaires du Roi, toujours disposés à faire tout ce qui peut contribuer à l'avantage de ce Pays, s'étaient portés à demander que l'abonnement actuel des cent vingt mille livres de la Subvention, marqué au coin de la modération, fût prolongé jusqu'au premier octobre 1779, que Sa Majesté s'était prêtée à la demande qu'ils lui en avaient faite ;

Que l'Assemblée générale réclame respectueusement de la munificence du Roi une prolongation de cette grâce pour l'espace de dix années ;

Qu'après ce laps de temps la Corse pourrait avoir acquis dans l'agriculture quelque accroissement sensible, et par conséquent être en état de payer une contribution proportionnée à toutes les dépenses que Sa Majesté ne cesse de faire pour la régénération de ce Pays ;

Qu'en outre Sa Majesté sera humblement suppliée de prendre en considération la misère actuelle de la Corse, et de venir à son secours en lui faisant une remise de l'année qu'on doit mettre en recouvrement dans peu de mois ;

Qu'on suppliera Sa Majesté de vouloir bien observer que la superficie cultivable de la Corse n'est pas même la troisième partie de ce que présente la carte topographique ;

Que le défaut de bras et d'argent fait que la partie même cultivable reste inculte, ou au moins d'un produit très-modique ;

Que la Corse n'a eu le bonheur d'appartenir à la France qu'après quarante ans de guerre qui ont contribué à sa destruction, et ont fait verser des torrents de sang, qui ont mis le sceau à l'empressement que ses habitants ont eu d'être sujets de Sa Majesté ;

Que cette époque heureuse, qui a toujours été désirée par nos aïeux, aurait été celle de la fin de nos malheurs, si elle ne nous avait pas trouvés dans un état d'épuisement ;

Que les incursions des bandits qui exerçaient leur rage dans tous les endroits et sur toutes personnes, n'ont pas laissé que d'augmenter l'indigence du Peuple ;

Que dans ces circonstances les habitants ne pouvaient pas cultiver leurs terres sans danger ; que ces malheurs n'ont cessé qu'en 1775 ;

Que néanmoins le Peuple a toujours fait les derniers efforts pour donner des preuves authentiques de sa bonne volonté, puisque d'après ce que MM. les Commissaires du Roi ont annoncé, le total de la dette du Pays sur toutes les années ne forme pas même le montant d'une année entière de ce que le Pays doit payer, attendu que la plus grande partie des Provinces ne sont en retard que de petites sommes ;

Que l'année 1773, ayant été très stérile dans toute l'Ile pour toute espèce de denrées, la plus grande partie des habitants se sont trouvés manquer du nécessaire ;

Que la récolte de la présente année, à cause des pluies abondantes de l'hiver dernier, de la sécheresse du printemps, et de la grêle tombée ces jours derniers, est encore plus mauvaise que celle de 1773 ;

Que ces raisons doivent certainement attendrir le cœur paternel de notre Auguste Monarque ;

Qu'il y a une raison de plus, qui est celle de son heureux avènement au Trône de ses glorieux aïeux, puisque son couronnement eut lieu en 1775, qui est précisément l'année dont on demande la remise pour la Subvention.

En outre, les Etats voulant pourvoir à ce que les poursuites faites pour le recouvrement de la Subvention ont eu d'onéreux pour les contribuables pauvres, il a été arrêté que sous le bon plaisir de Sa Majesté, on n'expédiera aucune garnison dans les mois de mai, juin et juillet, parce que, outre que ce sont des mois où il y a de plus grandes misères, le Peuple est répandu dans la campagne et occupé à faire les récoltes ;

Qu'en outre on ne pourra point prendre pour gages sur les contribuables en retard les instruments d'agriculture ni les meubles de nécessité absolue, tels que le lit ou le vêtement ;

Que MM. les Députés à la Cour seront chargés d'appuyer avec zèle les présentes demandes qui leur seront remises avec toutes les autres demandes.

Et Nosseigneurs les Commissaires du Roi en qui les Etats ont mis avec raison une entière confiance seront priés de vouloir bien interposer leurs bons offices auprès de Sa Majesté, pour implorer de son cœur les grâces qu'on demande.

La présente délibération a été signée tant par Mgr l'Evêque Président ainsi que par MM. les Evêques et Députés qui ont signé les précédentes de ce jour.

Dudit jour 17 Juin 1777.

Monseigneur l'Evêque Président a dit que Mgr Guasco, nommé Président du Comité des comptes, a donné des raisons assez valables pour ne point y assister, et qu'en conséquence il désire d'en être dispensé.

Sur quoi, les Etats délibérant ont arrêté que Mgr de Sagone sera dispensé de présider le Comité des comptes, et que Mgr du Nebbio y suppléera ; mais comme il ne pourrait pas assister en même temps au premier Comité, il a été arrêté que Mgr Guasco présidera ce dernier.

Après quoi la Séance a été renvoyée à demain, dix-huit du mois courant, à neuf heures du matin.

La présente Délibération a été signée tant par Mgr l'Evêque Président que par MM. les Evêques et Députés qui ont signé les précédentes de ce jour.

Signés : etc.

Séance du 18 Juin 1777

Nosseigneurs les Commissaires du Roi et MM. les Evêques et Députés, ci-devant dénommés, s'étant rendus dans la Salle de l'Assemblée, Nosseigneurs les Commissaires du Roi ont dit que la Piève de Pino a demandé qu'il fût permis aux Huissiers des Communautés d'exercer leurs fonctions dans les diverses Communautés d'Olmi et Pino ;

Que les Pièves d'Ampugnani et de Tavagna ont réduit cette

demande aux cas où l'Huissier d'une Communauté étant malade, on pourrait le remplacer par l'Huissier de la Communauté voisine ;

Que la Piève de Tavagna a été jusqu'à demander que les Huissiers des Communautés pussent signifier les Arrêts du Conseil Supérieur.

Nosseigneurs les Commissaires du Roi ont dit qu'il était bien évident que dans cette dernière demande on n'avait pas mis en considération l'importance du ministère que les huissiers exercent, quand ils signifient et exécutent des Arrêts qui décident souverainement et en dernier ressort de l'état des Citoyens, et que l'article 6 de l'Edit de juin 1771 allait jusqu'où il était possible d'aller en laissant aux huissiers des Juridictions Royales la concurrence avec les huissiers du Conseil Supérieur pour la signification des Arrêts de ce Tribunal hors des limites de la Juridiction de Bastia ;

Que quant aux procédures de première instance, dont la signification était accordée aux huissiers des Communautés, soit exclusivement pour tous les actes de la Juridiction des Podestats, soit concurremment avec les huissiers des Justices Royales pour les jugements qui s'y rendent, il était juste de limiter le pouvoir pour chaque huissier de Communauté aux limites mêmes de la Communauté, sauf s'il était malade, à faire commettre un autre par le Juge.

Dudit jour 18 Juin 1777.

Nosseigneurs les Commissaires du Roi ont dit que sur la demande faite par la Piève de Tuani, Province de Balagne, que le Podestat-Major de la Piève pût juger jusqu'à concurrence de 100 livres, l'intention de Sa Majesté n'était pas d'attribuer aucune Juridiction aux Podestats-Majors, ni de placer aucun intermédiaire entre les Justices Royales et les Podestats des Communautés pour les causes qui leur étaient attribuées ;

Que la Piève de Pino ayant demandé que les particuliers qui se trouvent dans le cas d'aller plaider à Calvi ne fussent point obligés de porter leurs placets au Juge Royal de la Juridiction, un jour avant l'audience ; ils déclaraient que cette demande devait être expliquée pour qu'on pût y répondre.

Dudit jour 18 Juin 1777.

Nosseigneurs les Commissaires du Roi ont dit que la Piève de Vico avait demandé que les expéditions des Sentences fussent délivrées en langue Italienne ; qu'elles ne pouvaient être délivrées que dans la même langue dans laquelle elles étaient rendues, et que, comme les Arrêts et Sentences se rendaient au nom et à la décharge du Roi, la langue Française était la seule qui pût convenir à cet usage et devait devenir la langue dominante ;

Que Sa Majesté voulant bien permettre que, conformément au Statut Civil, chacun pût plaider sa cause, cette disposition entraînait la nécessité de laisser plaider en Italien ceux qui ne parlaient pas le Français avec facilité ; mais que cette tolérance ne pouvait aller au delà, et que la Justice devait se rendre en Français tant au Conseil Supérieur qu'aux Juridictions Royales, sauf l'usage de la langue Italienne pour les jugements de Podestats.

Dudit jour 18 Juin 1777.

Nosseigneurs les Commissaires du Roi ont dit que la Province d'Ajaccio et la Piève de Sorroinsù, Province de Vico, avaient demandé l'établissement à Ajaccio d'un Présidial qui jugeât sans appel toutes les causes de la valeur de dix mille livres ;

Que Sa Majesté avait rejeté cette demande ;

Que la même Piève de Sorroinsù avait demandé que les Officiers de Justice Corses reçussent les mêmes appointements que les Français ;

Que l'intention de Sa Majesté était que toutes les Assemblées tant générales que particulières s'abstinssent absolument de traiter tout ce qui pouvait intéresser le sort, les appointements ou les prérogatives de ses Officiers de Justice qni ne devaient les tenir que de Sa Majesté, sans admettre qu'aucun Justiciable pût sous quelque prétexte que ce fût, proposer de faire recevoir dans aucune des Assemblées des changements, pour ou contre le traitement qu'il plaisait au Roi de leur faire ;

Que la Piève de Talcini, Province de Corte, a demandé que Sa Majesté daignât accélérer la résidence du Conseil Supérieur, ainsi que celle de l'Evêque d'Aleria dans la Ville de Corte ;

Que cette demande coustamment répétée, et rejetée dans toutes les Assemblées, n'en était pas plus réfléchie, qu'elle était impraticable dans le fait, et que quand Corte serait en état de recevoir des établissements de cette nature, il serait temps d'examiner le droit qu'elle pouvait y avoir.

Dudit jour 18 Juin 1777.

Nosseigneurs les Commissaires du Roi ont dit que la Piève de Canale, Province de Bastia, a demandé d'être du ressort de la Junte de Caccia, au lieu d'être comprise dans celle d'Orezza dont elle prétend être trop éloignée ;

Que la Province d'Aleria a réitéré la demande de transférer la Junte de Tallà dans un lieu plus à portée des Communautés de son ressort, ou qu'elle changeât de résidence de quatre mois en quatre mois, en déterminant les endroits où elle devait résider ;

Qu'une des réponses du Roi au cahier de la dernière Assemblée annonce une déclaration de Sa Majesté pour placer la Junte de Tallà dans dans le lieu de son district qui sera reconnu le plus convenable ;

Que les Etats étaient invités de fournir leurs mémoires sur les arrondissements des quatre Juntes, en cas que ces établissements fussent maintenus, et que sur le compte que la Commission en rendrait, Sa Majesté donnerait la déclaration annoncée par ses réponses.

Dudit jour 18 Juin 1777.

Nosseigneurs les Commissaires du Roi ont dit que les Provinces de Saint-Florent et de Corte ont demandé un tarif pour les honoraires des Notaires ;

Que ce tarif promis à la dernière Assemblée entrait dans

le plan qui embrasse toute la législation de la Corse, et qu'on s'en occupait ;

Que la Province du Cap-Corse a demandé que toutes les minutes d'actes des Notaires qui se trouvaient hors du Pays où les actes ont été reçus, fussent remises par ceux qui en sont possesseurs aux Notaires des Pays respectifs dont ces minutes avaient été tirées ;

Que cette demande ne s'entendait pas ;

Qu'il y avait des précautions prescrites par le chapitre 52 du Statut Civil pour la conservation des minutes des Notaires après leur décès ; qu'il y en avait de réglées par l'Edit de 1771, concernant les procédures civiles ;

Que si ces loix n'étaient pas exécutées, il fallait se pourvoir pardevant les Juges qui devaient en connaître, et que s'il y avait des perfections à ajouter à ces mêmes loix, il fallait s'expliquer.

Dudit jour 18 Juin 1777.

Nosseigneurs les Commissaires du Roi ont dit que la Piève d'Ampugnani a demandé qu'il plût au Roi valider par son autorité les actes passés depuis 1728 jusqu'en 1729 auxquels de toutes les formalités prescrites par le Statut Civil ou par les loix du Pays, il ne manquait que l'autorisation du Magistrat que les troubles avaient empêché de se procurer ;

Que cette demande était d'autant plus digne d'attention qu'elle réservait contre les mêmes actes les actions qui pourraient compéter aux particuliers qui auraient déjà réclamé ou en jugement ou extrajudiciairement ;

Qu'en conséquence les Etats avaient à la faire comprendre dans celles dont les Jurisconsultes qu'ils ont nommés auront à s'occuper (1).

Dudit jour 18 Juin 1777.

Nosseigneurs les Commissaires du Roi ont dit que la Province de Balagne a demandé qu'il soit établi dans la Province un marqueur public sous les ordres de M. l'Intendant Commissaire départi pour vérifier tous les poids et mesures avec la marque du Roi ;

Que suivant les réponses de Sa Majesté au cahier, il serait fait à ses frais douze matrices de différentes mesures lesquelles seraient déposées au Greffe du Conseil Supérieur et des douze Juridictions Royales ;

Que le Roi était disposé à établir un ou deux marqueurs jurés, hommes experts et honnêtes qui seraient chargés de vérifier sur lesdites matrices et de marquer toutes les mesures dont on se servirait dans le Pays, et qui pour la facilité du commerce, pourraient faire dans un certain temps de l'année leur tournée dans l'Ile, moyennant une rétribution raisonnable qui serait fixée par l'Arrêt de leur établissement ;

Que la connaissance des faux poids et des fausses mesures appartenait aux Podestats et aux Juges.

---

(1) Il sera publié une déclaration pour valider les actes passés pendant les troubles auxquels on ne pourra reprocher que le défaut de l'homologation du Juge.

Dudit jour 18 Juin 1777

Nosseigneurs les Commissaires du Roi ont dit que la Piève d'Ampugnani, Province de Bastia, a demandé qu'il fût fait une nouvelle édition aux frais du Pays de toutes les lois civiles et criminelles qui ont été publiées en Corse, afin que les Juges, Avocats et Procureurs pussent s'en pourvoir ;

Que les Pièves de Calvi, Pino et Olmi ont demandé que le Roi voulût bien accorder qu'il fût composé un Code contenant les Ordonnances rendues par Sa Majesté dans l'Ile et les divers chapitres du Statut Corse dont l'exécution est maintenue ;

Qu'on travaillait à Paris à l'Imprimerie Royale à une édition en Français et en Italien des Edits, Ordonnances et Arrêts publiés en Corse depuis la réunion de l'Ile ;

Qu'il en serait envoyé un certain nombre d'exemplaires aux frais de Sa Majesté, au Conseil Supérieur et aux Juridictions Royales ;

Que le surplus de l'édition serait mis dans le commerce, afin que chacun pût s'en pourvoir ;

Qu'on a eu soin dans cette édition de rappeler les dispositions du Statut Civil sur la procédure civile qui étaient abrogées ou maintenues.

Dudit jour 18 Juin 1777.

Nosseigneurs les Commissaires du Roi ont dit que l'Assemblée avait vu par la réponse de Sa Majesté sur la demande de la Piève de Nonza qu'elle voulait bien admettre que cette Piève fût réunie à la Juridiction de Saint-Florent pour l'administration de la Justice seulement et sans cesser d'être de la Province du Cap-Corse sous tous les autres rapports par lesquels elle en fait partie ;

Qu'on avait renouvelé les observations, faites ci-devant, sur les embarras qui résultaient pour le plus grand nombre des Pièves et des Communautés de la Province de la résidence des Officiers de la Justice Royale du Cap-Corse à Rogliano qui se trouvait à une des extrémités ; qu'on avait observé qu'un des effets de ces réclamations avait été de suspendre jusqu'ici les frais nécessaires pour la construction de l'Auditoire, du Greffe et des prisons civiles de cette Juridiction, qui en manquait absolument, en sorte que son siège à Rogliano entraînait pour elle le double inconvénient d'être éloignée de la plupart de ses justiciables et de n'être point arrangée convenablement ;

Qu'il serait temps d'y pourvoir, et comme en plaçant la Juridiction au milieu de la Province du Cap-Corse, par exemple à Luri, la demande de la Piève de Nonza serait sans objet, puisqu'elle se trouverait aussi près de ses Juges, sans sortir de la Province, qu'elle le serait à présent en la réunissant au ressort de la Juridiction de Saint-Florent.

Nosseigneurs les Commissaires du Roi ont dit que Sa Majesté permettait à l'Assemblée de donner son avis sur le lieu dans lequel il lui paraît plus convenable d'établir définitivement la Juridiction du Cap-Corse, et que pour mettre les Etats à portée de prendre sur cet objet une détermination en connaissance de cause, ils remettaient sur le Bureau un mémoire qui leur avait été adressé en opposition à la translation de la Juridiction et qui était présenté par les Officiers Municipaux des Communautés de Rogliano, Ersa, Centuri, Morsiglia, Tomino et Meria.

Sur quoi, l'Assemblée générale, recevant avec soumission

tout ce que Nosseigneurs les Commissaires du Roi viennent d'annoncer de la part de Sa Majesté, a promis qu'elle se fera un devoir de s'occuper de l'examen de tout ce qui peut mieux convenir à l'intérêt des Peuples, soit pour les arrondissements des Juntes que pour la translation du siège du Cap-Corse.

La présente Délibération a été signée tant par Mgrs les Commissaires du Roi que par Mgrs les Evêques d'Ajaccio et de Sagone ; Pianelli et Susini, Piévans; Colonna et Cesari Rocca, Nobles; Giuseppi et Raffaelli, Députés du Tiers-Etat.

Signés: etc.

Dudit jour 18 Juin 1777

Nosseigneurs les Commissaires du Roi ont dit que les Députés à la Cour avaient paru disposés à croire qu'une augmentation au profit de Sa Majesté sur le prix du sel, pourrait au besoin remplacer les droits de Douane ;

Que cette imposition approfondie ne présentait que des inconvénients plus grands que ceux auxquels on voudrait remédier ;

Que pour remplacer les profits des Douanes avec le prix du sel, il faudrait qu'il fût presque triplé ; que ce serait surcharger une consommation nécessaire, faire tomber directement l'imposition sur les habitants de la campagne, priver l'agriculture des ressources qu'elle trouve dans cette denrée, et surtout en provoquer la contrebande dans un Pays où elle est facile à pratiquer par la multitude de ses rades et la nature de ses chemins, tandis qu'il est encore plus désagréable qu'ailleurs d'avoir à la punir ;

Qu'il serait donc d'autant plus inutile aux Etats de s'occuper de spéculations de cette nature, qu'elles ne feraient que consommer un temps qui pourrait être employé à des affaires plus importantes.

Dudit jour 18 Juin 1777.

Nosseigneurs les Commissaires du Roi ont dit que les Etats de 1775 avaient répété ce que les Assemblées précédentes avaient dit sur la qualité du sel qui se débitait en Corse ; qu'il avait été répondu aux cahiers précédents qu'il serait bien nécessaire que des plaintes de cette nature fussent au moins accompagnées de quelques preuves capables de constituer en faute le débitant chez lequel le sel aurait été délivré ; que jusqu'ici on n'avait vu aucune preuve de cette nature, que tout s'était réduit à des déclamations vagues qui supposaient des mécontentements sans motifs ;

Que cependant Sa Majesté avait bien voulu par une de ses réponses au dernier cahier prévenir les Etats qu'il allait être pris des mesures plus précises encore que celles qui avaient été adoptées jusqu'ici, pour rendre plus impossible un abus de cette nature, ou pour en assurer la preuve s'il arrivait, et en accélérer la réparation ;

Que les Subdélégués de l'Intendance seraient commis dans les Provinces pour recevoir les plaintes qui pourraient leur être portées par les parties auxquelles on aurait délivré du sel mélangé ou vicié en quelque manière que ce fût ; qu'ils constateraient les corps du délit, et qu'ils en dresseraient des procès-verbaux sur lesquels le sieur Intendant Commissaire, départi, prononcerait les peines encourues par les délinquants, en vertu de la déclaration qui lui en attribue la juridiction et les condamnerait aux dommages et intérêts envers les parties qui seraient reconnues en avoir souffert ; que, comme les Subdélégués étaient d'ailleurs chargés de constater l'état du sel au moment de son débarquement, et de suivre la police des magasins et greniers, on devait attendre de leur zèle et de leur vigilance qu'il n'y aurait plus de fondement à aucune plainte.

Dudit jour 17 Juin 1777.

Nosseigneurs les Commissaires du Roi ont dit que la Piève de Portovecchio demandait qu'il fût établi à Portovecchio un magasin de sel au même prix qu'à Bonifacio, la Communauté se chargeant du magasin ;

Que cette demande s'était présentée toutes les années, qu'elle ne pouvait que recevoir toujours la même réponse ; que la Piève de Portovecchio était la maîtresse d'établir un regrattier aux conditions qui avaient été ci-devant établies, et que plusieurs autres Pièves avaient acceptées ;

Que c'était à la Piève de Portovecchio et à toutes celles qui étaient dans le même cas à prendre le parti qu'elles jugeraient le plus convenable à leurs intérêts et à leurs moyens, mais que le Gouvernement ne pouvait pas faire les frais d'un plus grand nombre de magasins et de receveurs que ceux qui se trouvaient établis.

Sur quoi l'Assemblée générale a témoigné sa plus respectueuse reconnaissance pour les sages précautions qu'on va prendre, afin d'assurer la bonne qualité du sel et empêcher toute malversation.

La présente Délibération a été signée tant par Mgrs les Commissaires du Roi que par MM. les Evêques et Députés qui ont signé la précédente.

Signés: etc.

Dudit jour 18 Juin 1777.

Nosseigneurs les Commissaires du Roi ont dit que la dernière Assemblée des Etats a demandé qu'il plût à Sa Majesté de supprimer les Douanes, sauf à délibérer sur le meilleur moyen de remplacer leur produit net ; que la réponse du Roi porte que tous les droits d'entrée et de sortie seront maintenus en Corse, tels qu'ils s'y trouvent établis par les Ordonnances, sauf les changements et modifications dont l'expérience pourra découvrir la nécessité ;

Que cette réponse a deux parties : 1° qu'elle maintient le principe d'une imposition sur les consommations : 2° Qu'elle admet les modifications qui seront reconnues nécessaires et pour la plus grande perfection ;

Que les Etats ont senti qu'ils ne pouvaient pas proposer au Roi l'abandon des produits que donnent aujourd'hui les Douanes sans les remplacer par une autre imposition, et qu'ils en ont fait l'offre ;

Que les Députés à la Cour avaient cru qu'il s'agissait uniquement de calculer combien les Douanes ont rendu jusqu'ici, d'en constater le produit net, déduction faite des frais de régie, et de faire porter annuellement le produit dans la Caisse Civile, en laissant aux Etats le choix des moyens les plus propres à les procurer ;

Que c'était l'objet d'un premier mémoire présenté, au mois d'Avril de l'année dernière, par lequel ils ont entrepris d'établir qu'il serait facile et avantageux de remplacer en Corse l'imposition des Douanes ;

Que pour établir les avantages de leur proposition, ils ont posé en principe que tout droit de Douane était destructif de l'agriculture et du commerce, qu'ils ont posé en fait, que les droits de Douanes étaient exorbitants, arbitraires et abusifs ;

Que pour prouver que leur projet serait d'une exécution facile, ils ont promis des mémoires particuliers sur la manière de porter la Subvention nouvelle à un produit non seulement égal au produit réuni de la Subvention actuelle et des droits des Douanes, mais capable de décharger en outre Sa Majesté d'une soixantaine de mille livres de dépenses qu'elle fait annuellement pour la police intérieure de l'Ile, pour la tenue des Etats et autres dépenses ;

Que ce plan d'imposition qu'ils n'ont laissé qu'entrevoir n'a pas été développé par écrit ; que quant à l'imputation d'abus dans la perception, elle avait été réprouvée en connaissance de cause et abandonnée par les Députés eux-mêmes ; qu'on leur avait fait connaître qu'ils s'écartaient de la vérité des faits, en avançant que la perception des Douanes était arbitraire, et que les estimations, qui servaient de règle, étaient exagérées ; qu'on leur a fait voir les états qui sont journellement envoyés au Ministre ; que ces états, qui forment le tableau fidèle de cette perception, prouvent qu'elle est dirigée avec autant d'ordre que de modération, qu'aussi les Députés avaient-ils paru avoir abandonné une allégation d'excès et d'abus qui leur devenait personnelle, le pays ne l'ayant point employée ;

Que sur le premier objet, la plupart de ses habitants n'avaient considéré dans cette proposition qu'une suppression de droits ; qu'ils y ont applaudi sans considérer que le Gouvernement ne pouvait se passer du secours dont est une pareille imposition pour s'indemniser au moins d'une partie des dépenses qu'il fait en Corse, qu'il s'agissait seulement de savoir s'il valait mieux prendre cette décharge sur les terres que sur les consommations ;

Que cette affaire importante a été traitée au Conseil de Sa Majesté avec le plus grand développement ;

Qu'il a été reconnu, premièrement, qu'il ne serait pas possible de penser à la suppression des Douanes, qu'en remplaçant leur produit par une augmentation proportionnelle sur la Subvention ;

Secondement, que dans l'état actuel, le produit net des Douanes étant de cent soixante mille livres, l'augmentation ne pouvait être moindre que de la somme de cent cinquante-trois mille livres à laquelle le principal de la Subvention se trouve fixé par la dernière Assemblée, et qu'il faudrait ainsi, pour réaliser ce projet, doubler au moins la Subvention, tant pour le présent que pour l'avenir ;

Troisièmement, qu'en considérant ce changement du côté des contribuables, la question est de savoir s'il conviendrait également à tous les habitants de l'Ile de payer une Subvention double pour se rédimer des droits de Douanes, et que sous ce point de vue, ce ne peut pas être un problème, puisque la suppression des Douanes déchargerait les villes qui payent les sept huitièmes des droits d'entrée et sortie, et surchargerait les campagnes, qui pour racheter des droits dont elles ne payent que la moindre partie, seraient obligées de payer une Subvention double ;

Quatrièmement, qu'en considérant la même proposition dans ses rapports avec l'agriculture et le commerce, le plus grand intérêt de la Corse étant que les terres soient mises en valeur et la culture ne pouvant être animée qu'en ouvrant des débouchés à la denrée, il y a nécessairement des précautions à prendre pour écarter et affaiblir la concurrence des denrées étrangères, quand par leur prix trop bas, elles obtiennent la préférence sur les denrées du Pays, et que sous ce point de vue, il est heureux que l'imposition qui se paye par le consommateur produise encore en faveur de l'agriculture corse le double effet de décharger le cultivateur du Pays et de mettre un prix à ses productions ;

Cinquièmement, qu'en considérant le bien du service, ce

serait le compromettre que de substituer à une imposition dont le produit se paye exactement à la fin de chaque mois, une autre imposition dont le paiement devient chaque jour plus lent et plus incertain.

Nosseigneurs les Commissaires du Roi ont ajouté que Sa Majesté, persuadée que l'Assemblée, informée des motifs qui ont fait rejeter cette proposition, regardera sa réponse, bien moins comme un refus que comme une nouvelle preuve de son attention à procurer le plus grand bien de la Corse.

Nosdits Seigneurs les Commissaires du Roi pour expliquer la seconde partie de la réponse de Sa Majesté, ont dit qu'encore bien qu'il ne fût pas possible d'admettre les idées d'arbitraire, d'excès et d'abus dans la proposition abandonnée par ceux-mêmes qui avaient cru pouvoir y recourir, il pouvait se rencontrer des surcharges dans la manière dont les droits actuels sont perçus ou se trouvent établis ; que malgré l'attention qu'on a toujours donnée à cette partie pour concilier les intérêts de l'agriculture, des arts, du commerce et de la navigation avec une perception dont le produit est nécessaire dans les coffres du Roi, il se peut qu'on n'ait pas encore adopté les meilleurs moyens ; que le sieur Intendant Commissaire départi était chargé d'en faire la recherche et de consulter dans chaque port les personnes les plus instruites des circonstances locales et des règles particulières, qui peuvent influer sur la détermination du Conseil du Roi ; qu'il avait déjà rassemblé une partie des éclaircissements qui lui étaient nécessaires pour ce travail qu'il se proposait de reprendre avec activité après les Etats ;

Qu'en conséquence nosdits Seigneurs les Commissaires du Roi annonçaient à l'Assemblée que l'Arrêt à intervenir sur cette matière contiendrait les précautions les plus précises pour mettre d'un côté une exacte proportion entre les besoins du Pays et les droits qui seraient maintenus, et d'un autre côté pour écarter tout ce qui pourrait y avoir d'arbitraire et d'abusif dans la perception.

Nosseigneurs les Commissaires du Roi ont ajouté que dans la dernière Assemblée de la Province de Bastia, la Pière de Casinca a renouvelé la même demande de la suppression des Douanes, sauf à les remplacer par une autre imposition équivalente au choix des Etats ; qu'une pareille demande était de trop, quand elle ne faisait que répéter ce que les Etats précédents avaient déjà délibéré ; mais qu'en passant sur ce défaut de forme, et qu'en ramenant le fond de la question sur cette proposition particulière, il était assez simple que le vœu de remplacer les Douanes par une augmentation sur la Subvention fût particulièrement le vœu de la Province de Bastia, et surtout des lieux principaux de cette Province, tel que de la Ville de Bastia et de la Casinca ;

Que la Province paye seule plus du tiers des droits d'entrée et de sortie ;

Que la Ville de Bastia, qui paye plus de cinquante mille livres pour les Douanes, et qui est chargée seulement de quatre à cinq mille livres à la Subvention, doublerait volontiers cette somme pour se rédimer des droits d'entrée et de sortie, mais que ce qu'elle gagnerait serait évidemment à la charge des autres Provinces, et notamment de celles de l'intérieur et des habitants de la campagne ; que cet exemple développait un des principaux motifs qui avaient déterminé le Conseil du Roi à ne point augmenter la Subvention et à laisser subsister les droits d'entrée et de sortie.

Sur quoi, l'Assemblée générale a dit qu'elle ne peut mieux faire que de témoigner le respect avec lequel elle reçoit les sages réflexions que le Ministère a faites pour faire connaître les difficultés et le préjudice qui en résulterait pour la plus grane partie du Pays, si on avait supprimé les Douanes en remplaçant leur produit par une augmentation sur la Subvention ou sur le prix du sel ;

Que si la suppression ou diminution des Douanes ne peut avoir lieu sans augmenter le prix du sel, ou doubler l'imposition de la Subvention sur les terres, les Etats ont déclaré qu'ils auraient vu avec peine ce changement.

Après quoi, la Séance a été renvoyée à demain, dix-neuf du présent mois, à neuf heures du matin.

La présente Délibération a été signée tant par Mgrs les Commissaires du Roi que par Mgrs les Evêques et Députés qui ont signé les précédentes de ce jour.

Signés, etc.

Séance du 19 Juin 1777.

Monseigneur l'Evêque Président et Mgr l'Evêque de Sagone (Mgrs les autres Evêques absents) et MM. les Députés, ci-devant dénommés, s'étant rendus dans la Salle de l'Assemblée, Mgr l'Evêque Président a dit que, dans la Séance d'hier, Nosseigneurs les Commissaires du Roi ont annoncé différents articles concernant la législation ;

Qu'il y en a deux sur lesquels l'Assemblée est invitée de donner son avis, dont le premier est celui de la translation du Siège Royal du Cap-Corse, et le dernier est celui de régler les districts des quatre Juntes, en cas qu'il fût nécessaire d'y apporter quelque changement ;

Qu'on pourrait aussi faire quelque réflexion respectueuse sur les autres objets de cette nature qui pourraient intéresser le Pays.

Sur quoi, la matière mise en délibération, il a été arrêté :

Que s'il était permis de renouveler la demande qui a été faite par la Piève de Tavagne, et d'y adhérer en faisant la demande qui est commune à toute la Corse, les Etats la répéteraient volontiers, attendu qu'il est trop dispendieux de faire présenter par l'Huissier du Conseil Supérieur ou des

Juridictions Royales toutes les assignations émanées de ce Tribunal ; que cette dépense devient encore plus onéreuse pour la Province de Bastia, où la présentation est attribuée au seul Huissier du Conseil exclusivement à tout autre ;

Qu'en autorisant les Huissiers des Communautés à ces fonctions, on apporterait un grand soulagement aux plaideurs, qui pourraient prendre les précautions pour que la présenta fût exécutée d'une manière solennelle ;

Qu'à l'égard des assignations des Juges Royaux, en cas de maladie ou autre empêchement légitime de l'Huissier de la Communauté, il serait à désirer que le Podestat et les Pères du Commun pussent autoriser quelque sujet de leurs Paroisses pour y suppléer ; mais comme dans la plus grande partie des lieux il n'est pas possible, sans l'intervention de l'autorité publique, d'y trouver des Huissiers, il serait convenable de permettre de se servir de l'Huissier de la Communauté la plus voisine ;

Quant à la Piève de Canale, de la Province de Bastia, qui demande d'être dépendante de la Juridiction de Caccia comme la plus voisine, et de n'être plus comprise dans celle d'Orezza qui est trop éloignée, l'Assemblée générale a trouvé cette demande vraie dans le fait, et que par conséquent elle méritait d'être accueillie favorablement par Sa Majesté ;

Que la Junte d'Orezza est trop éloignée de la Province du Cap-Corse, de celle du Nebbio et de plusieurs autres Pièves ; qu'il serait convenable pour la commodité des Peuples de transférer sa résidence dans la Piève de Casinca, au Couvent de la Venzolasca ;

Que la Junte de Tallà, en considération de la Province de la Rocca, réside dans le lieu le plus commode et le plus convenable, et on ne pourrait pas changer son siège sans préjudice de ces Peuples ;

Que les Pièves qui vraiment sentent peu d'avantage de cet établissement sont celles de la Province d'Aleria et quelques-unes de la Province de Corte ;

Que pour assurer aux Communautés d'Aleria et à celles de Corte l'utilité que l'érection de ce Tribunal a pour objet de leur procurer, il serait nécessaire d'ériger une cinquième Junte ;

Que le lieu propre pour son établissement serait celui de Piedicorte, dans la Piève de Rogna ; que son district pourrait être celui de la Province d'Aleria et de celle de Corte à l'exception de quelques Pièves, telles que celles de Giovellina, de Talcini et de Niolo, qui resteraient sous la Junte de Caccia ;

Que dans ce changement de Districts Sa Majesté voudra bien prendre en considération les Sujets qui ont été proposés par l'Assemblée générale pour les Juntes desquelles ils dépendent actuellement, de sorte que les nominations qui pouvaient leur être utiles pour celles-ci, puissent leur servir pour les nouvelles Juntes desquelles ils devront dépendre ;

Sur la demande de la Province du Cap-Corse qui concerne les actes des Notaires qui ne sont pas dans le lieu où ils ont été reçus, l'Assemblée générale a fait sentir la nécessité de pourvoir à cet inconvénient ; qu'au Greffe de Bastia, Ajaccio et Calvi on trouve une grande quantité de protocoles, tirés de différentes Communautés ; qu'il y a aussi plusieurs particuliers de Bastia qui ont des protocoles des Notaires de la Province de Balagne ; qu'on en a transportés plusieurs dans les archives de Gênes ; qu'il serait donc d'une grande utilité au Peuple de solliciter la restitution de ceux qui sont à Gênes, et de faire rendre aux Paroisses ou Pièves respectives, ceux qu'on a transportés ailleurs, en observant la disposition du Statut Corse et l'Edit de 1771 ;

Quant à la translation du Siège Royal du Cap-Corse, ayant entendu les raisons détaillées dans un mémoire des Communautés de Rogliano, Ersa, Centuri, Morsiglia, Tomino et Meria, et dans un autre petit mémoire présenté par M. Antoni, Député Noble du Cap-Corse, par lesquels on demande que le Siège Royal soit conservé dans le lieu où il se trouve actuellement, et ayant été donné des raisons de vive voix par les cinq Députés de la Province du Cap-Corse;

La matière mise en délibération, on a trouvé qu'il y a eu seize suffrages de contraires à la translation du Siège proposée, et trente-neuf favorables, la croyant utile et nécessaire pour la plus grande commodité de la Province, en destinant à cet effet le lieu de Luri.

L'Assemblée générale se croit cependant en devoir de déclarer que si cette translation avait lieu et dût s'exécuter, elle ne devra rien coûter au Pays, mais toute la dépense que ce changement occasionnerait, devra être à la charge de ceux qui le sollicitent.

De la part de Mgr l'Evêque Président et de Mgr l'Evêque de Sagone a été dit, qu'ils ne peuvent en aucune manière adhérer à l'opinion de l'Assemblée générale; que bien loin de concourir à l'avantage de la Province du Cap-Corse, si on pèse bien toutes les raisons données par les Communautés de Rogliano, Ersa, Centuri, Tomino, Morsiglia, Meria, et autres qu'il serait facile d'y joindre, la translation proposée ne pourrait être que préjudiciable à la plus grande partie de ces Peuples.

Après quoi, la Séance a été renvoyée à demain, vingt du présent mois, à neuf heures du matin.

La présente Délibération a été signée tant par Mgr l'Evêque Président que par Mgr l'Evêque de Sagone et par M. Bartoli, Piévan au défaut d'un Evêque; de MM. Manenti et Alberti, Piévans; de Fabiani et Susini, Nobles; de Pietri et Mattei, Députés du Tiers-Etat.

Signés: etc.

Séance du 20 Juin 1777

Monseigneur l'Evêque Président, Mgr de Sagone, les trois autres Evêques absents, et MM. les Députés, ci-devant dénommés, s'étant rendus dans la Salle de l'Assemblée, Mgr l'Evêque Président a dit que, d'après ce que Nosseigneurs les Commissaires du Roi ont annoncé dans la Séance du 18 du mois courant, on va prendre des précautions pour assurer la bonne qualité du sel ;

Qu'il serait convenable de faire observer que jusqu'à présent le sel a été de la plus mauvaise qualité, de manière qu'il a gâté les salaisons, et on a eu lieu de croire qu'il pouvait préjudicie à la santé de ceux qui étaient obligées d'en faire usage ;

Que la manière la plus sûre de remédier à un désordre si intéressant, ce serait de supplier Sa Majesté que dorénavant le sel fût tiré de Trapani et Sicile, d'où la Corse a toujours été approvisionnée dans les temps passés ;

Qu'il y aurait encore d'autres abus à réformer.

Que le principal est celui que dans la vente du sel à Ajaccio on ne donne pas le juste poids ; qu'on évalue à deux livres et demie pesant les sacs avec lesquels on vient chercher le sel, tandis que ces sacs qui sont de peau d'animaux et qu'en langue du Pays on appelle *Narpie*, pèsent beaucoup plus ;

Que les greniers à sel, ainsi qu'on l'a observé autrefois ne s'ouvrent que deux fois la semaine, ce qui cause un très-grand préjudice aux consommateurs de l'intérieur, qui étant obligés de se transporter dans les lieux et Villes où il y a de ces greniers pour différentes affaires et spécialement pour affaires de Justice, sont obligés d'y rester deux ou trois jours avant qu'ils puissent avoir le sel dont ils ont besoin ;

Que ces objets et bien d'autres méritent d'être pris en considération par les Etats pour solliciter qu'il y soit pourvu.

Sur quoi, la matière mise en délibération, l'Assemblée générale a dit qu'on ne peut qu'applaudir aux sages réflexions de Mgr l'Evêque Président; que vraiment la manière la plus sûre de pourvoir la Corse d'un sel de bonne qualité est celle de le faire venir de Sicile, parce que le Pays en a toujours été pleinement satisfait;

Qu'il serait nécessaire que les Greniers à sel, au moins pour ceux qui sont établis dans les Villes où il y a Juridiction Royale, fussent ouverts, pendant deux heures, le matin, et deux heures l'après-midi;

Qu'il ne soit point défendu aux consommateurs, comme on l'a fait jusqu'à présent, d'assister au poids du sel qu'ils achètent;

Que les Officiers Municipaux ainsi que les Subdélégués de M. l'Intendant soient autorisés à voir et reconnaître les poids du sel;

Que pour ôter tout soupçon de fraude qui pourrait avoir lieu en pesant le Sel avec les sacs, il sera ordonné que les personnes chargées de la vente du sel devront le peser dans la balance sans aucun sac.

Après quoi, la Séance a été renvoyée à demain, vingt-un du présent mois, à neuf heures du matin.

La présente Délibération a été signée tant par Mgr l'Evêque Président que par Mgr de Sagone et M. Battistini, Piévan; MM. Emanuelli et Saliceti, Piévans; d'Antoni et Colonna, Députés Nobles; Pozzo-di-Borgo et Paganelli, Députés du Tiers-Etat.

Signés: etc.

Séance du 21 Juin 1777.

Monseigneur l'Evêque Président, Mgr de Sagone, Mgrs les autres Evêques absents, et MM. les Députés, ci-devant dénommés, s'étant rendus dans la Salle de l'Assemblée, Mgr l'Evêque Président a dit qu'il serait nécessaire de s'occuper des moyens propres à assurer la comptabilité de la Subvention et de l'imposition sur les maisons, pour mettre dans cette partie d'administration tout l'ordre qui lui manque ;

Que cet ordre est encore plus nécessaire dans les perceptions que font les Officiers Municipaux et les Trésoriers des Provinces ;

Que rien n'est plus convenable que de mettre les Etats à portée de connaître exactement quelles sont les sommes payées par chaque contribuable, par chaque Communauté et par chaque Province, et quelles sont les sommes versées ès mains du Trésorier des Etats par les Trésoriers des Provinces ;

Que l'Assemblée générale ne sera point embarrassée à trouver des moyens qui puissent pourvoir à cet objet.

Sur quoi, la matière mise en délibération, il a été arrêté qu'il serait convenable de convoquer chaque année, quinze jours avant l'ouverture des Etats, une Assemblée dans chaque Communauté, qui sera présidée par le Podestat-Major de la Piève, dans laquelle on formera un rôle distinct de tous les payements faits par les Contribuables respectifs de la Paroisse pour l'année qui sera en recouvrement ;

Que dans cette Assemblée on lira le compte que le Podestat-Major aura réglé, un mois après la confirmation du Podestat et des Pères du Commun, en conformité de l'article 5 de la délibération du 16 Mai dernier ;

Que les Officiers Municipaux tant des Villages que des Villes, sans exception, seront tenus de présenter aux Assemblées des Communautés les récépissés des paiements faits entre les mains du Trésorier de la Province pour l'année courante, et on devra reconnaître si les paiements faits correspondent au montant de ce qui aura été perçu, et en faire mention dans le procès-verbal ;

Que ces procès-verbaux seront tous remis sans délai au Bureau des Etats, pour que l'Assemblée générale puisse les examiner ;

Que chaque Trésorier des Provinces, à l'époque ci-dessus indiquée, sera tenu d'adresser au Bureau un état général des paiements faits entre ses mains par les Communautés respectives pendant le courant de l'année, tant à compte de la Subvention que de l'imposition sur les maisons, ainsi qu'un extrait de toutes les sommes versées entre les mains du Trésorier des Etats ;

Que pour éviter toutes les contestations qui pourraient naître entre les Officiers Municipaux et ceux qui ont payé la Subvention et l'imposition sur les maisons louées, relativement aux sommes qui auront été payées, les premiers ne pourront recevoir aucun payement des contribuables sans leur donner un reçu ;

Qu'il sera remis aux Trésoriers des Provinces un modèle des récépissés à délivrer aux Officiers Municipaux, lorsqu'ils leur payeront des sommes au compte des Communautés, et un autre modèle pour les Officiers Municipaux pour les reçus à faire aux contribuables respectifs, pour qu'on procède en cela d'une manière uniforme ;

Qu'à la marge des rôles délivrés par le Bureau des Etats, et rendus exécutoires par M. l'Intendant, le Père du Commun chargé de la perception des deniers devra faire mention des sommes payées par chaque contribuable ;

Que les Officiers Municipaux qui seraient convaincus de

malversation, outre qu'ils seront privés de voix délibérative dans toutes les Assemblées, conformément à ce qui a été arrêté par l'article 4 de la Séance du 16 Mai, ils seront condamnés à une amende pécuniaire qui sera réglée par M. l'Intendant, suivant que les circonstances l'exigeront.

La présente Délibération a été signée tant par Mgr l'Evêque Président que par Mgr de Sagone et le Piévan Villanova et par MM. de Leca et de Franceschi, Piévans ; Joseph de Sansonetti et de Mari, Nobles ; Tusoli et Tasso, Députés du Tiers-Etat.

Signés : etc.

Séance du 26 Juin 1777.

Monseigneur Guasco, Evêque Président, Mgrs les autres Evêques absents, et MM. les Piévans et Députés, ci-devant dénommés, s'étant rendus dans la Salle de l'Assemblée, Mgr l'Evêque Président a dit que dans la Séance du 17 du présent mois, on a fait quelques demandes pour obtenir du cœur toujours bienveillant de Sa Majesté quelques remises relatives à la Subvention ;

Qu'il a été arrêté que Nosseigneurs les Commissaires du Roi seraient priés par une Députation de vouloir bien employer leurs bons offices en faveur de cette Ile pour obtenir plus facilement les grâces qu'on sollicite ;

Qu'il serait convenable de faire cette Députation pour assurer, le plus tôt qu'il est possible, au Pays, les avantages qu'on demande.

Sur quoi, la matière mise en délibération, il a été arrêté que la Députation aurait lieu et qu'elle serait composée de Mgr l'Evêque de Sagone ; de MM. Bonavita, Bartoli et Emanuelli, Piévans ; Antoni, Poli et Anfriani-Colonna, Nobles ; de Pietri, Tusoli et Achille Murati, Députés du Tiers-Etat.

Après quoi, la Députation ayant rempli sa commission, et s'étant rendue dans la Salle de l'Assemblée générale, Mgr Guasco, Evêque de Sagone, a dit que Nosseigneurs les Commissaires du Roi ont fait entendre que non seulement dans cette occasion, mais encore en tout autre, ils se feront un plaisir de donner des preuves du vif intérêt qu'ils prennent à la Corse; qu'il serait convenable que MM. les Députés à la Cour fussent chargés de ces demandes qui tendent au soulagement des Peuples; que Nosseigneurs les Commissaires du Roi ont assuré que de leur part ils employeront bien volontiers leurs bons offices pour obtenir et procurer au Pays le soulagement qu'il sollicite; qu'on doit cependant observer qu'on ne peut attendre de la munificence du Roi la décharge que l'on demande que comme une grâce spéciale, et que toute autre prétention ne serait qu'un obstacle à ce qu'elle fût accordée.

La présente Délibération a été signée tant par Mgr l'Evêque Président, que par MM. Olmeta et Moroni, doyens des Piévans, en l'absence de Mgrs les autres Evêques; par MM. Bonavita et Poli, Députés Ecclésiastiques; Gentili et Colonna, Nobles; Adriani et Emanuelli, Députés du Tiers-Etat.

Dudit jour 26 Juin 1777.

Les Députés du Comité des Comptes, s'étant rendus dans la Salle de l'Assemblée, ont présenté un mémoire; le Greffier des Etats en ayant fait lecture, il s'est trouvé de la teneur suivante.

Le Comité des Comptes s'occupe, depuis plusieurs jours, de l'imposition sur les maisons, et aujourd'hui il a examiné conjointement avec M. Gauthier toutes les ordonnances de payements des loyers de ces maisons et toutes les ordonnances de décharges accordées à ce sujet par M. l'Intendant, sur l'avis des Membres de la Commission des Douze.

En attendant que cette opération soit terminée, le Comité a jugé à propos de mettre sous les yeux des Etats deux réflexions importantes.

La première, que toutes les réparations qui ont été faites, et qui montent en cette seule année à la somme d'environ vingt mille livres, devraient être à la charge des Propriétaires et des Régiments qui ont occupé les maisons, chacun d'eux pour ce qui les concerne, et en voici la raison.

On sait que le Propriétaire doit mettre en bon état la maison qu'il loue, et cela on le suppose fait, sinon par lui, au moins par Sa Majesté, puisque dans les années dernières on a mis en bon état toutes les Casernes aux frais de la Caisse Civile, et notre Auguste Monarque a bien voulu prendre à sa charge la somme qu'on y avait employée. Si on n'a pas fait un procès-verbal de remise, il paraît que ce n'a pas été la faute du Pays, attendu que la Commission des Douze n'étant pas informée des mouvements des Troupes, elle ne peut pas à chaque changement en faire la vérification. Le Régiment qui arrive, ne pouvant dresser procès-verbal de l'état actuel du logement, se rend responsable des dégradations faites par celui qu'il a remplacé.

Il serait convenable que les Etats arrêtassent de soumettre ces raisons au jugement de Nosseigneurs les Commissaires du Roi, pour qu'ils donnassent une juste décision sur cet objet, pour servir de règle aux opérations que le Comité a encore à faire.

Le Comité a encore observé que les décharges que M. l'Intendant accorde, sur l'avis de MM. les Douze, sont de deux sortes, ou qu'elles ont en vue une injustice réelle, ou la misère du Contribuable;

Que dans le premier cas, la Commission des Douze pourrait continuer à donner son avis ; mais que dans le second, il vaudrait mieux que ces décharges ne s'accordassent qu'après l'avis des Assemblées générales, examinées et discutées dans une Assemblée des Etats, en laissant seulement à eux la faculté de demander la suspension du payement ;

Que cette observation est d'autant plus nécessaire en ce que les sommes déchargées en faveur des uns, doivent nécessairement être supportées par d'autres, et au moyen des précautions qu'on propose, il n'y aurait que ceux qui sont vraiment pauvres qui jouiraient de cet avantage.

Signés : Balestrini, de Frediani, D. M. Evêque du Nebbio.

Sur quoi, la matière mise en délibération, il a été arrêté que les observations du Comité, relatives aux réparations des maisons, seront soumises au jugement de Nosseigneurs les Commissaires du Roi, pour être pris par eux le tempérament qu'on peut justement en attendre;

Qu'à l'égard des décharges qu'on demande pour cause de misère des Contribuables, il serait convenable, avant de les accorder, d'en avoir l'avis des Assemblées Provinciales, et que la somme dont on décharge un contribuable soit supportée par toute la Province dans laquelle est compris le contribuable déchargé.

Après quoi, la Séance a été renvoyée à demain, vingt-sept du mois courant, à neuf heures du matin.

La présente Délibération a été signée tant par Mgr l'Evêque Président que par Mgrs les Evêques et Députés qui ont signé les précédentes de ce jour.

Signés, etc.

Séance du 27 Juin 1777.

Monseigneur Guasco Evêque Président, Mgrs les autres Evêques absents, et MM. les Députés, ci-devant dénommés, s'étant rendus dans la Salle de l'Assemblée, Mgr l'Evêque Président a dit que le Sieur Augustin Adriani, Député de la Province de Corte et Juge Royal de cette Juridiction, a fait entendre que parmi les grâces que Sa Majesté a bien voulu accorder à ce Pays, celle de l'érection des quatre Collèges pour l'éducation de la Jeunesse tient certainement le premier rang ;

Que cependant il aurait encore à pourvoir à l'éducation des filles qui manquent de tout moyen pour s'instruire dans les manufactures ; que leurs ouvrages et leur travail pourraient beaucoup contribuer à mettre en mouvement le commerce, outre la réforme des mœurs qui ne peuvent être que suspectes chez les filles qui manquent de biens de fortune et d'un métier pour se procurer l'entretien nécessaire ;

Que les Etats pourraient supplier humblement Sa Majesté de vouloir bien ériger une maison pour l'éducation des filles pauvres, sous la direction de femmes sages et prudentes, pour les élever dans la crainte de Dieu, et les instruire dans les ouvrages manuels qui pourraient mieux convenir à la capacité et à la disposition de chacune ;

Sur quoi, la matière mise en délibération, les Etats délibérant ont arrêté que Sa Majesté sera humblement suppliée de vouloir bien prendre en considération l'éducation des filles et spécialement de celles qui ont plus besoin de sa main secourable, telles que les Orphelines et les Pupilles ;

Que le moyen proposé par le Sieur Adriani paraîtrait très efficace pour pourvoir à un objet si intéressant ;

Qu'une maison d'éducation pour un certain nombre de filles, tirées des différentes Provinces, avec de bonnes directrices pour leur apprendre les manufactures, apporterait un avantage sûr au Pays ;

Et MM. les Députés à la Cour devront appuyer par leur zèle une demande si utile pour la Corse.

La présente Délibération a été signée tant par Mgr l'Evêque Président que par MM. les Piévans Tusoli et Olivieri en l'absence des autres Evêques ; Pianelli et Susini, Députés Ecclésiastiques ; Gentili et Colonna, Nobles ; Emanuelli et Adriani, Députés du Tiers-Etat.

Signés, etc.

Dudit jour 27 Juin 1777.

Monseigneur l'Evêque Président a dit que MM. les Députés des Provinces d'en deçà des Monts ont présenté un mémoire en réponse à celui de MM. les Députés d'au delà des Monts ; qu'il serait convenable d'en faire lecture, et de l'insérer dans le procès-verbal, ce qui a été exécuté, et le mémoire s'est trouvé de la teneur suivante.

Réponse aux protestations des Provinces d'au delà des Monts.

Messieurs,

Les Députés des Provinces d'en deçà des Monts n'ont pu voir sans surprise les protestations faites par quelques Députés d'au delà des Monts, qui, interprétant à leur manière l'article 2 de l'Arrêt du 30 Septembre 1774, prétendent n'être tenus de payer que la somme à laquelle ils ont été provisionnellement imposés en 1775, comme si une répartition purement arbitraire, faite sans connaissance de cause, dût servir de règle pour le payement de la Subvention jusqu'à l'entière confection du cadastre.

MM. les Députés d'au delà des Monts devraient se rappeler qu'ils ont représenté de vive voix et par écrit, qu'ils possèdent le tiers de la superficie de la Corse ; qu'ils composent le tiers de sa population, et qu'ils payent un tiers des charges, et que sur ces remontrances il leur a été accordé un Député de droit à la Cour, un tiers des Douze et un tiers dans tous les emplois honorifiques ; pourquoi donc ne voudraient-ils plus payer un tiers des charges ?

Ils conviennent eux-mêmes de ces principes ; mais ils nous répondent que ledit Arrêt est en leur faveur, et qu'il doit être pris à la lettre.

Il faut avant toute chose rappeler à la mémoire l'article 25 de l'Arrêt du 24 octobre 1772 qui prescrit que, lorsque l'Assemblée des Etats aurait fixé définitivement la quantité des productions, on donnerait une copie de l'état général à chaque Province pour en faire lecture dans une Assemblée Provinciale, afin que les Députés pussent contredire les quantités y énoncées, et demander, en cas de besoin, une revision.

Si cette disposition avait été suivie, il y avait lieu d'espérer que les opérations seraient plus régulières, mais ayant été entièrement négligée, le produit net des trois années ne pouvait donner qu'une idée imparfaite des facultés des Provinces, des Pièves et Communautés.

L'article premier de l'Arrêt que nos adversaires interprètent en leur faveur, paraît supposer cette formalité si importante. De là on pourrait tirer plusieurs conséquences pour abattre les arguments de Messieurs d'au delà des Monts, mais nous nous bornerons à rapporter seulement la clause salutaire de l'article 2 dont ils appuyent leur cause : « Il sera » fait une année commune, sauf les augmentations ou dimi-

» nutions qui pourront être ordonnées par le Roi, ou déli-
» bérées par les Etats du Pays et autorisées par Sa Majesté ; »

On peut consulter l'instruction adressée aux Podestats et Pères du Commun des Villes et Communautés de Corse, le 16 Août dernier, pour voir si celui-ci est le vrai sens de l'Arrêt de Sa Majesté.

D'après tout ce qu'on vient de dire, il appert clairement que l'Assemblée générale des Etats ayant aujourd'hui de meilleurs éclaircissements sur les facultés des différentes Provinces, est en état de délibérer des augmentations ou diminutions, sous le bon plaisir du Roi, en conformité de ce que l'Arrêt prescrit.

La nomination des trois Reviseurs étant le seul expédient pour réparer les injustices des Commissaires, si toutefois il y en avait, le Pays ne peut prononcer, avant que cette opération ne soit terminée, et jusques là on doit s'en tenir aux rôles arrêtés, sauf à faire compensation dans l'année prochaine du trop ou trop peu payé, et la Séance a été renvoyée à demain, vingt-huit du présent mois, à neuf heures du matin.

La présente délibération a été signée tant par Mgr l'Evêque Président que par MM. les Piévans et Députés qui ont signé la précédente de ce jour.

Signés, etc.

Séance du 28 Juin 1777.

Monseigneur Guasco, Evêque Président, Mgrs les autres Evêques absents et MM. les Piévans et Députés, ci-devant dénommés, s'étant rendus dans la Salle de l'Assemblée, Mgr l'Evêque Président a dit que nul objet ne mérite une plus grande attention de la part des Etats, que celui de favoriser et accroître la population de cette Ile ;

Que bien loin de faire des progrès elle a souffert jusqu'à ces derniers temps des pertes considérables, que si on ne cherche pas à les réparer par le choix de bons moyens, la Corse ne parviendra jamais à jouir des avantages qu'elle peut justement en espérer sous la douce domination du Roi le plus juste et le plus bienfaisant ;

Que deux causes principales pourraient fournir les moyens de porter la Corse au degré de population, dont elle serait susceptible relativement à son étendue, à la fertilité de son terroir et sa position favorable pour le commerce;

Qu'il faut chercher la première dans le Peuple même de Corse, et celle-ci est ordinairement la plus facile et la plus sûre ;

Que la seconde se trouvera chez les étrangers, en les engageant par des moyens avantageux à venir s'établir dans l'Ile ;

Qu'à l'égard de cette seconde cause elle fut l'objet des vues de Sa Majesté, dès qu'elle prit la Souveraineté de la Corse, puisque par son Edit du Mois de Juin 1770, le Roi accorda différents privilèges aux étrangers qui viendraient s'y établir.

Mgr l'Evêque Président a ajouté qu'il s'abstient d'entrer ici dans le détail des moyens qu'on pourrait employer pour encourager les étrangers à s'établir en Corse, et pour procurer un accroissement rapide à la population actuelle de la Corse ; qu'il se borne à faire entendre que, suivant les principes de l'économie politique, les forces d'un état se mesurent sur le nombre des hommes qui y vivent dans l'abondance; que plus une province est peuplée, plus il y a de consommations, et plus la consommation augmente, plus la reproduction annuelle est excitée, et que par une conséquence nécessaire l'augmentation ou la diminution de l'Etat même dépend de l'accroissement ou de la diminution du Peuple ; que c'est à l'Assemblée à connaître les voies les plus courtes, les plus analogues à la constitution du Pays ;

Sur quoi, les Etats, pénétrés de la vérité des principes exposés par Mgr l'Evêque Président, la matière mise en délibération, après un mûr examen, il a été délibéré que les moyens par lesquels on pourrait accroître la population de la Corse pourraient être les suivants :

1º Que les étrangers qui épouseront une fille Corse pourraient obtenir de la munificence de Sa Majesté une dot de deux cents livres chacun ;

2º Conformément à ce qui a été délibéré par la dernière Assemblée, dans la Séance du 21 Juin, tous les étrangers qui viendront s'établir en Corse jouiront pendant dix ans de l'immunité de toute contribution royale, et seront pendant ledit temps exempts de toute corvée ;

3º Que l'étranger qui épousera une Corse, après un an de domicile en cette Ile, jouira du droit du Pavillon.

4º Que tout ce qui sera porté en Corse par des bâtiments du Pays et dont l'équipage sera de Matelots Corses, ne payera que la moitié des droits d'importation, qui sont établis actuellement et qui pourront l'être à l'avenir ;

5º Que dans les Communautés, où les étrangers s'établiront, ils jouiront des mêmes privilèges dont jouissent les autres individus de la Paroisse, pourvu qu'ils s'y établissent avec leurs familles ;

5º Que les Corses qui demeurent dans des lieux stériles ou manquants de territoire, soient libres de se réfugier dans les Communautés qui ont des territoires étendus, et y jouiront, après qu'ils y auront fixé leur domicile, des mêmes droits et privilèges dont jouissent les autres habitants de ces Communautés ;

7º Que tout Corse ou étranger qui ira s'établir dans quelque Communauté, sera libre d'y bâtir la maison de son habitation, pourvu que cela ne soit pas de grand préjudice aux Communautés, au jugement des Officiers Municipaux ;

8º Que les étrangers qui s'établiront dans les Communautés où il y a des terres communales, aient le droit d'en jouir comme les autres habitants ;

9º Que tout soldat qui voudra se marier en Corse, puisse le faire sans permission, et que son congé lui soit accordé de droit, pourvu qu'il reste dans l'Ile, sauf telle indemnité que Sa Majesté réputera juste d'accorder au Régiment ;

10º Que tous les négociants qui auront fait banqueroute en France ou dans tout autre Etat, et qui viendront se réfugier en Corse, jouiront d'un sauf-conduit libre et général tant pour leur personne que pour leurs biens ;

11º Que les Corses qui à l'avenir auront huit enfants tous vivants, seront exempts de la Subvention territoriale, de l'imposition sur les maisons, et de toute autre imposition Royale, laquelle franchise et exemption ne finira qu'après la mort du père et de la mère des huit enfants ;

12º Que l'on restreigne le nombre disproportionné des Clercs Réguliers et Séculiers, et Sa Majesté sera suppliée d'insinuer à Mgrs les Evêques de prendre les précautions nécessaires à cet effet ;

13º Que le luxe étant un obstacle réel à la population, il devient d'autant plus dangereux que le peuple est pauvre, peu industrieux et le moins commerçant ; que le luxe ayant fait en Corse des progrès rapides, il serait convenable de l'arrêter par des lois somptuaires ;

14º Que comme l'accroissement du luxe sert de baromètre pour régler l'augmentation des dots, ainsi en modérant le luxe on bornerait les constitutions des dots, de manière qu'elles ne pussent excéder la somme de quatre mille livres ;

15º Que ni le mari, ni ses héritiers soient tenus de restituer les fruits perçus *constante matrimonio* des biens paraphernaux et adventices de la femme, quoiqu'on pût dire qu'ils ont été consommés *muliere contradicente,* mais qu'ils soient employés au soulagement des charges matrimoniales ;

Après quoi, la Séance a été renvoyée à après demain, trente de ce mois, à neuf heures du matin.

La présente Délibération a été signée tant par Mgr l'Evêque Président, que par MM. les Piévans Alberti et Bartoli en l'absence de Mgrs les autres Evêques ; Manenti et Battistini, Députés Ecclésiastiques ; de Cesari Rocca et de Susini, Députés Nobles ; Defendini et Grimaldi, Députés du Tiers-Etat.

Signés : etc.

Séance du 30 Juin 1777.

Monseigneur Guasco, Evêque Président (Mgrs les autres Evêques absents) et MM. les Piévans et Députés, ci-devant dénommés, s'étant rendus dans la Salle de l'Assemblée, Mgr l'Evêque Président a dit que M. l'Intendant par une lettre qu'il vient de lui écrire, en date du 18 du présent mois, lui fait entendre que Sa Majesté en répondant à la demande du Pays sur l'objet des réparations des maisons occupées pour le service de ses Troupes, qu'elles seraient entièrement à la charge des propriétaires, moyennant une rétribution de dix pour cent par an en sus du montant des loyers, ne prescrivait rien de nouveau relativement aux bâtiments appartenant aux Religieux et au Domaine, qui doivent être entièrement à la charge du Pays, attendu la remise qui a été faite de leurs loyers ;

Qu'en conséquence de cette détermination les réparations à faire au Couvent de Saint'Angelo concernent uniquement le Pays, et doivent être constatées en présence de MM. les Députés des Douze ;

Que quand même il s'agirait des maisons des particuliers, auxquels la demande des Etats et la réponse du Roi se réfèrent, cette décision ne peut être exécutée actuellement ; que Sa Majesté adopte à la vérité la proposition de l'Assemblée générale, mais qu'elle n'en ordonne pas l'exécution, et que s'agissant de l'intérêt des propriétaires, on doit entendre leurs représentations avant que d'établir la moindre chose ;

Que dans le cas que cette disposition dût avoir lieu actuellement, les réparations à faire provenant d'une dégradation antérieure, il faudrait au moins que l'augmentation du dix pour cent remontât au temps où les réparations sont devenues nécessaires, ne paraissant pas juste qu'on en fasse la fixation du moment seulement où les particuliers doivent être chargés des frais des réparations de leurs bâtiments ;

Qu'il faut encore partir d'un autre principe qui est celui qu'aucune délibération des Etats ne peut être exécutée sans l'approbation de Sa Majesté, et quoique cette proposition soit agréée par le Roi, cependant comme elle assujettit les propriétaires à une charge qu'ils peuvent refuser, il est nécessaire, avant de pouvoir les y contraindre, que la détermination des Etats soit homologuée par Sa Majesté ;

Qu'il serait donc nécessaire qu'on prît sur cet objet une détermination plus satisfaisante.

Sur quoi, l'Assemblée générale délibérant a arrêté que MM. les Députés des Douze seront présents à la rédaction de l'état qu'on doit dresser des réparations nécessaires au quartier de Saint-Angelo ; qu'après la rédaction de cet état de dépenses l'Assemblée donnera au Couvent de Saint'Angelo une gratification pour venir à son secours ;

Que le vœu du Pays, ainsi qu'il l'a déjà manifesté, serait que les maisons des Religieux et du Domaine fussent aussi comprises dans la réponse que Sa Majesté a faite à la demande des Etats derniers ;

Que le Pays étant tenu de pourvoir entièrement aux réparations non seulement locatives, mais encore aux principales des maisons des Religieux et de celles du Domaine, occupées pour le service du Roi, il lui serait peut-être plus avantageux d'en payer les loyers ;

Qu'à l'égard des propriétaires, la rétribution de dix pour cent en sus des loyers commencera de ce jour, et au moyen de quoi toutes les réparations à venir seront indistinctement à leur charge.

La présente délibération a été signée tant par Mgr l'Evêque Président que par MM. Emanuelli et Saliceti, Piévans, pour et en l'absence de Mgrs les autres Evêques ; par MM. Ogliastri et de Franceschi, Députés Ecclésiastiques ; de Susini et de Fabiani, Notables ; Ferdinandi et Giacobbi, Députés du Tiers-Etat.

Signés, etc.

Dudit jour 30 Juin 1777.

Monseigneur l'Evêque Président a dit que les Etats derniers, dans la Séance du premier Juin, confièrent la direction du Bureau de la Subvention à M. Giubega avec un traitement de huit mille quatre cents livres par an, au moyen duquel il serait assujetti à tous les frais nécessaires pour la direction de ce Bureau ;

Que les Etats derniers réservèrent à cette Assemblée la faculté de modifier et régler ce Bureau de la manière qu'elle le jugerait convenable ;

Qu'il serait donc nécessaire que les Etats arrêtassent à cet égard ce qu'ils croiront à propos de faire.

Sur quoi, la matière mise en délibération, il a été arrêté que le Bureau continuera à être sous la direction de M. Giubega aux mêmes charges, obligations et émoluments fixés par la dernière Assemblée, et que cette direction sera inhérente à sa place de Greffier en chef des Etats;

Qu'à l'égard des émoluments ou frais de bureau, les Etats après que les Reviseurs et les Géomètres du Terrier auront rectifié le travail des Commissaires des rôles, y apporteront les modifications qui pourront être nécessaires pour diminuer les charges du Pays ;

L'Assemblée voulant en outre donner une marque de satisfaction pour le travail du Bureau du Pays, a arrêté une gratification de mille livres en faveur des employés qui y travaillent, attendu que M. Giubega a refusé, en considération de la modicité des finances de la Corse, d'accepter pour lui les gratifications qui lui ont été proposées par les Etats ;

Que lesdites mille livres seront distribuées de la manière suivante, savoir : trois cents livres au Sieur Muselli, premier Commis Greffier et deux cents livres au Sieur Farinole, assistant au Bureau de l'Assemblée, et les autres cinq cents livres seront distribuées par M. Giubega aux autres Commis suivant leur travail et leurs talents.

La présente Délibération a été signée tant par Mgr l'Evêque Président que par MM. les Piévans et Députés qui ont signé la précédente de ce jour.

Signés, etc.

Dudit jour 30 Juin 1777.

Monseigneur l'Evêque Président a dit que différents Députés ont fait entendre qu'il n'y a personne qui ignore de quelle utilité sont les Bains de Vico, de Fiumorbo et de Guitera ;

Que la vertu de ces eaux est connue de tout le monde, et démontrée par le concours des malades ;

Que cependant l'utilité de ces Bains n'est pas telle qu'elle devrait être, parce qu'il n'y a point les établissements qui seraient nécessaires; que dans ces lieux il n'y aucune maison d'habitation, et les personnes qui s'y rendent sont obligées de rester exposées aux intempéries de l'air, à la chaleur et aux pluies ;

Qu'il serait de la plus grande utilité de penser à la construction de quelque maison pour assurer à ceux qui ont besoin de ces Bains le soulagement qu'ils y vont chercher.

Sur quoi, la matière mise en Délibération, il a été arrêté que Sa Majesté sera suppliée de vouloir bien prendre en considération le besoin qu'il y a de mettre ces Bains en état de procurer la santé à tant de personnes qui y accourent;

Que la Corse manquant des ressources qu'on trouve dans les grandes villes pour le soulagement des malades, il est du plus grand intérêt de procurer à ces Bains toute l'activité dont ils sont susceptibles ;

Qu'il serait nécessaire de les faire visiter par des connaisseurs habiles pour y établir les commodités et la décence dont ils manquent.

Qu'il est surtout de la plus grande nécessité d'y construire quelque maison pour l'habitation des personnes qui s'y rendent ; que le Pays est très disposé à faire tous ses efforts pour un établissement si intéressant, mais que sa bonne volonté sera sans effet, si la munificence du Roi ne vient point à son secours.

La présente Délibération a été signée comme dessus.

Signés : etc.

Dudit jour 30 Juin 1777.

Monsieur le Prévôt Battistini ayant fait entendre que les deux cent trente-huit livres qui lui ont été accordées par les Etats pour les frais de musique, de cierges et autres frais nécessaires pour les deux Messes solennelles qu'on célébre à l'ouverture et à la clôture des Etats, ne sont point suffisantes pour l'indemniser ;

Que par l'état qu'il présente il appert que la dépense de cette année forme un objet de trois cents trente-six livres douze sols, il réclame par conséquent une compensation de quatre-vingt-dix-huit livres.

Les Prieurs du Saint-Sacrement et ceux de l'Oratoire de Saint-Roch ont représenté qu'ils prêtent annuellement leurs tapisseries pour parer la Salle de l'Assemblée, sans qu'on leur ait jamais donné aucune compensation pour la détérioration qu'elles souffrent, malgré la délibération des Etats de l'année dernière dans la Séance du 21 juin. Les mêmes Prieurs ont fait sentir la justice qu'il y aurait de leur accorder quelque indemnité.

Sur quoi, la matière mise en délibération, il a été arrêté qu'il sera accordé une rétribution de soixante-six livres, treize sols, quatre deniers à l'Oratoire de Saint-Roch, et celle de trente-trois livres, six sols, huit deniers aux Prieurs du Saint-Sacrement pour chaque tenue des Etats, pour compensation des tapisseries qu'ils prêtent pour parer la Salle de l'Assemblée ;

Que cette rétribution commencera à compter des Etats derniers de 1775, inclusivement, mais que pour cette année-là les Prieurs de la Conception devront y contribuer pour la somme de soixante-quinze livres qui leur furent assignées pour cet objet.

Qu'au moyen de cette assignation les Prieurs de la Conception n'auront que les trois cent vingt-cinq livres qui leur ont été assignées par la dernière Assemblée dans ladite Séance du 21 juin.

A l'égard de M. le Prévôt Battistini, les Etats ont délibéré qu'il devra se contenter des deux cents trente-huit livres qui ont été fixées par l'Assemblée de 1775 ; que s'il refuse de continuer à observer le contrat qui a été passé à ce sujet, il en sera libre s'il veut ; mais que les fonctions de l'ouverture et de la clôture des Etats, sous le bon plaisir de Nosseigneurs les Commissaires du Roi, seront faites dans l'église Cathédrale, dont l'Archiprêtre offre de se charger de tous les frais au moyen de la rétribution actuelle.

La présente délibération a été signée comme dessus.

Signés, etc.

Dudit jour 30 Juin 1777.

Nosseigneurs les Commissaires du Roi, Mgr de Santini, Evêque du Nebbio, et les autres Députés, chargés de l'examen des comptes s'étant rendus dans la salle de l'Assemblée, Nosseigneurs les Commissaires du Roi on dit que Mgr l'Evêque d'Aleria dans son discours à Sa Majesté, à la tête de la Députation, s'était élevé avec force contre les principes établis en Corse sur les Domaines ; »

Qu'il les avait représentés comme « des recherches inquié-
» tantes, colorées du prétexte spécieux de rentrer dans les
» droits du Souverain, mais qui, en multipliant en pure perte,
» a-t-il dit, les dépenses de Sa Majesté, jettent le trouble et

» la désolation dans des possessions paisibles et plus que sé-
» culaires; »

Que Sa Majesté avait voulu savoir d'abord si cette représentation de Mgr l'Evêque d'Aleria exprimait le vœu des Etats qui l'avaient député, et qu'il avait été vérifié que rien dans le procès-verbal de la dernière Assemblée ne tendait à l'en charger ; mais que, quoique cette observation eût suffi pour établir que cette partie du discours de ce Prélat ne contenait que son sentiment particulier, il n'avait pas paru moins important d'examiner jusqu'à quel point une allégation aussi sérieuse pouvait être fondée ;

Que Sa Majesté s'était donc fait rendre compte dans le plus grand détail des principes établis en Corse sur les Domaines et de la manière dont on en avait fait jusqu'ici l'application ;

Qu'après avoir reconnu que les principes suivis, depuis la réunion, étaient les mêmes qui s'y trouvaient établis de toute ancienneté, et qui étaient en vigueur dans toutes les Provinces de son royaume et dans presque toutes les Souverainetés de l'Europe, le Roi avait vu avec satisfaction qu'on n'en avait usé jusqu'ici qu'avec des ménagements dignes de toute la reconnaissance du Pays ;

Que pour qu'ils devinssent l'occasion de la moindre plainte, il fallait que les principes et les procédés du Gouvernement sur les Domaines n'eussent pas encore été assez manifestés ;

Que Sa Majesté se proposait de faire rendre incessamment une déclaration qui les contiendrait ; mais qu'elle désirait que les Etats en fussent prévenus d'avance.

Dudit jour 30 Juin 1777.

Nosseigneurs les Commissaires du Roi ont dit, que Sa Majesté désirant de faire connaître au Pays les principes qu'elle suivait dans la disposition de ses Domaines, ils allaient les exposer successivement pour être consignés dans le procès-verbal de l'Assemblée, et servir ainsi d'explication aux objections contenues dans le discours de Mgr l'Evêque d'Aleria au Roi: ils ont dit en conséquence qu'en Corse comme en France le Domaine était inaliénable et imprescriptible ;

Que ce principe fondamental résultait très clairement de plusieurs articles des Statuts Civil et Criminel et notamment du Chapitre 34 intitulé *De la possession d'un bien pendant dix, vingt, ou trente ans*, lequel article prouvait que la prescription ne pouvait avoir lieu en aucun cas contre la Chambre ;

Que l'inaliénabilité s'appliquait particulièrement et essentiellement aux objets qui sont d'un usage public et général, tels que les forteresses, les ports, les havres, les rades, en un mot, tout ce qu'on appelle dans le droit *Res publici juris;*

Que les objets de cette nature appartenant à la chose publique et au Souverain qui en exerce les droits et qui en est le dispensateur, ne pouvaient passer dans des mains particulières que par des concessions toujours révocables ou par des abus qui réclament sans cesse la réforme ;

Qu'on ne connaissait jusqu'ici que l'étang de Diane dont la propriété fut disputée au Roi; que tous les ports, les lacs, les étangs étaient dans sa main; que l'étang de Diane avait été alors usurpé sur le Public à qui il appartenait; que le principe était certain que les recherches qui tendaient à éclaircir ce fait, non seulement étaient justes, mais qu'elles étaient d'autant plus indispensables qu'il ne pouvait pas convenir au Roi de laisser dans le commerce ou entre les mains de la famille Veneroso une possession qui pouvait intéresser aussi essentiellement la Province d'Aleria.

Dudit jour 30 Juin 1777.

Nosseigneurs les Commissaires du Roi ont dit que les forêts paraissaient avoir été rangées dans la même classe des objets appartenant à la chose publique par les loix du Pays.

Que dans une Déclaration de 1602 et dans un édit de la même année on appellait *Bois publics* ceux qui appartenaient à la Chambre et qu'on y donnait à penser que c'était le plus grand nombre des forêts de l'Ile;

Que le Souverain se réservait, même dans le petit nombre des forêts qui appartenaient aux Communautés, les bois qui pouvaient servir à la Marine ou à quelques autres ouvrages publics et privilégiés;

Qu'ainsi tout portait à croire que les forêts faisaient une partie essentielle du Domaine dans l'Ile;

Qu'on avait réuni toutes celles qui avaient paru de quelque importance; mais que, malgré le préjugé qui de droit commun supposait que le Souverain en était propriétaire, les réunions n'avaient été provoquées et prononcées qu'à mesure que l'Inspecteur du Domaine avait trouvé des preuves de la propriété ou de la possession de la République; que néanmoins la voie de l'opposition était encore demeurée ouverte aux particuliers et aux Communautés qui pouvaient s'y croire intéressés, et qu'on avait eu le plus grand soin de les en instruire.

Dudit jour 30 Juin 1777.

Nosseigneurs les Commissaires du Roi ont dit que les biens abandonnés et qui n'ont plus de propriétaire rentraient encore dans la classe des biens appartenant au Public, et par conséquent dans les mains du Souverain qui le représente : que c'est l'exercice du droit de déshérence qui se trouvait établi en Corse comme en France ;

Qu'on voyait par une Bulle du Pape Paul III, donnée en 1539, que la Banque de Saint George, qui représentait alors la République de Gênes, se regardant comme propriétaire de toutes les terres abandonnées et incultes, avait obtenu du Saint Siège l'exemption des dîmes pour les Colonies qu'elle établirait sur les terres de cette nature;

Que le Chapitre 39 du Statut Civil, déjà rappelé ci-devant, montrait que la République regardait ces mêmes terres comme étant de disposition libre entre ses mains, puisque le même Statut qui en abandonne l'usage aux particuliers et aux Communautés voisines, réserve le droit de propriété de laChambre :

Qu'on sait que la République en avait disposé d'une manière plus particulière par la délibération du Sénat, en date du 17 Février 1638, par laquelle il a engagé les mêmes territoires à différents particuliers sous diverses conditions;

Que jusqu'ici il n'avait été fait aucune recherche particulière des Domaines de cette nature, que l'usage en était demeuré commun suivant le Chapitre 39 du Statut Civil pour ceux que la République de Gênes n'avait pas concédés, et que, comme elle n'avait transmis aucun de ses titres, on ne s'était pas trouvé dans le cas de faire aucune recherche de ceux qu'elle avait dû passer à la suite de la délibération de Février 1638;

Que les mesures à prendre pour déterminer les limites des Communautés améneraient naturellement à connaître l'ancien territoire de celles qui ont été détruites ;

Que les Etats demandaient avec bien de la raison qu'on établît des étrangers en Corse pour remettre le Pays en valeur ; qu'ils entendaient sans doute que c'était pour les remettre à la place des Communautés détruites par les malheurs des guerres ;

Qu'il fallait donc commencer par en rechercher le territoire, et que ce n'était pas contre des recherches de cette nature qu'il pouvait être permis de s'élever ;

Que s'il en résultait que les Communautés qui ne possèdent aujourd'hui que précairement, et en vertu du Chapitre 39 du Statut Civil, avaient un besoin réel de ce territoire en tout ou en partie, on les consoliderait, leur procurant une propriété incommutable ;

Que si ces territoires étaient de nature à recevoir de nouvelles Colonies sans faire tort aux Communautés voisines, on satisferait aux vœux du Pays qui demande des établissements d'étrangers; que si cela ne devait pas s'opérer ainsi, il fallait que l'Assemblée expliquât comment elle l'entendait, puisqu'on ne pouvait pas établir des étrangers en Corse, sans leur attribuer des territoires.

Dudit jour 30 Juin 1777.

Nosseigneurs les Commissaires du Roi ont dit que de ces mêmes territoires abandonnés par d'anciennes Communautés les plus importants et les plus voisins des plages de la mer avaient fixé plus particulièrement l'attention de la République ;

Qu'on retrouvait les traces certaines des dispositions qu'elle en avait faites en différents temps ;

Que la seule qui paraissait s'allier à la Bulle du Pape Paul III, était la concession faite, en 1676, à la Colonie Grecque ;

Que les autres concessions étaient à des Nobles Génois qui s'étaient fait investir des plus beaux domaines du Pays à des conditions qui ne paraissaient pas avoir été remplies ;

Que de là naissait la question de savoir s'il fallait laisser les territoires immenses de *Sia*, de *Galeria*, des *Agriate*, de *Portovecchio*, de *Chiavari* aux familles Saoli, Spinola, Veneroso, Imperiali, Giustiniani, parce que leurs ancêtres dans le temps où ils commandaient en Corse, avaient porté leurs vues sur les plus belles possessions du Pays ; que sans doute, s'ils en eussent formé des Terres, des Seigneuries, des Provinces bien habitées, bien cultivées, s'ils eussent fait dans ces concessions les dépenses qu'elles exigeaient, on ne retirerait pas de leurs mains des biens qu'ils eussent ainsi tirés de leur état d'inculture ; mais qu'au moment où le Gouvernement Français s'était occupé des moyens de régénérer le Pays, devait-il laisser les Concessionnaires Génois maîtres absolus des plus beaux, des plus importants territoires, pour n'en recevoir qu'un cens dont le plus fort n'était pas de cent livres ?

Qu'on devait dire plutôt qu'il ne serait pas possible de trouver nulle part une preuve plus palpable de l'utilité et de la sagesse d'un principe tel que celui de l'inaliénabilité du Domaine, et qu'on ne devait pas prévoir que l'application qu'on en a à faire pût jamais être l'objet d'une réclamation de la part des Etats ou de ses représentants.

Dudit jour 30 Juin 1777

Nosseigneurs les Commissaires du Roi ont dit que la République possédait, en outre, à titre d'acquisition, quelques terres, telle que la Confina près d'Ajaccio, des bâtiments employés au logement de ses Officiers et à l'administration de la Justice, et qu'elle avait achetés (en différents temps) pour les consacrer à ces usages;

Que ceux-ci rentraient dans le commerce et formaient des propriétés particulières, qu'aussi en avait-on usé avec la plus grande circonspection;

Que quand on trouvait un titre positif qui prouvait la propriété du Domaine et l'usurpation du détenteur ou de ceux de qui il achetait, le principe de l'inaliénabilité reprenait toute sa force et la prescription ne pouvait plus être proposée;

Qu'ainsi une Ordonnance de la République de 1602 établissait que la *Padula alta* près de l'Etang de Chiurlino appartiendrait au Domaine, qu'on trouvait un bail emphytéotique de 1642 par lequel elle était passée à la famille Centurione à des conditions qui n'ont point été remplies; que le Sieur Petriconi l'avait achetée de cette famille comme un bien patrimonial; qu'il avait son recours contre les vendeurs; mais que ni leur possession, ni la sienne ne pouvait prescrire contre les titres de la Couronne, et que la recherche qui en a été faite était évidemment le moyen le plus propre de maintenir la bonne foi dans les possessions et de rétablir l'ordre dans les propriétés;

Que hors de ces cas qui ne s'étaient pas rencontrés trois fois, et qui n'avaient encore été opposés à aucun Corse, la possession, suivant les lois du Pays, était un droit suffisant; qu'aucun possesseur n'avait été inquiété ni le serait ; que l'attention avait même été portée jusqu'à prévenir le possesseur de la *Padula alta* que si elle se trouvait dans le cas de la réunion, il aurait la préférence sur tous autres pour la disposition qu'il plairait à Sa Majesté d'en faire.

Dudit jour 30 Juin 1777.

Nosseigneurs les Commissaires du Roi ont dit que la République possédait enfin plusieurs Domaines à titre de confiscations dont les unes avaient été prononcées sur des procès instruits et jugés par des Tribunaux compétents contre des convaincus, les autres avaient pour époque et pour cause unique les derniers troubles ;

Que tous ces biens avaient été transmis au Roi lors de la prise de possession ; mais qu'un article du traité portait que les biens confisqués à l'occasion des troubles seraient rendus à leurs anciens propriétaires à charge que les confiscations faites par le Gouvernement Corse sur les biens des Génois, seraient pareillement annulées ;

Que cette convention avait été exécutée ponctuellement et même rapidement; que plus de deux cents ordonnances de renvoi en possession, rendues, en moins de trois années, en faveur des Corses ou des Génois qui avaient prouvé que les biens par eux réclamés leur appartenaient, et que la confiscation n'avait pas eu d'autre cause que les troubles, avaient dû prouver aux Corses qu'on était loin de chercher à mettre dans la main du Roi des propriétés privées, et qui par leur nature pouvaient convenir aux particuliers.

Dudit jour 30 Juin 1777.

Nosseigneurs les Commissaires du Roi ont dit que les Pièves d'Orto et de Mariana ont demandé qu'il fût ordonné à l'Emphytéote de l'étang de Biguglia de se conformer aux conditions de son traité et de tenir ouverts les canaux de l'étang, ayant ressenti, ont-elles dit, les plus grands dommages du défaut d'ouverture de ces canaux ;

Que cette demande très juste donnait l'explication des dispositions qui ont été faites pour l'étang de Biguglia ; que le défaut de communication de ses eaux avec la mer rendait les bords infects pendant les chaleurs, et que le voisinage en était inhabitable ; qu'il avait été nécessaire d'y pourvoir, et que c'était une charge du propriétaire qui devait mettre son bien hors d'état de nuire ; que l'étang était une propriété du Domaine, que la pêche en avait été affermée du temps de la République ;

Que le Gouvernement avait aliéné cette pêche à la charge par l'aliénataire de faire à ses frais les travaux nécessaires pour empêcher l'infection de l'air et en détruire la cause ; que l'argent que Sa Majesté y aurait fait employer servirait à un usage également utile dans quelque autre partie de l'Ile ;

Que les Communautés voisines réclamaient aujourd'hui l'exécution de cet arrangement dont elles sentaient les avantages ; que cela prouvait combien il était important pour le Pays que des biens de la nature et de l'étendue de l'étang de Biguglia eussent un possesseur tel que le Roi qui pût et qui voulût faire dans un temps convenable les avances ou les sacrifices nécessaires pour l'utilité commune ;

Que, au surplus, le Concessionnaire de l'étang de Biguglia

ne pouvait jouir de son titre qu'autant qu'il en acquitterait les charges ; qu'il devait entre autres conditions, entretenir constamment la communication des eaux de la mer et de l'étang ; que les travaux en étaient suspendus par quelques incidents particuliers, lorsque les Pièves d'Orto et de Mariana avaient formé leur demande, mais qu'ils avaient été repris depuis, et qu'ils seraient sûrement portés à leur perfection.

Nosseigneurs les Commissaires du Roi ont ajouté que les mêmes Pièves avaient demandé d'être maintenues dans les droits qu'elles prétendaient avoir, de pêcher sur les bords de l'étang de Biguglia avec certains filets ;

Que c'était un point de juridiction contentieuse qui devait être suivi pardevant les Tribunaux compétents ;

Que le Roi n'avait donné au Concessionnaire de l'étang de Biguglia que les droits qui lui appartenaient, et que Sa Majesté, en attribuant au Conseil Supérieur la connaissance de tous les différends qui pourraient s'élever entre les Sujets de quelque condition qu'ils fussent et ses représentants, toutes les fois qu'il s'agirait de la propriété de quelque bien, avait donné aux Corses une preuve si sensible de l'équité de ses principes en cette matière, que ce seul point suffirait pour rendre inexplicables les plaintes qui avaient été portées aux pieds du Trône.

Dudit jour 30 Juin 1777

Nosseigneurs les Commissaires du Roi ont dit que la province de Balagne a demandé qu'il plût à Sa Majesté d'exempter les Colonies qui viendraient faire de nouveaux établissements en Corse, du payement de la Subvention pendant dix ans du jour desdits établissements ;

Que c'était encore une demande très digne d'attention, qu'elle portait une nouvelle reconnaissance de la part du Pays de la nécessité d'établir en Corse des familles étrangères pour assurer et hâter les progrès de sa régénération ; mais qu'on pouvait demander où l'on placerait ces familles si ce n'était pas sur les Domaines du Roi, et comment on connaîtrait les Domaines de Sa Majesté sans les recherches nécessaires pour en constater la propriété.

Dudit jour 30 Juin 1777.

Nosseigneurs les Commissaires du Roi ont dit que la Pième de Bonifacio a demandé que la Communauté fût remise en possession paisible d'un territoire qu'elle a dit lui appartenir et dont elle a indiqué les limites ;

Que cette demande paraissait être la même que celle qui avait été formée, au mois de Mai 1771, à l'occasion de la prétention élevée par un Percepteur du Domaine qui avait levé sur ce territoire quelques droits que la Communauté contestait ; qu'il avait été répondu au nom du Roi, le 24 Juin 1771, qu'il fallait attendre pour statuer sur le fond de cette prétention les déclarations qui devaient être fournies à l'occasion du Terrier et du Cadastre ; que jusques-là il ne fallait ni percevoir, ni exiger autre chose que ce qui était perçu par la République de Gênes, au moment de la réunion, en s'abstenant d'inquiéter les Communautés et les particuliers, qui ajoutaient à la possession actuelle la preuve d'une possession antérieure et suffisante pour prescrire ; qu'on avait seulement recommandé de réserver les droits du Domaine, quand on aurait quelque commencement de preuve pour les établir ;

Que c'était sur ces principes qu'on avait constamment opéré depuis, et qu'on avait rendu en conséquence à la Communauté de Bonifacio une somme de 234 livres qui avait été levée sur le même Territoire dont elle parlait aujourd'hui, et dont elle devait par conséquent être en possession paisible.

Dudit jour 30 Juin 1777.

Nosseigneurs les Commissaires du Roi ont dit que la Piève de Portovecchio a demandé le desséchement du marais dont elle était infectée pendant l'été;

Que cette demande qui était juste leur donnait l'occasion d'annoncer les dispositions que Sa Majesté était dans l'intention de faire incessamment des Domaines de Portovecchio;

Qu'indépendamment de la partie de ce vaste territoire qui appartient incontestablement à la Couronne, on faisait par ses ordres des recherches sur la nature et l'étendue des prétentions de plusieurs particuliers et Communautés qui se disputent entr'eux ou qui disputent au Domaine la propriété de plusieurs cantons;

Que s'ils y avaient des droits incontestables et bien prouvés, ils seraient maintenus; que si à défaut de droits et de preuves, les contendants établissaient que les terrains contestés sont à leur convenance, et qu'ils fussent en état et dans la disposition de les faire valoir dans un délai compétent, Sa Majesté suppléerait par des concessions à l'insuffisance des titres; et que, comme le Domaine de Portovecchio est le plus étendu, en même temps qu'il est le plus désert de tous les Domaines de Corse, Sa Majesté, dans les concessions qu'elle se proposait d'en faire à des Gentilshommes Corses ou Français qui projettent de former des établissements dans l'Ile avec le secours du Gouvernement, leur imposerait essentiellement trois conditions qu'ils auraient à remplir ;

1° Qu'ils seraient tenus de faire dessécher dans chaque partie les marais qui peuvent en rendre l'habitation périlleuse ;

2° Qu'ils donneraient la préférence aux Corses qui cultivent certaines portions de ce territoire, quoique sans titres, et même en payant des droits au Roi pour les portions qu'ils seraient reconnus pouvoir mettre en valeur à raison d'une certaine quantité d'arpents par famille ;

3° Qu'ils établiraient dans un temps déterminé un certain nombre de familles étrangères, en proportionnant ce nombre à l'étendue des terres qui seraient érigées en Seigneurie de leurs noms et à leur profit.

Nosseigneurs les Commissaires du Roi ont ajouté, qu'à l'occasion de ce qu'ils venaient de dire sur le desséchement des marais de Portovecchio, ils avaient à apprendre à l'Assemblée les mesures ordonnées par Sa Majesté depuis les derniers Etats pour parvenir au desséchement de l'étang *delle Saline* et de l'étang d'Enfer près d'Ajaccio, du *Stagnone* et de la *Pagliazza* près de Calvi ;

Que l'étang *delle Saline* avait été réclamé par le Sieur Buonaparte comme un bien patrimonial ; qu'il avait été reconnu que ses ancêtres l'avaient eu par concession de la Ville d'Ajaccio qui le tenait elle-même de la République ; qu'ainsi cet étang était réellement un bien du Domaine ; que cependant Sa Majesté avait bien voulu déterminer que ce ne serait pas une raison pour déposséder le Sieur Buonaparte, mais au contraire pour lui donner un titre solide et légal ; qu'en conséquence elle autorisait le Sieur Intendant Commissaire départi à lui passer au nom du Roi, dans les formes ordinaires, une concession à perpétuité de l'étang *delle Saline* et des terres adjacentes telles qu'elles étaient portées par l'ancien titre de 1584 sur lequel le Sieur Buonaparte avait appuyé ses réclamations ; qu'en outre, pour lui aider à faire les travaux nécessaires pour dessécher l'étang, et en considération de ses services, Sa Majesté trouvait bon qu'on lui accordât un secours de 6,000 livres ;

Qu'à l'égard de l'étang d'Enfer, les travaux qu'on proposait pour faire cesser les inconvénients que cet étang et les autres marais attenants produisaient, seraient constatés par le Sieur Vuillier, Géomètre de l'Intendance, et que dès que les devis en auraient été rédigés et arrêtés, ces travaux seraient entrepris et dirigés par ce même Géomètre, pour la dépense en être répartie entre les propriétaires riverains, et que Sa Majesté y contribuerait pour un cinquième à raison de son Domaine de la Confina :

Qu'en même temps l'intention du Roi était qu'on dressât le devis des ouvrages à faire pour le dessèchement des marais de la *Confinaccia* et du *Cavone* qui lui appartenaient, ce qui s'exécutait actuellement ;

Que quoique le marais de la *Pagliazza* près Calvi appartienne à la Mense Episcopale de Sagone, Sa Majesté avait bien voulu contribuer aux frais de son dessèchement, en accordant un secours de deux mille livres à Mgr l'Evêque de Sagone qui y faisait travailler ;

Qu'enfin l'étang du *Stagnone* près Calvi avait été mis en adjudication, par ordre du Roi, pour être desséché, et qu'il avait été adjugé pour une somme de huit mille livres aux frais de Sa Majesté.

Nosseigneurs les Commissaires du Roi ont déclaré que Sa Majesté était déterminée à continuer ce genre de dépenses jusqu'à l'entière perfection des travaux qui devaient rendre la Corse habitable dans toutes ses parties.

Sur quoi, les Etats ont témoigné l'extrême joie qu'ils ressentent des dispositions bienfaisantes où est Sa Majesté de faire dessécher les marais et les eaux stagnantes de la Corse, et ils ont fait entendre qu'un moyen sûr de mettre en valeur la Corse et d'accroître sa population est celui de rendre l'air sain, et les plaines de l'Ile cultivables dans lesquelles se trouvent les meilleurs terrains, mais abandonnés par suite de l'infection de l'air.

Après quoi la Séance a été renvoyée à demain, premier du mois de juillet, à neuf heures du matin.

La présente délibération a été signée tant par Nosseigneurs les Commissaires du Roi que par Mgrs les Evêques Guasco et de Santini et par MM. les Piévans et Députés qui ont signé les précédentes de ce jour.

Signés : etc.

Séance du 1er Juillet 1777.

Monseigneur Doria, Evêque d'Ajaccio, Président, Mgr de Sagone, MM. les Piévans et Députés ci-devant dénommés, s'étant rendus dans la Salle de l'Assemblée, Mgr l'Evêque Président a dit que, dans la Séance d'hier, Nosseigneurs les Commissaires du Roi annoncèrent différents principes relatifs au Domaine de Sa Majesté en Corse ;

Qu'il serait de la plus grande nécessité d'y faire les observations qui peuvent être utiles pour la conservation des droits des Communautés respectives en particulier et de tout le Pays en général ;

Que les Etats ne pourront s'occuper d'une matière plus intéressante que celle-ci.

Sur quoi, l'Assemblée générale délibérant a arrêté que de son côté elle recevra toujours avec respect et soumission tout ce que Sa Majesté a déjà disposé et disposera pour régler les Domaines de la Corse, persuadée que toutes ses sages dispositions n'auront d'autre objet que celui d'assurer le bonheur de ses nouveaux Sujets Corse ;

Que cependant elle se croit en devoir de représenter respectueusement que certains principes qui sont reçus dans le Royaume de France et dans d'autres Etats ne pourraient que difficilement être exécutés en Corses ;

Que les vicissitudes des temps passés ayant fait périr la plus grande partie des titres des propriétés des Communautés et des particuliers, le défaut de ceux-ci ne devrait pas dépouiller les possesseurs d'une jouissance légitime ;

Qu'il n'y a rien de plus juste que Sa Majesté rentre dans tous les droits dont jouissait la Sérénissime République de Gênes avant la révolution de 1729, attendu que les possessions postérieures pourraient être suspectes d'invasions et d'usurpations, si elles n'étaient point appuyées d'un titre légitime ;

Mais que si une Communauté ou un particulier, du temps que la Sérénissime République de Gênes commandait pacifiquement en Corse, était en possession d'un bien et spécialement de ces biens qu'on ne peut pas appeler *Publici juris*, tels que des portions de territoires, bois et autres semblables, cette possession doit servir de titre, attendu que le Gouvernement avait en Corse un Syndic de la Chambre des comptes qui veillait attentivement à la conservation des droits de la République ;

Que si cette époque paraissait trop récente, et qu'on voulût remonter à une autre plus reculée, on pourrait la faire remonter à une possession de temps immémorial ; ainsi les particuliers ou les Communautés qui donneront des preuves d'une jouissance pacifique et immémoriale relativement au Prince, d'un bien domanial aliénable, seront maintenus et rétablis dans leur jouissance ;

Qu'après cette respectueuse observation générale, devant faire quelque réflexion sur chacun des points développés par Nosseigneurs les Commissaires du Roi, celui que les Etats ont trouvé mériter la plus grande attention de leur part, concerne les Bois ;

Qu'il est très vrai que la Sérénissime République de Gênes avait en Corse des Bois dont le Domaine utile et direct appartenait au Prince, et on les appelait Bois de la Chambre, mais qu'il y en avait peu de ceux-ci, sur lesquels l'Assemblée générale n'a rien à observer ;

Que ses humbles représentations ne peuvent se diriger que sur les Bois dont les Communautés, Pièves et Provinces de la Corse ont joui de temps immémorial, et sur lesquels la République n'a jamais prétendu avoir droit de Domaine, au moins de ce Domaine qu'on appelle utile ; qu'aujourd'hui presque tous les bois particuliers des Pièves et des Paroisses ont été réunis au Domaine ;

Que les pauvres Communautés qui sont dépouillées de ces bois, en ressentent un très grand préjudice, parce qu'elles ne peuvent plus y faire paître leurs bestiaux, ni faire les coupes de bois, dont elles retiraient de grands secours, et souvent elles rencontrent des difficultés pour se pourvoir de ce qui est nécessaire pour la construction ou la réparation de leurs maisons;

Que le Pays désire fort que les Communautés et les particuliers soient maintenus et rétablis en possession et jouissance des Bois et Forêts qu'ils avaient du temps du Gouvernement Génois, pourvu que cette possession soit appuyée de titres, ou soutenue comme possession de temps immémorial, et qu'on doive entendre possession de temps immémorial, quand il n'y aura pas de preuve d'homme vivant à opposer ;

Que le droit du Domaine sur les Bois des Communautés pourrait se restreindre aux arbres qui seraient réputés bons pour la Marine et aux bois dont la possession manquant de titres ne serait pas de temps immémorial ;

En outre, l'Assemblée a observé de quelle gêne et de quel embarras est à un particulier qui veut faire quelque coupe d'arbres dans ses propres bois, de remplir les formalités prescrites par l'Ordonnance du Roi du mois de Mars 1772 concernant les Bois et Forêts de la Corse ; qu'il serait nécessaire de laisser les propriétaires dans leur ancienne liberté, attendu que leur propre intérêt doit les rendre circonspects à agir avec précaution et réserve dans la coupe de leurs bois (1);

Qu'à l'égard des bois des Communautés, Piéves et Provinces, on pourrait laisser subsister dans leur vigueur les sages précautions portées par ladite Ordonnance pour leur conservation et augmentation ;

Que ce qu'on a dit sur les Bois, on pourrait le dire aussi relativement aux étangs et rivières de la Corse ;

Que quant à l'étang de Diana, celui-ci étant un intérêt d'un particulier sous l'examen du Conseil Supérieur, la justice de ce Tribunal assure le Public d'une décision équitable;

Qu'il n'y a rien à dire sur les étangs dont la Sérénissime République avait la propriété et la jouissance;

Que ce que le Pays réclame humblement c'est d'être maintenu dans la jouissance de la pêche dans les Rivières et Etangs, dont il a toujours joui sans la moindre contradiction dans les temps même les plus reculés ;

Que la privation de ce droit, qui serait désagréable au Peuple, ne serait d'aucune utilité au Roi, attendu qu'en Corse il n'y a que de petites rivières et de petits étangs, et on n'y pêche que quelques truites et quelques muges ;

Que ces droits ne pourraient être utiles ou plutôt servir d'agrément qu'à un particulier, mais que Sa Majesté, toujours animée du bien de ses Sujets, aimera mieux les laisser dans la jouissance où ils sont, que de les en priver pour faire l'avantage d'un seul individu (2);

---

(1) *Réponse du Roi :*
L'intention de Sa Majesté est que les règles prescrites par les art. 16 et 17 de l'ordonnance du mois de Mars 1772 pour la police et exploitation des bois des particuliers continuent d'être observées.

(2) *Reponse du Roi :*
Sa Majesté se propose de se faire rendre compte par les Officiers de la Chambre des Finances qui aura la connaissance des Eaux et Forêts et qui serait incessamment établie, de ce qui concerne la chasse et la pêche et d'y pourvoir par un Règlement.

Que ce qu'on a dit sur la pêche pourrait se dire également sur la chasse ;

Que les Corses n'ont jamais connu que la chasse fût un droit privé ; qu'il a toujours été libre à chacun de chasser où bon lui semblait ; que cependant le Pays ne trouverait aucun inconvénient à ce qu'un particulier eût le droit de chasse exclusif sur ses terres, ou sur celles du Domaine, mais ce qui ferait de la peine au Pays ce serait de voir solliciter des droits de chasse sur les possessions d'autrui, attendu qu'ils ne pourraient jamais avoir lieu sans préjudice pour les propriétaires des terres.

Les Députés de la Piève de Marana ont représenté que cette Piève et d'autres voisines avaient le droit de pêcher et de chasser sur les bords de l'étang de Biguglia, et que ce droit leur est contesté par M. le comte Buttafuoco, cessionnaire, au grand préjudice des Communautés :

Ces Députés et ceux de la Piève de Casacconi, d'Ampugnani, de Bigorno et de Tavagna ont représenté qu'il s'était répandu un bruit public que M. le comte Buttafuoco avait obtenu, ou au moins qu'il tentait d'obtenir, le droit exclusif de chasse et de pêche depuis le Golo jusqu'à Fiumalto, ce qui serait un sujet de peine, et préjudicierait à tous les habitants de ces Pièves qui ont toujours joui de ce droit, et ils ont prié les Etats de venir à l'appui de ces représentations pour qu'aucun particulier ne blesse les droits des Communautés.

Sur lesquelles remontrances les Etats ont dit que ces Pièves particulières sont en droit de faire valoir leurs raisons au Conseil Supérieur, ou directement à la Cour, persuadés que lesdites Pièves obtiendront ce qu'elles sollicitent ;

Ensuite les Etats ont fait entendre que, quoique le Pays ait désiré de voir des étrangers s'établir en Corse, leur vœu n'a cependant jamais été que ce fût sur des territoires dont les Communautés actuelles auraient besoin ;

Que quoique la République de Gênes se soit crue propriétaire des terrains abandonnés par les Communautés détruites, cette propriété ne pourrait cependant être que de fort peu d'étendue ;

Que quoiqu'il y ait plusieurs Communautés ruinées, il y a cependant peu de territoires abandonnés ;

Que les Peuples qui ont été obligés par les vicissitudes des guerres d'abandonner les marines, se sont retirés à la montagne ; mais que quoiqu'ils aient changé de demeure, ils n'ont cependant pas changé de territoire ; qu'ils ont toujours conservé celui qu'ils avaient auparavant, et sans lequel ils n'auraient pu et ne pourraient subsister, attendu qu'à la montagne ils se trouvaient en sûreté contre les incursions des ennemis, mais qu'ils n'y trouvaient pas leur subsistance ;

Que cet article mérite la plus grande attention de la part du Gouvernement ; que les nouvelles colonies ne peuvent s'établir que dans les territoires qui ne sont point nécessaires aux Peuples qui existent, ainsi que MM. les Commissaires du Roi l'ont annoncé de la part de Sa Majesté.

Le Député de la Piève de Sevidentro, Province de Vico, a représenté que ce qu'on a dit en général sur les Communautés détruites de la Corse et des territoires qu'on prétend être abandonnés, se rapporte précisément aux Communautés d'Ota, Evisa et Cristinacce ; qu'elles sont les restes de la Piève détruite de Sia, mais qu'elles ont toujours joui de ce territoire, et ne pourraient subsister si elles en étaient privées ; que Sa Majesté ayant fait une concession de cent arpents de ce terrain au Sieur Bonaventure Benedetti, et quoique cette Piève voie avec plaisir que la bienfaisance du Roi se répande sur ses citoyens, cette concession est cependant trop préjudiciable à ces Communautés pour qu'elles la voient avec indifférence ; et afin de justifier sa représentation, ledit Député a présenté un mémoire de la Communauté d'Evisa qui restera déposé au Greffe des Etats.

Le Député de la Piève de Niolo a représenté que sa Piève

avait des droits légitimes sur le même territoire de Sia, et que si on l'en privait, elle ne pourrait pas subsister.

Le Député de la Piève d'Olmi, Province de Calvi, a représenté que les territoires de *Marzolino, Paratella, Filosorma,* et *Lozzipeo* appartiennent aux Communautés de Calenzana et Moncale, qui en ont des concessions en forme de la Sérénissime République de Gênes et une jouissance paisible depuis longtemps, ce qu'on pourrait dire également de différents bois ; à laquelle représentation, soit pour les bois, soit pour la *Paratella*, se sont opposés les Députés de Balagne et de la Piève de Pino ; et pour les territoires de *Filosorma* et *Marzolino* le Député de la Piève de Niolo s'est également opposé, ainsi que pour la *Paratella*.

Les Députés de la Piève de Talavo, d'Istria et d'Ornano, Province d'Ajaccio, ont fait entendre qu'ils désirent que leurs Pièves soient maintenues en possession de l'étang de Taravo, dont ils ont, disent-ils, toujours joui paisiblement.

Les Députés de la Province de Balagne et de Canale ont représenté que la rivière d'Ostriconi a toujours été commune à toute la Province ; qu'actuellement le Domaine a prétendu se l'approprier en la louant pour six livres par an, et ils ont réclamé la conservation de leurs droits, et au surplus qu'elle soit louée de préférence à la Province pour la même somme.

Quant aux biens qui sont entre les mains des étrangers dépourvus de titres, ou qui n'ont pas rempli les conditions auxquelles on les leur a concédés, le Pays verra avec plaisir la réunion de ces territoires au Domaine, ou aux Communautés auxquelles on les a pris ; que si leur possession était légitime, ayant laissé jusqu'à présent ces biens en friche, il serait nécessaire de leur prescrire un terme court, dans lequel ces Propriétaires étrangers devraient les mettre en valeur, autrement ils seraient dévolus au Domaine du Roi.

Les Députés de la Province de Sartene se réservent de faire leurs remontrances sur le Domaine de Portovecchio.

Après quoi, la Séance a été renvoyée à demain, deux du mois de Juillet, à neuf heures du matin.

La présente Délibération a été signée tant par Mgr l'Evêque Président que par Mgr de Sagone et le Piévan Olmeta, par MM. Villanova et de Leca, Députés Ecclésiastiques; de Morlas et de Poli, Deputés Nobles; Dominici et Agostini, Députés du Tiers-Etat.

Signés: etc.

Séance du 2 Juillet 1777.

Nosseigneurs les Commissaires du Roi, Mgrs les Evêques et autres Députés (Mgrs les Evêques d'Aleria et de Mariana absents) s'étant rendus dans la Salle de l'Assemblée, Nosseigneurs les Commissaires du Roi ont dit que la Province de Sartene a demandé la construction des ponts et des grands chemins nécessaires pour la communication de Bonifacio à Sartene et de Sartene à Ajaccio ;

Que la Province d'Ajaccio demandait avec instance que le chemin de Corte à Ajaccio fût repris et achevé, et que le Roi fît construire un pont sur la rivière de Campo-di-Loro ;

Que les Pièves de Castello et Rogna ont demandé des chemins de communication avec Corte ;

Que la Province d'Ajaccio et la Piève de Sorroinsù ont demandé la construction d'un pont sur le Liamone pour établir une communication constante entre Ajaccio et Vico. Enfin que la Province de Vico avait demandé d'être autorisée à construire un autre pont sur la même rivière au passage de Murzo ;

Nosseigneurs les Commissaires du Roi ont répondu que les demandes de cette nature ne regardaient directement Sa

Majesté que pour les chemins royaux, dont elle voulait bien prendre les frais à son compte, qu'elle y pourvoyrait successivement autant que les fonds et les troupes qu'elle voulait bien y destiner pourraient y suffire ; que si les moyens qu'elle employait ne répondaient pas assez promptement au vœu des Etats, ils étaient les maîtres d'y suppléer par leurs ressources personnelles ;

Qu'à l'égard des chemins Provinciaux et Communaux, dont la construction était à la charge des Provinces ou des Communautés par l'Arrêt du 24 Octobre 1772, c'était aux Assemblées générales et particulières à en délibérer et à y pourvoir suivant les règles prescrites par le même Arrêt.

Nosseigneurs les Commissaires du Roi ont dit que la Province de Balagne a demandé que ceux qui ont souffert des dommages pour la construction des chemins en fussent indemnisés :

Qu'il y était pourvu par les dispositions de l'Arrêt du Conseil du 24 Octobre 1772 ; qu'en conséquence les propriétaires qui avaient des indemnités à réclamer pouvaient demander qu'il fût nommé des experts pour estimer tant en fonds qu'en revenus les portions de leurs terrains qui seraient comprises dans les chemins, et qu'ensuite le Pays leur en constituerait la rente sur les fonds qu'elle y a destinés.

Nosseigneurs les Commissaires du Roi ont dit que la Province de Balagne et de Calvi se sont plaintes de l'établissement d'une barque sur la rivière de la Foce près Calvi sur laquelle la Ville de Calvi proposait de faire construire un pont ;

Que l'établissement d'une barque était indispensable ; qu'il était juste de pourvoir aux frais de sa construction et entretien ainsi qu'aux gages d'un bâtelier ; qu'on y avait procédé par imposition au marc la livre de la Subvention sur les Communautés qui sont censées en profiter ;

Que s'il y avait une voie plus simple d'acquitter ces frais indispensables, par exemple, si on trouvait qu'il fût plus convenable de faire payer un droit de passage par chaque passager, le Roi laissait les Etats les maîtres d'en délibérer, pourvu que le service fût assuré de manière à ne pas être interrompu un seul jour ;

Qu'à l'égard de la construction d'un pont sur la même rivière, cela entrait dans la classe des constructions qui étaient à la charge des Provinces, et que s'agissant d'une communication entre les Provinces de Calvi et de Balagne, qui en profiteraient également, c'était à elles à mettre cet objet en délibération dans leurs Assemblées.

Nosseigneurs les Commissaires du Roi ont observé à ce sujet que les devis et plans de cette dépense avaient été communiqués aux dernières Assemblées des deux Provinces, et que leurs Députés seraient à portée de mettre sous les yeux de l'Assemblée générale les délibérations qui avaient été prises à ce sujet.

Nosseigneurs les Commissaires du Roi passant ensuite aux demandes particulières de quelques Communautés, Pièves et Provinces, ont dit que la Province d'Ajaccio a renouvelé ses instances pour procurer à la Ville d'Ajaccio l'eau dont elle a besoin pour sa subsistance, en observant que le service du Roi peut y être particulièrement intéressé par rapport à la garnison qui est exposée à manquer d'eau pendant les chaleurs;

Que cette demande méritait d'être prise en considération, que la dépense des fontaines à Ajaccio regarderait la Communauté si elle avait des revenus suffisants pour y satisfaire ;

Que l'intérêt que la Province y prenait semblait indiquer qu'elle contribuerait volontiers de quelque chose à cette dépense, que les Etats pouvaient avoir le même vœu, et que le Roi voudrait bien aussi y prendre part ;

Qu'il y avait donc à examiner s'il y avait dans les environs d'Ajaccio des sources qui ne tarissent pas durant les chaleurs et qu'on pût conduire dans la Ville, et ensuite ce qu'il en coûterait pour la conduite; que la dépense se partagerait par quart entre le Roi, les Etats, la Province et la Communauté ;

Que c'était un objet sur lequel Sa Majesté permettait aux Etats de délibérer.

Nosseigneurs les Commissaires du Roi ont dit que la Piève de Niolo a demandé qu'il plaise à Sa Majesté de faire délivrer des prisons de Toulon les habitants de la Piève qui s'y trouvaient renfermés ;

Que Sa Majesté y avait déjà pourvu, et qu'elle continuerait d'y pourvoir suivant la justice.

Nosseigneurs les Commissaires du Roi ont dit que la Province de Balagne a chargé ses Députés de porter des plaintes sur la défense faite de renouveler les demandes qui ont été refusées, telles que celles d'un Collège ou d'une Justice à l'Algajola, de changer les Officiers de Justice tous les deux ans, de les soumettre au syndicat, etc ;

Que non seulement Sa Majesté ne changerait rien à cette décision, mais qu'elle chargeait ses Commissaires de faire connaître aux Etats que le procès-verbal de l'Assemblée de la Province de Balagne porterait à croire que cette Assemblée s'était laissé aller à un esprit d'opposition que Sa Majesté ne pouvait voir avec indifférence ;

Nosseigneurs les Commissaires du Roi ont déclaré pour exécuter les ordres de Sa Majesté, que si dans les Assemblées de cette nature, qui étaient destinées à maintenir le bon ordre dans l'administration des affaires municipales, on se portait à méconnaître les bontés du Roi et la douceur de son Gouvernement, pour faire renaître sous une multitude de formes différentes des demandes que Sa Majesté avait jugées contraires à ses vues, elle serait dans le cas d'y pourvoir, soit en interdisant de pareilles Assemblées, soit en en changeant la forme, pour leur ôter une liberté dont on aurait ainsi abusé.

Nosseigneurs les Commissaires du Roi ont dit que par

Arrêt du Conseil d'Etat de Sa Majesté du 20 Février 1774, elle a donné à l'Université tous ses droits sur les biens des Romei et de leurs complices ;

Que dans ces biens se trouve compris le Jardin del Prato estimé aujourd'hui 35,000 livres ;

Que l'usage de ce Jardin formé par M. le Baron de Falkeneyn lui avait été accordé pour tout le temps qu'il commanderait à Corte à charge d'en payer le loyer à raison de 150 livres par an à l'Université, à compter du jour qu'elle serait établie, mais que M. de Falkeneyn ne commandait plus à Corte;

Que par le chapitre 31 du Statut Civil il a droit à la moitié du Jardin, à raison des améliorations qu'il y a faites, qu'il les a fait monter à 12,000 livres suivant l'état qu'il en a présenté, et qu'il en a demandé le remboursement ;

Que ce remboursement était d'autant plus juste qu'il lui avait été promis avant qu'il fît la dépense ; que c'était une charge du don que le Roi a fait à l'Université, Sa Majesté n'ayant pu ni voulu donner que ce qui lui appartenait dans ce Jardin ;

Que les cinq huitièmes de ce Jardin comme de tous les biens indivis de la famille Romei, appartiennent à ceux qui ont été reconnus innocents du meurtre de Gafforio ;

Que l'Arrêt du 20 Février 1774 ordonne que le Jardin demeurerait tout entier dans les lots du Roi ; que les autres biens seraient remis en entier aux Romei copartageants, et qu'en cas de plus value du Jardin, elle serait payée des deniers de l'Université ;

Que, suivant l'estimation des experts, la valeur du Jardin, avant qu'il y eût été fait aucune amélioration, était portée à 14,472 livres, et celle des autres biens à 4,535 livres, ce qui formait en tout une valeur de 19,307 livres, d'où il résultait qu'en abandonnant aux Romei copartageants les biens estimés 4,535 livres à compte de la totalité, il y avait à leur payer une plus value de 7,531 livres, 17 sols, 8 deniers;

Qu'ainsi, pour acquérir l'entière propriété du Jardin del Prato, l'Université aurait à payer 19,531 livres, 17 sols, 6 deniers, savoir, 7,531 livres, 17 sols, 6 deniers, pour le fonds aux Romei, et 12,000 livres pour les améliorations à M. le Baron de Falkeneyn ;

Que si le Jardin valait aujourd'hui 35,000 livres, le don fait à l'Université serait encore de 15,468 livres, 2 sols, 6 deniers, mais qu'il était possible que l'estimation en fût portée trop haut, et que, quand elle serait juste, il serait encore possible que l'intérêt de 19,531 livres, 17 sols, 6 deniers, fût plus fort que tout le produit du Jardin, et qu'alors le don en serait plus onéreux que profitable à l'Université, et qu'elle pourrait le répudier ;

Nosseigneurs les Commissaires du Roi ont ajouté que cette affaire intéressait essentiellement les Etats ; que Sa Majesté désirait en conséquence que l'Assemblée générale en délibérât, et qu'à cet effet ils remettaient sur le Bureau une copie de l'Arrêt du Conseil et du procès-verbal des experts qui établissait la valeur du Jardin del Prato et des biens des Romei ;

Sur quoi l'Assemblée générale a dit qu'elle se fera un devoir de faire ses réflexions sur tout ce que Nosseigneurs les Commissaires du Roi viennent d'annoncer, et de prendre les délibérations qu'elle réputera justes et convenables.

La présente délibération a été signée tant par Nosseigneurs les Commissaires du Roi que par Mgrs les Evêques d'Ajaccio et de Sagone ; par MM. Moroni et Bonavita, Piévans ; d'Antoni et Colonna, Nobles ; Dominici et Agostini, Députés du Tiers-Etat.

Signés, etc.

Dudit jour 2 Juillet 1777.

Après que Nosseigneurs les Commissaires du Roi se sont retirés, Mgr l'Evêque Président a dit que le Sieur Gabriel Ghirardi, de la côte de Gênes, par son mémoire présenté aux Etats, fait voir que depuis longtemps il a fixé son domicile dans la Ville d'Ajaccio où il se trouve avec sa famille, où il tient son commerce :

Que par conséquent il désirerait être naturalisé Corse pour pouvoir jouir de tous les droits, privilèges et prérogatives dont jouissent les sujets de Sa Majesté ;

Sur quoi, la matière mise en délibération, l'Assemblée délibérant a observé que le Sieur Ghirardi ayant un long domicile dans la Ville d'Ajaccio, ainsi qu'il le représente, se trouve dans les cas de jouir de tous les droits, privilèges et exemptions dont jouissent les naturels Corses et Français, en vertu de l'Edit du Roi de 1770 sans qu'il ait besoin d'être naturalisé par les Etats, que par conséquent il n'a qu'à solliciter les lettres-patentes du Roi pour pouvoir jouir avec plus de sûreté de ces avantages.

La présente Délibération a été signée comme dessus.

Signés, etc.

Dudit jour 2 Juillet 1777.

Monseigneur l'Evêque Président a dit qu'il n'y a personne qui ignore que les salaires du Sieur Fabrizi, Héraut d'armes des Etats, et du nommé Lucherini, Huissier, sont de deux cents livres pour le premier et de cent livres pour le second pour chaque tenue d'Assemblée générale.

Que quoique ces appointements soient suffisants relativement aux Assemblées ordinaires, cependant les Etats de cette année ayant duré deux mois environ, ce salaire serait trop modique en considération de leurs soins;

Que l'Assemblée pourrait prendre en considération, si elle trouvait convenable de donner à chacun d'eux quelque petite gratification.

Sur quoi, les Etats délibérant ont arrêté que pour cette année seulement, et sans tirer à conséquence, il sera payé par la Caisse du Pays à titre de gratification et de secours extraordinaire, cent livres au Sieur Fabrizi et cinquante livres au nommé Lucherini, huissier, en sus de leur salaire ordinaire.

Après quoi, la Séance a été renvoyée à demain, trois du mois courant, à neuf heures du matin.

La présente Délibération a été signée comme dessus.

Signés, etc.

Séance du 3 Juillet 1777.

Monseigneur l'Evêque Président et Mgr l'Evêque de Sagone (Mgrs les autres Evêques absents), et les Députés cidevant dénommés, s'étant rendus dans la Salle de l'Assemblée, Mgr l'Evêque Président a dit que dans la séance d'hier, Nosseigneurs les Commissaires du Roi ont annoncé différentes réponses de Sa Majesté concernant les demandes particulières relatives aux ponts et chemins de la Corse;

Que cet objet intéresse tout le Pays, attendu que les chemins sont les véhicules du commerce et un moyen sûr pour exciter la culture, qui s'accroît à mesure qu'on trouve de plus grands avantages et qu'on rencontre moins d'obstacles ;

Qu'il serait nécessaire d'éclaircir ces demandes et de les appuyer autant que de raison ;

Sur quoi, la matière mise en délibération, il a été arrêté de mettre respectueusement sous les yeux de Sa Majesté les réflexions suivantes :

1° Que Sa Majesté ayant daigné se charger des frais de construction des chemins royaux, on croit que sous ce nom devraient être compris ceux qui regardent la communication d'une ville à l'autre, et par conséquent les chemins de Bastia à Corte de Corte à Ajaccio, d'Ajaccio à Bonifacio, de Bonifacio à Bastia, d'Ajaccio à Calvi, et de Calvi à Bastia et à Corte, devraient être de cette classe, ainsi que celui de Bastia à Rogliano ;

2° Que dans les frais de construction des chemins royaux soient compris les ponts nécessaires pour les rivières qui traversent ces chemins ;

3° Qu'en partant de ce principe, les ponts qu'on demande pour la rivière de Calvi, pour celle de Liamone, de Campoloro, de Saint Florent et autres semblables, seraient à la charge de Sa Majesté ; et ces ponts étant de première nécessité, devraient être construits avant tout chemin ;

4° Qu'à l'égard des ponts et chemins provinciaux et communaux, ce qui peut se référer aux demandes de différentes Pièves, telles que celles d'Orezza, d'Ampugnani et de Tavagne, Province de Bastia, celles de Castello et de Rogna, Province de Corte, et celles de la Province de Sartene, de Vico, etc., l'intention des Pièves demandantes a été de réclamer l'exécution de l'Arrêt du Conseil d'Etat concernant les chemins de Corse ;

5° Que les Communautés, Pièves et Provinces sont à cet égard dans une inaction totale, et qu'on n'a jamais vu les chemins et les ponts dans un plus mauvais état qu'ils sont actuellement, à l'exception des chemins royaux commencés par Sa Majesté ;

6º Que sans une force coactive et sans une inspection assidue, les chemins, et spécialement ceux qui ne regardent que la commodité particulière des Communautés et des Pièves, seront toujours en très-mauvais état ;

7º Que pour obvier à ce désordre, il serait de toute nécessité qu'il y eût trois Inspecteurs de tous les chemins de Corse, tant pour leur conservation que pour les réparations nécessaires ; qu'ils seraient chargés, sous les ordres de M. l'Intendant et l'inspection des Douze, de visiter les chemins et ponts, et reconnaître quels sont les travaux de nécessité indispensables à faire, et les diriger en conséquence d'après les ordres qui seraient donnés ;

8º Que pour remplir cet objet, on pourrait diviser la Corse en trois districts, savoir l'en de là des Monts pour le premier, les Provinces du Cap-Corse, Nebbio et Bastia pour le second, et celles de Calvi, Balagne, Corte et Aleria pour le troisième, et en assigner un à chaque Inspecteur ;

9º Que leur inspection devrait se faire trois fois par an, en dressant un procès-verbal de toutes les dégradations qui seront survenues, de toutes les réparations qui seront nécessaires, en distinguant tout ce que pourra exiger la circonstance des cas, et rendre compte de tout à M. l'Intendant et à la Commission des Douze, pour suivre les opérations qui seront approuvées ;

10º Que les frais de construction des chemins provinciaux suivant l'article 9 dudit Arrêt sont à la charge du Roi pendant dix ans pour un quart, et les autres trois quarts sont à la charge des Provinces respectives ;

11º Que pour faciliter et exciter cette construction, Sa Majesté sera priée humblement de vouloir bien supporter la moitié de ces dépenses, et que le terme de dix ans ne s'entende commencer que du jour où l'on commencera la construction de ces chemins ;

Les Députés de la Piève de Celavo ont observé qu'en hiver, après la chûte des neiges, *la Foce* de Vizzavona ferme toute communication entre les Provinces d'en deçà et d'en delà des Monts; qu'il serait nécessaire de suivre ce qu'on pratiquait dans le temps du Gouvernement Corse, que c'était de tenir, pendant les mois d'hiver, en différentes cabanes ou maisonnettes qui étaient à une demi-lieue de distance l'une de l'autre, quatre hommes par chacune pour tenir les chemins ouverts. Qu'actuellement on pourrait pratiquer la même chose avec plus de facilité, attendu que depuis qu'on a construit des forts, on trouve toujours des garnisons de ces côtés-là. Les Etats trouvant que l'observation des Députés de la Piève de Celavo méritait d'être accueillie favorablement, ont prié Sa Majesté de vouloir bien prendre en considération cette demande qui intéresse tout le Pays.

A l'égard de la fontaine de la ville d'Ajaccio, les Etats ont déclaré que le Pays ne doit prendre aucune part à ce travail qui concerne uniquement cette Ville, et les Députés de la Province ont fait la même déclaration; mais toute l'Assemblée a prié le Roi de venir au secours de cette Ville ;

Les mêmes Députés de la Province d'Ajaccio voulant éclaircir cette demande, ont dit que cette Ville n'a jamais prétendu demander les secours du Pays pour ce travail ; que son intention a été d'adresser ses prières à la munificence du Roi ; que Sa Majesté est venue à son secours par un subside de vingt-une mille livres ; que ce travail a été commencé, mais d'une manière peu satisfaisante, attendu que ceux qui en sont chargés, ne travaillant pas de façon à pourvoir aux besoins de la Ville; qu'il serait convenable que les Officiers Municipaux d'Ajaccio fussent chargés de ce travail ; que cette Ville au moyen de la somme de vingt-une mille livres seulement s'oblige de faire un récipient d'une double contenance de celui qui a été commencé par l'entrepreneur;

Qu'on pourrait aussi examiner s'il ne serait pas possible de trouver quelque source qu'on pût conduire facilement, et qui fournît une bonne eau et en grande quantité, ce que plusieurs croient facile ;

La présente Délibération a été signée tant par Mgr l'Evêque Président, que par Mgr de Sagone et le Piévan Tusoli ; par MM. Poli et Olivieri, Députés Ecclésiastiques; Joseph de Sansonetti et de Mari, Nobles ; Maraninchi et Versini, Députés du Tiers-Etat.

Signés, etc.

Dudit jour 3 Juillet 1777.

Les Députés de la Province de Sartene, Bonifacio et Portovecchio, qui s'étaient réservé dans la Séance du 1er de ce mois de faire leurs représentations sur le Domaine de Portovecchio, ont dit que différentes familles domiciliées dans ce district, sont en possession d'une quantité de terrains qui leur sont contestés actuellement par l'Inspecteur du Domaine ;

Que quoique les possesseurs soient dépourvus de titres, que les vicissitudes des temps passés ne leur ont pas permis de conserver, ils se trouvent cependant appuyés d'une possession immémoriale ;

Qu'ils ont déclaré ces terres comme leur appartenant en propre, ils en ont fait la déclaration aux Greffes respectifs des Communautés, et le Commissaire des rôles les a assujetties à la quote de la Subvention en proportion de leur produit ;

Que la Sérénissime République de Gênes voulant attirer des habitants dans le district de Portovecchio, a accordé à ceux qui s'y établiraient d'être exempts de tout droit de *terratico* et *d'erbatico* desdites terres, et que ceux qui auraient mis en valeur quelque portion de ces terrains ou en culture de vignes ou en plantation d'arbres, ou par des défrichements et des clôtures, en seraient les propriétaires légitimes ainsi que leurs héritiers et successeurs ;

Que par une convention passée en 1503 entre l'Office de Saint-Georges et le Sieur Renuccio Rocca, l'un des conseigneurs de ce Territoire, énoncée par une publication faite par le Lieutenant de Sartene du 23 Février 1661 et par ordre du Sénat de Gênes, il appert que M. Renuccio de la Rocca a cédé audit Office différents territoires et qu'il en a réservé d'autres au profit des habitants ;

Qu'il serait nécessaire d'avoir sous les yeux la copie de cette convention, qu'on doit trouver en original dans les archives de Saint Georges, au moyen de laquelle on éviterait tant de confusions de propriétés et de limites lors des cessions de ces territoires ;

Que les vœux du Pays qui demandait instamment de voir établi l'ordre des Feudataires, et rendre leur splendeur ancienne aux familles qui en étaient en possession, ayant été exaucés par Sa Majesté, ainsi que MM. les Commissaires du Roi l'ont annoncé, les Gentilshommes du lieu le plus voisin de Portovecchio, descendants des conseigneurs dudit Sieur Renuccio de la Rocca, aient la préférence sur les autres Gentilshommes Corses plus éloignés dudit territoire, et que Sa Majesté daigne confirmer les concessions faites par la Sérénissime République de Gênes et les maintenir dans la possession paisible et immémoriale des terrains dont ils ont joui jusqu'à présent.

Après quoi, la Séance a été renvoyée à demain, quatre du mois courant, à neuf heures du matin.

La présente Délibération a été signée comme dessus.

Signés : etc.

Séance du 4 Juillet 1777.

Nosseigneurs les Commissaires du Roi, Mgrs les Evêques d'Ajaccio, de Sagone et de Mariana, MM. les Piévans et autres Députés s'étant rendus dans la Salle de l'Assemblée, Nosseigneurs les Commissaires du Roi ont dit que les Etats ont appris par la réponse de Sa Majesté à l'article du cahier de la dernière Assemblée concernant la fixation de la mesure pour les grains, le vin et l'huile en Corse, que son intention était qu'on se servit dans toute l'Ile des mesures usitées à Bastia et connues sous la dénomination de *bachin*, *bocal* et *quarte* ; à l'effet de quoi la contenance en serait déterminée géométriquement par pieds, pouces et lignes cubes en présence des Etats présidés par les Commissaires de Sa Majesté ;

Que pour exécuter les ordres du Roi ils avaient choisi les Sieurs Testevuide et Bedigis, Directeurs du Terrier général de Corse, pour procéder à cette opération; qu'ils leur avaient fait remettre par les Officiers Municipaux de Bastia un bachin, un bocal et une quarte, afin qu'ils en déterminassent la contenance.

En conséquence de quoi Nosseigneurs les Commissaires du Roi ayant fait entrer lesdits Sieurs Testevuide et Bedigis, il a été procédé par eux ainsi qu'il suit :

Cejourd'hui quatre Juillet mil sept cent soixante-dix-sept, à onze heures du matin,

Nous Directeurs du Terrier général de l'Ile de Corse soussignés, en exécution des ordres de Nosseigneurs les Commissaires du Roi, nous nous sommes transportés à l'Assemblée des Etats de Corse pour y constater en leur présence et en celle de ladite Assemblée la contenance du bachin, du bocal et de la quarte, qui ont été présentés par MM. les Officiers Municipaux de la Ville de Bastia.

Avant de procéder à cette opération, nous avons eu l'honneur de représenter qu'il en a déjà été fait une semblable, le 30 Juin 1773, en présence de mesdits Sieurs les Officiers Municipaux de Bastia, à l'occasion du projet de cadastre fait pour le Cap-Corse.

Mais cette opération du 30 Juin 1773 s'étend sur tous les poids et mesures en usage en Corse, tant les mesures des longueurs, des solides, des liquides que celles des superficies et poids, avec leurs rapports aux poids et mesures de la Ville de Paris, dont les étalons sont déposés au Bureau du Terrier.

Suivant le procès-verbal qui en a été dressé, il fut reconnu que le bachin contenait un demi boisseau et un seizième environ, ou trois cent soixante-quinze pouces cubes, onze lignes, onze points; le bocal, une pinte et une chopine environ, mesure de Paris, ou 65 pouces cubes, 3 lignes; la quarte, une pinte eu 46 pouces cubes, 10 lignes, 1 point.

Le bachin, le bocal et la quarte que MM. les Officiers Municipaux présentent aujourd'hui, ne sont pas les mêmes, à en juger par les résultats, et cela n'est pas étonnant. Ces mesures sont si irrégulières dans leur forme et construction qu'il n'est pas possible de compter sur un certain degré de justesse: Voici leurs dimensions.

Dimensions du Bachin présenté par MM. les Officiers Municipaux le premier de ce mois.

	Pouc.	lig.	points.	
Hauteur : au milieu du fer	6.	—	—	
— à l'une des extrémités du fer.	6.	—	3	
— à l'autre extrémité du fer .	5.	11.	5	
— à l'une des extrémités du diamètre perpendiculaire du fer	5.	11.	6	
— à l'autre extrémité. . . .	5.	11.	5	
Total. . . .	29.	10.	7	
Le cinquième pour la hauteur réduite, est par conséquence de	5.	11.	8.	7-24

	Pouc.	lig.	points.
Diamètre : pris sur le fer	9.	1.	—
— perpendiculairement au fer.	9.	4.	—
— autre diamètre divisant en deux un des angles droits formés par le fer et la perpendiculaire. . . .	9.	4.	9
— autre diamètre comme ci-dessus	9.	1.	—
Total. . . .	36.	10.	9
Le quart pour le diamètre réduit est par conséquent	9.	2.	8. 3

Suivant ces dimensions le cube de ce bachin est de 381 pouces, 4 lignes, 3 points.

Dimensions d'un autre bachin présenté le deux de ce mois.

	pouc.	lig.	points.	
Diamètre : pris sur le fer	9.	1.	10	
— perpendiculaire au fer . .	9.	1.	2	
— diamètre divisant en deux parties égales l'angle droit formé par le ter et sa perpendiculaire.	9.	1.	—	
— autre diamètre comme ci-dessus	9.	4.	1	
Total . . .	30.	3.	1	
Le quart pour le diamètre réduit est par conséquent	9.	2.	0.	3

	pouc.	lig.	points.
Hauteur : à une des extrémités du fer.	6.	—	—
— à l'autre extrémité . . .	6.	1.	2
— au milieu	6.	—	4
— à l'extrémité du diamètre perpendiculaire au fer .	6.	1.	3
— à l'autre extrémité . . .	6.	—	3
Total. . . .	30.	3.	—
Le cinquième pour la hauteur réduite est par conséquent de	6.	—	7. 2

Suivant ces dimensions le cube du second bachin est de 321 pouces, 6 lignes.

Dimensions du Bocal présenté le premier de ce mois.

	pouc.	lig.	points.
Hauteur : dans le milieu.	6.	—	9
— à l'extrémité du diamètre	6.	1.	—
— à l'autre extrémité dudit diamètre.	6.	—	6
— à l'extrémité du diamètre perpendiculaire au premier	6.	—	4
— à l'autre extrémité.	6.	—	8
TOTAL.	30.	3.	3

Donc, le cinquième pour hauteur réduite est de 6. 0. 7. 9-7

Diamètre : d'en haut	3.	0.	8
— d'en bas	4.	3.	8
TOTAL.	7.	4.	4

Donc, la moitié pour le diamètre réduit est de 3. 8. 2

Suivant ces dimensions le cube du bocal est de 61 pouces, 10 lignes, 4 points.

Dimensions de la quarte présentée le premier de ce mois.

		pouc.	lig.	points.
Hauteur :	à une extrémité du diamètre.	6.	11.	6
—	à l'autre extrémité. . . .	6.	11.	5
—	à l'extrémité du diamètre perpendiculaire à celui ci-dessus	6.	11.	—
—	à l'autre extrémité dudit diamètre	6.	11.	8
—	au milieu du vase . . .	6.	11.	7
	TOTAL. . .	34.	9.	2

Le cinquième pour la hauteur réduite
est par conséquent de 6. 11. 5. 24

Diamètres d'en haut :

	pouc.	lig.	points.
passant par la fleur-de-lys .	2.	4.	3
perpendiculaire au diamètre passant par la fleur-de-lys.	2.	3.	9
autre diamètre.	2.	4.	—
autre diamètre.	2.	3.	3
TOTAL. . .	9.	3.	3

Le quart pour le diamètre d'en haut
réduit est de 2. 3. 9. 9

	pouc.	lig.	points.

Diamètres d'en bas :

	pouc.	lig.	points.
passant par la soudure	3.	6.	—
perpendiculaire au diamètre ci-dessus.	3.	4.	9
divisant l'angle droit formé par les deux diamètres ci-dessus.	3.	5.	—
autre diamètre comme ci-dessus	3.	6.	7
TOTAL	13.	10.	4

Le quart pour le diamètre d'en bas réduit est de	3.	5.	7.	3.

Suivant ces dimensions, le cube de la quarte est de 43 pouces, 7 lignes, 5 points.

Comparaison des résultats trouvés en différents temps sur les mêmes mesures.

POUR LE BACHIN.

	Pouces	lig.	points.
Suivant celui présenté le 30 Juillet 1773.	375.	11.	11
le premier de ce mois.	381.	4.	3
le second idem	381.	6.	—

Ainsi il y a différence en moins de 5 pouces, 4 lignes, 4 points du premier au second bachin, et d'une ligne, 9 points du second au troisième.

Pour le Bocal.

pouc. lig. points.

Suivant celui présenté le 30 Juin 1773,
ci . . . . 65. 3. —
et suivant celui donné le 1er de ce mois. 61. 10. 4

La différence en plus du premier au second est par conséquent de 3 pouces, 5 lignes, 8 points.

Pour la Quarte.

Suivant celle présentée le 30 Juin 1773, 46. 10. 1
et suivant celle du 1er de ce mois . . 43. 7. 5

La différence en plus de la première à la seconde est par conséquent de 3 pouces, 2 lignes, 8 points.

Toutes ces différences en plus et en moins viennent de ce que de pareilles mesures ne peuvent guère être semblables, étant construites dans les formes les plus irrégulières, puisqu'il n'y a pas deux endroits où les diamètres et les hauteurs soient exactement les mêmes, ce qui donne une grande difficulté à pouvoir les cuber avec précision et justesse. D'ailleurs, le bois et le fer blanc dont elles sont composées sont des corps qui se compriment ou se dilatent trop facilement, et qui par conséquent les mettent dans le cas de se retrécir ou de s'aggrandir selon les circonstances ; ainsi on présenterait cent mesures de cette espèce, qu'on n'en trouverait pas deux parfaitement égales.

Cependant il est de la plus grande importance d'avoir des bases sûres dans le commerce.

Il serait donc nécessaire de former des étalons extrêmement justes et faits en acier et en cuivre sur les modèles des poids et mesures de France qui sont au Bureau du Terrier. Il en faudrait déposer un de chaque espèce dans les Greffes de chaque Juridiction. La toise, le palme, le bachin, le bocal, la quarte et le poids de marc sont les différents poids et mesures dont il conviendrait avoir des étalons.

Le poids de marc et la toise sont déjà établies en Corse par des édits et ordonnances; ne conviendrait-il pas y établir aussi les autres mesures comme le boisseau et la pinte ? Il semble qu'il y a une sorte de nécessité à le faire au moins pour le boisseau ayant un rapport plus direct à l'arpent que le bachin.

Si on abandonne le bachin et la mézinade de terre pour s'en tenir à l'arpent, il paraît naturel d'abandonner aussi le bachin et la mézinade de grains pour s'en tenir au boisseau.

De tout ce que dessus nous avons dressé le présent procès-verbal pour servir et valoir ce que de raison.

A l'Assemblée des Etats de Corse les jour et an que dessus. *Signés:* Bédigis. Testevuide.

L'Assemblée générale remerciant MM. les Directeurs du Terrier de la clarté qu'ils ont cherché de répandre sur cette matière des poids et mesures et de l'ordre qu'ils ont tâché d'y établir, ce qui répond à la juste idée qu'on a de leurs talents, a dit que dans la séance de demain elle s'occupera de cet objet, et prendra les déterminations nécessaires pour assurer d'une manière uniforme tous les poids et mesures de la Corse pour faciliter le commerce et ôter tout sonpçon de fraude.

La présente Délibération a été signée tant par Nosseigneurs les Commissaires du Roi que par Mgrs les Evêques de Sagone et de Mariana et Accia; par MM. Pianelli et Susini, Piévans; Casabianca et de Cuttoli, Nobles; Paul Casabianca et Mariotti, Députés du Tiers-Etat.

Signés, etc.

Dudit jour 4 Juillet 1777.

Nosseigneurs les Commissaires du Roi ont dit que la Piève de Sartene a demandé qu'il plût à Sa Majesté accorder à la Province trois cents hommes de garnison pour résider à Sartene et assurer la tranquillité des habitants ;

Que toutes les parties de l'Ile avaient été et seraient constamment pourvues de garnison suffisante pour leur sûreté et leur tranquillité, en les proportionnant d'ailleurs aux moyens que présentait chaque ville pour les loger convenablement ;

Que la Piève de Portovecchio a demandé que la garnison de Portovecchio n'y occupât pas plus de maisons qu'il ne lui en fallait ;

Que les Officiers Municipaux pouvaient s'adresser à M. l'Intendant qui se ferait rendre compte de la manière dont le logement était assis à Portovecchio et qui pourvoirait à ce qui serait juste sur cette demande ;

Que la Piève de Venaco, Province de Corte, a demandé le payement des bois qui ont été coupés et employés par les Troupes du Roi pendant les années 1771, 1772, 1773 et 1774 ;

Que cette demande pouvait mériter d'être approfondie ; qu'il fallait que la Piève de Venaco indiquât dans quelles forêts avaient été pris les bois dont elle réclamait le prix, à quel titre elle prétendait que ces forêts lui appartenaient et quelle était à peu près la quantité de bois qui en avait été tirée pour les troupes ; que c'était à M. l'Intendant qu'elle devait s'adresser ; qu'il y serait fait droit ;

Que la même Piève de Venaco a demandé que M. de Krieck ne fût pas changé pour l'avoir gouvernée justement pendant l'espace de deux ans, et parce qu'il était reconnu de tous non seulement pour être rempli de mérite, mais encore digne des plus grands avantages, au point que, dans le temps des rébellions de Nicodème et Guiducci, il avait fortement travaillé à purger l'Ile des bandits qui la désolaient, dont onze se rendirent à lui, et qu'il avait en outre obligé quantité de paysans à rendre leurs armes ;

Que cette demande faisait l'éloge de la conduite du Commandant, mais qu'on devait croire que les Officiers des Troupes du Roi agissant suivant les mêmes principes, la Piève aurait également à se louer de ceux qui succèderont à M. de Krieck.

Nosseigneurs les Commissaires du Roi ont dit que, dans la Séance du 3 Juin dernier, ils avaient annoncé, sur la demande que la Province d'Ajaccio avait renouvelée, de rendre le Séminaire d'Ajaccio à son ancien usage, qu'il n'était pas encore possible de l'évacuer dans le moment présent, malgré le désir que Sa Majesté aurait de le rendre à sa destination ; mais que ce bâtiment devenait inhabitable pour les Troupes par les dégradations que leur séjour depuis un grand nombre d'années y avait faites ; qu'il y avait été pourvu provisoirement à différentes reprises, mais que ces réparations momentanées avaient toujours été insuffisantes; que pour remettre le Séminaire dans un état convenable, il était devenu indispensable d'y faire des réparations dont l'objet constaté par un procès-verbal et un devis fait suivant les règles prescrites par l'article 5 de l'Arrêt du Conseil d'Etat du 30 Septembre 1774 concernant les logements des Gens de Guerre, montait à douze mille cent trente-neuf livres, quatorze sols;

Que cette dépense regardait les propriétaires pour la partie la plus considérable, et que le reste concernait le Pays et ne pouvait être pour rien à la charge du Roi, ni des Troupes, puisqu'il s'agissait de réparations à la couverture, à des voutes, à des planchers pourris, à des murs qui s'écroulaient, et autres de ce genre;

Que cependant le Roi ferait avancer la somme à laquelle se montait l'adjudication de ces ouvrages, que le Subdélégué de M. l'Intendant était autorisé à passer en présence de MM. les Députés des Douze, mais que le remboursement en serait dû à la caisse de l'extraordinaire des Guerres, parce qu'après la remise faite de plus de soixante mille livres dépensées tant par la Caisse Civile que par la Caisse Militaire pour des réparations qui sont partout à la charge du Pays, il était juste de faire rentrer cette nouvelle avance dans laquelle cependant la partie qui devait être à la charge de l'administration du Séminaire, serait retenue sur les arrérages de loyers qui lui étaient dus, ou qu'en cas d'insuffisance on aviserait aux moyens d'y pourvoir.

Nosseigneurs les Commissaires du Roi ont dit que, dans la Séance du 23 mai dernier, ils avaient annoncé les volontés du Roi sur l'objet des frais de la Députation, les sommes que Sa Majesté avait bien voulu faire payer au-delà de ce qui était réglé pour cet objet, et qu'elle n'entendait plus prendre à sa charge pour l'avenir ;

Que ces articles concernaient les dépenses et charges du Pays dont ils allaient reprendre la suite pour que l'Assemblée générale s'en occupât dans la délibération qu'elle arrêterait à ce sujet ;

Qu'un des principaux objets de ces dépenses était celui des frais du Bureau de la Subvention qui avaient été réglés par l'Assemblée de 1775, à sept cents livres par mois, jusqu'à la prochaine Assemblée qui devait se tenir l'année suivante ;

Que ces frais se trouvaient doublés par les incidents qui avaient reculé d'une année l'ouverture des Etats; mais que tout le travail fait par le sieur Giubega dans ce Bureau faisait présumer qu'une année n'eût pas suffi ;

Que cependant ce travail ne devant pas toujours être le même, les frais devaient en diminuer successivement, et qu'à cet égard les Etats ne manqueraient pas d'y donner une attention particulière ; que s'il y avait à leur donner quelques conseils sur cet objet, ce serait, sans sortir des règles d'une juste et sage économie, de bien considérer combien il leur importait que la répartition de la Subvention fût ramenée à la simplicité de ses principes, qu'elle fût claire, précise et bien suivie, et par conséquent qu'elle fût confiée à des mains honnêtes, intelligentes et exercées ;

Que la nouvelle forme qni serait donnée à la Députation des Douze les initierait dans ce travail qui en avançant deviendrait facile et familier ; mais qu'il n'était pas moins juste de procurer au Greffier des Etats qui devait préparer les affaires et les tenir en ordre, des secours et un traitement qui soutinssent et récompensassent son émulation.

Nosseigneurs les Commissaires du Roi ont dit qu'ils avaient expliqué dans ce qui était relatif au logement des Gens de Guerre les raisons de croire que la somme de douze mille livres, comprise dans l'état des charges du Pays pour supplément à l'imposition sur les maisons louées, était insuffisante, en même temps qu'elle déchargeait assez inutilement de la même imposition les maisons occupées par les propriétaires ;

Que l'Assemblée, en revoyant ses charges et ses dépenses, sentirait peut-être encore mieux combien ces douze mille livres lui seraient utiles pour d'autres usages ;

Que c'était un article que Sa Majesté abandonnait aux délibérations que les Etats prendraient sur ces objets.

Nosseigneurs les Commissaires du Roi ont dit que l'Assemblée de 1775 avait assigné deux mille livres par an, pour les réparations et l'entretien des chemins ; que Sa Majesté continuait à destiner une somme considérable annuellement pour la construction des chemins royaux ;

Que celui de Bastia à Saint-Florent étant achevé, depuis quelques années, se trouvant dans le cas d'être mis à l'entretien à la charge du Pays, on avait recherché les moyens d'y pourvoir avec la plus grande économie et le meilleur ordre ;

Que ce moyen se trouvait indiqué par l'article 5 de l'Arrêt du 24 Octobre 1772, concernant les chemins, lequel porte que, conformément à la délibération prise par les Etats, l'entretien des chemins sera gratuit et fait par corvée à la charge des Communautés dont lesdits chemins traverseront le territoire et qui en seront les plus voisins ; mais qu'au moment où l'on avait voulu exécuter cette disposition, on l'avait trouvée impossible dans la pratique, ce qui avait déterminé le Ministère à arrêter qu'en Corse, ainsi que dans le reste du Royaume, il serait pourvu par argent aux réparations des chemins et qu'il en serait passé des adjudications ;

Que cette nouvelle forme avait également présenté des difficultés en ce que les Communautés ne devaient point supporter toute la charge de l'entretien des portions qui leur seraient distribuées ; qu'il n'y avait que l'entretien simple qui devait les concerner, les réparations considérables devant être supportées par la Nation entière ; mais que cette division était une source de discussions en ce qu'il n'y avait rien qui pût déterminer d'une manière précise le travail qui serait à la charge d'une Communauté et celui qui resterait à la charge de la Nation ; que s'i venait à se faire un éboulement soit par l'affaissement naturel du terrain, soit par les ravins que forment les orages, événements très communs dans un Pays aussi inégal que la Corse, les Communautés diraient que le travail serait trop considérable pour elles, et le Pays qu'il ne le serait pas assez pour qu'il en fût tenu ; qu'avant qu'une pareille difficulté fût levée, la dégradation augmenterait et la route pourrait être interceptée ;

Que le passage des voitures n'était pas assez fréquent en Corse pour occasionner ces légères dégradations qui sont l'objet de ce qu'on entend par entretien ordinaire des routes ; qu'il n'y avait à pourvoir qu'à des dégradations imprévues, au moyen de quoi il était fort à présumer que les entrepreneurs qui se présenteraient, ignorant absolument ce genre de travail, demanderaient des prix trop forts pour un simple entretien et peut-être des prix trop faibles pour ces dégradations qu'on ne pouvait apprécier ; qu'ainsi il arriverait que les Communautés supporteraient pour leur part une imposition très onéreuse, et que le Pays serait exposé à des indemnités aussi difficiles à régler que ruineuses pour ceux qui les obtiendraient, par l'obligation où ils seraient d'attendre qu'elles fussent réparties et recouvrées ;

Que, d'un autre côté, on ne pouvait juger de ce que coûterait à peu près l'entretien d'une partie de route, parce qu'on n'avait rien en Corse qui pût servir de comparaison à cet égard ; qu'on pouvait calculer dans le royaume suivant la nature du sol, la force, ou l'éloignement des Communautés, l'activité du commerce et des communications d'une Province, ce que l'entretien annuel des chemins qui la traversaient pouvait coûter; qu'on savait combien de convoyeurs chaque Communauté avait fournis par an, le prix ordinaire des journées, et qu'on était en état de constater positivement à combien reviendrait, à prix d'argent, l'entretien de la portion qui lui était assignée ; que l'on n'avait pas la même facilité dans un Pays où il n'y avait point eu de ces sortes de corvées ;

Que dans cet état de choses, le Sieur Barral, Ingénieur en chef des ponts et chaussées de Corse, avait proposé d'employer, jusques à concurrence, une somme de trois mille livres, pour payer les réparations qu'il y aurait à faire à la route de Bastia à Saint Florent ; qu'en suivant ce plan pendant deux ou trois ans, on pourrait juger de ce qu'il en coûterait par an, et qu'alors on risquerait moins de se tromper en adjugeant l'entretien de cette route à prix d'argent.

Nosseigneurs les Commissaires du Roi ont ajouté que sur le compte qui a été rendu de cet objet et l'examen des observations et de la proposition du Sieur Barral, il avait été réglé, le 12 Août 1776, par provision que, pendant deux années, on ferait fonds sur les deux mille livres assignées par les Etats, sauf à augmenter en cas de besoin ;

Que les réparations à faire au chemin de Bastia à Saint-Florent seraient constatées par les Ingénieurs des ponts et chaussées employés en Corse aux frais du Roi ;

Qu'ils seraient autorisés par M. l'Intendant à faire travailler par économie auxdites réparations ;

Qu'ils arrêteraient l'état des dépenses faites en conséquence, en détaillant le nombre et le prix des journées, ainsi que la nature des ouvrages, et que M. l'Intendant ferait expédier ses ordonnances pour le payement desdites dépenses, après qu'il en aurait communiqué les états aux Députés des Douze qui pourraient les faire vérifier sur les lieux.

Nosseigneurs les Commissaires du Roi ont déclaré que cet arrangement ne serait cependant que provisoire, et que l'Assemblée pouvait en délibérer et proposer les observations dont elle le croirait susceptible, avant de l'exécuter ;

Qu'au surplus, ils la prévenaient qu'on s'en remettrait au Pays même pour l'administration des chemins, quand il serait en état de payer un Ingénieur des ponts et chaussées, sauf alors les précautions de surveillance qui seraient jugées nécessaires de la part du Gouvernement.

Nosseigneurs les Commissaires du Roi ont dit que la dernière Assemblée a destiné une somme de mille livres par an pour être employée à l'indemnité promise aux Propriétaires des terres occupées par les chemins ;

Que les articles 15, 16 et 17 de l'Arrêt du Conseil d'Etat du 24 Octobre 1772 sur les chemins, prescrivaient les moyens d'y pourvoir, mais qu'il devenait indispensable d'arrêter la manière de les exécuter ;

Que pour constater l'objet de quelques indemnités qui ont été réglées jusqu'à présent, on avait commis des géomètres qui s'étaient transportés sur les lieux, où en présence des Officiers Municipaux et des propriétaires, ils avaient procédé à la reconnaissance et levée des terrains réclamés ; qu'ils avaient reçu dans leurs procès-verbaux le rapport des experts sur la valeur tant en fonds qu'en revenus desdits terrains, et que la communication en avait été donnée aux Députés des Douze ;

Que cependant il n'y avait encore eu aucun contrat de passé, et que comme l'intention du Roi était qu'il ne fût passé qu'un acte par Communauté, il fallait nécessairement reconnaître en même temps tous les terrains que les propriétaires d'une même Communauté auraient à réclamer ;

Que pour éviter toute discussion de leur part il serait à propos de déterminer des règles communes pour constater la valeur en fonds et en revenus des terrains dont l'indemnité serait due, par qui et comment les opérations seraient faites ;

Que les Etats avaient à délibérer sur cet objet, afin de parvenir à liquider d'abord les indemnités dues pour le chemin de Bastia à Saint-Florent, et de faire ainsi cesser les réclamations multipliées des propriétaires.

Nosseigneurs les Commissaires du Roi ont dit que dans les différents écrits remis aux Ministres de Sa Majesté par la dernière Députation, elle a parlé fréquemment du désir qu'elle aurait que le Pays eût son Trésorier particulier, et de l'inconvénient qu'elle trouvait à ce que la Caisse Civile et la Caisse des Etats continuassent d'être dans la même main ;

Que quoique cela n'eût pas paru être le vœu de l'Assemblée dernière, qui, en réglant un traitement au Trésorier, avait consigné dans son procès-verbal un témoignage de la satisfaction qu'elle avait de ses services et de l'exactitude avec laquelle il les avait remplis, il était cependant certain que si les Etats désiraient que leur Trésorier ne fût pas celui de la Caisse Civile, Sa Majesté n'entendait pas leur interdire la faculté d'en avoir à son choix, mais que, comme il était évident qu'au lieu d'une attribution légère d'un et demi pour cent dont le sieur Gautier se contentait, il faudrait faire au nouveau Trésorier un traitement convenable, il serait indispensable de lui donner en même temps une assignation certaine pour en être payé sans compter sur aucune avance de la Caisse Civile ;

Que cette réflexion s'appliquait aux dépenses qu'entraînait la création de nouveaux Officiers de tout genre que la Députation avait proposée, telles que celles d'un Orateur, d'un Agent à Paris, etc., etc.

Que les créations de cette espèce supposaient des ressources actuelles et suffisantes pour faire face aux engagements qu'elles entraînaient ; qu'elles supposaient d'ailleurs une aisance que le Pays était bien loin de connaître ;

Qu'en attendant il ne serait pas juste que pour des dépenses de cette nature, qui ne pouvaient pas être regardées comme indispensables, le Pays continuât de compter sur les avances que la Caisse Civile lui avait faites jusqu'à aujourd'hui et bien moins encore sur les remises qui en avaient été l'effet presque nécessaire.

Sur quoi, les Etats ont promis de s'occuper des différentes matières que Nosseigneurs les Commissaires du Roi viennent de proposer et de prendre les délibérations qui pourront convenir à l'intérêt du Pays.

Après quoi, la séance a été renvoyée à demain, cinq du mois courant, à neuf heures du matin.

La présente délibération a été signée comme ci-dessus,

Signés, etc.

Séance du 5 Juillet 1777.

Monseigneur l'Evêque Président, Mgr de Sagone, (Mgrs les autres Evêques absents) et les Députés, ci-devant dénommés, s'étant rendus dans la Salle de l'Assemblée, Mgr l'Evêque Président a dit que, dans la séance du deux du présent mois, Nosseigneurs les Commissaires du Roi ont fait entendre que les Etats devaient prendre en considération l'affaire du Jardin *del Prato* de Corte que Sa Majesté a donné à l'Université, et sur lequel M. le Baron de Falkeneyn a demandé une indemnité de douze mille livres pour les améliorations qu'il y a faites ; que les co-propriétaires de ce Jardin réclament également des indemnités ; que cet objet est assez intéressant pour exciter l'attention des Etats afin de prendre les délibérations qui peuvent être plus avantageuses à l'Université.

Sur quoi, l'Assemblée générale a observé que la prétention de M. le Baron de Falkeneyn ne pouvait être accueillie, ni relativement à l'abandon de la moitié du Jardin qu'on croit amélioré, ni relativement aux douze mille livres dont il a demandé le remboursement ;

Qu'il ne peut pas prétendre à la moitié du Jardin, parce que le chapitre 38 du Statut de Corse sur lequel il voudrait établir son droit, n'a aucun rapport avec le présent article, attendu que cela s'entend pour les biens incultes, ou ceux à titre de cens ou d'emphytéose, ainsi qu'il appert par la rubrique et la disposition dudit chapitre, tandis que M. le Baron de Falkeneyn n'était que fermier d'un bien qui se trouvait dans le meilleur état de culture, sans en payer aucun loyer ;

Que M. le Baron de Falkeneyn ne pouvait prétendre que le remboursement de ses améliorations utiles et nécessaires ; que celles-ci ne doivent point être arbitraires, mais bien réglées par des experts de confiance des parties, et fixées au *quid minus inter expensum et melioratum,* suivant la règle reçue de la plus saine jurisprudence ;

Que pour donner une preuve évidente que le Jardin *del Prato* n'a pas beaucoup acquis des améliorations faites par ce Général, on n'a qu'à le faire estimer suivant l'état actuel, et on trouvera que sa valeur ne surpassera pas beaucoup celle qu'il avait avant les améliorations en question ;

Que l'augmentation qu'il peut y avoir provient plutôt de l'accroissement des arbres plantés avant la soumission de la Corse à la France, et de l'augmentation de prix que, de jour en jour, les terres de Corse prennent, et non pas des améliorations faites par M. le Baron de Falkeneyn ;

Que cependant on ne nie pas que ce Général n'ait fait des dépenses considérables dans ce jardin, mais si on les examine bien, on verra qu'elles ne le rendent pas plus précieux ; au moins en les considérant sous le point de vue d'utiles ou nécessaires, elles ne peuvent que former un petit objet relativement aux douze mille livres dont il demande le remboursement ;

Que si l'Université devait payer les douze mille livres à M. de Falkeneyn et sept mille cinq cent trente-une livres que réclament les co-partageants des cinq huitièmes du Jardin, le don en serait plus onéreux que profitable, n'étant pas possible qu'il lui rapporte un revenu de neuf cent soixante-dix-huit livres, neuf sols, qui seraient nécessaires pour payer les intérêts de cette somme ; il ne rapporte pas même la moitié ;

Que si la prétention de M. le Baron de Falkeneyn doit s'examiner en justice pardevant des Juges compétents, l'Université n'aura aucune difficulté à se charger de lui payer ce qu'il peut prétendre légalement et de rembourser aux co-partageants ce qui peut leur être dû pour indemnité des cinq huitièmes du Jardin *del Prato* ; mais si son compte doit être approuvé tel qu'on le présente, les Etats croient que l'intérêt de l'Université exige de répudier le don ;

Qu'il y aurait un autre parti à prendre, qui serait celui de déduire du prix du Jardin *del Prato*, les quatorze mille sept cent soixante-douze livres qu'il valait, avant qu'il fût entre les mains de M. de Falkeneyn, en abandonnant en sa faveur le surplus du prix actuel pour les améliorations qu'il prétend y avoir faites ;

Que ce tempérament paraîtrait le plus sûr pour pourvoir en même temps à l'indemnité de M. le Baron de Falkeneyn, et à celle de l'Université ;

Qu'à l'égard de l'indemnité qui peut être due aux co-partageants dudit Jardin *del Prato* en sus des quatre mille cinq cent trente-une livres des biens fonds qu'on doit leur abandonner actuellement, il serait nécessaire d'ordonner préalablement une autre revision à faire par trois experts, dont l'un nommé par les Etats, l'autre par M. l'Intendant et le troisième par les intéressés ; à cet effet, l'Assemblée générale a nommé le sieur Marc-Marie Carli de Balagne ; que l'appréciation sera réglée suivant le temps où ce Jardin a été réuni au Domaine du Roi, en déduisant cependant toutes les dépenses que le Pays avait faites auparavant pour l'améliorer ;

Après cette revision les co-partageants seront remboursés de qui *de jure* de ce qui leur sera dû ;

Que ces co-partageants n'entreront en possession desdits biens, ni pourront être remboursés du surplus qu'ils peuvent prétendre en paiement des cinq huitièmes du Jardin, qu'à condition de changer le nom de leur famille, en abandonnant entièrement celui qu'ils ont actuellement pour être trop odieux au Pays.

La présente délibération a été signée tant par Mgr l'Evèque Président que par Mgr de Sagone et le Piévan Bartoli ; par MM. Manenti et Battistini, Députés Ecclésiastiques ; Gentili et de Cuttoli fils, Nobles ; Raffalli et de Pietri, Députés du Tiers-Etat.

Signés, etc.

Dudit jour 5 Juillet 1777.

Monseigneur l'Evêque Président a dit que, dans la Séance d'hier, Nosseigneurs les Commissaires du Roi annoncèrent que, conformément à la réponse de Sa Majesté à la demande des Etats derniers, la mesure pour le blé, le vin et l'huile doit être uniforme dans toute la Corse, et que celles de Bastia doivent servir de règle sous le nom de bachin, de bocal, de quarte, dont la contenance devait être fixée géométriquement par pieds, pouces et lignes cubes ;

Que les deux Directeurs du Terrier avaient rédigé, dans la Séance d'hier, un procès-verbal par lequel on faisait voir la vraie dimension de chacune de ces mesures ; que cependant on avait observé quelque différence sensible entre bachin et bachin, quarte et quarte, bocal et bocal, différence presqu'inévitable et provenant de la matière même du contenant ;

Qu'il reste donc à fixer quel doit être le bachin, le bocal et la quarte de Bastia et par conséquent de la Corse, et en régler géométriquement la contenance ;

Qu'il sera nécessaire de prendre d'autres précautions pour mettre dans cette partie le bon ordre nécessaire.

Sur quoi, la matière mise en délibération, il a été arrêté que MM. les Douze assistants au bureau, après qu'ils auront bien examiné le procès-verbal de MM. les Directeurs du Terrier, et qu'ils auront entendu leurs réflexions et celles d'autres connaisseurs qu'ils devront consulter, feront le rapport aux Etats de leur avis sur la contenance géométrique du bachin, du bocal et de la quarte qu'on devra fixer, pour que l'Assemblée puisse prendre la détermination qui sera plus utile et convenable.

Ensuite l'Assemblée a observé que, lorsqu'on aura déterminé ces mesures, on fera douze modèles en cuivre de chaque mesure, pour en remettre un de chaque espèce au Greffe des Juridictions respectives ;

Que dans toutes les Provinces on devra régler les mesures d'après ces modèles ;

Que, quoiqu'on soit tenu de vendre les châtaignes au bachin qu'on réglera, on continuera cependant de les vendre à bachin comble, et il en sera de même pour les légumes, noix et amandes ;

Que ceux qui actuellement ont des bachins, des bocaux et des quartes, pouvant les réduire à la contenance qu'on doit fixer, pourront le faire ;

Qu'à l'avenir tous les bachins, bocaux et quartes à régler de la manière prescrite, devront être marqués, ainsi qu'il a été ordonné ;

Que cette nouvelle mesure ne pourra apporter aucun préjudice aux droits des particuliers relativement aux cens de réserve, aux legs, aux dettes, etc., ni aux prémices et autres droits des Curés ; et il en sera de même relativement aux peuples qui ne devront point être lésés par l'accroissement des nouvelles mesures dans leurs rétributions aux Curés.

La présente Délibération a été signée comme dessus.

Dudit jour 5 Juillet 1777.

Monseigneur l'Evêque Président a dit qu'on a présenté directement aux Etats différentes requêtes, et que Mgr l'Intendant en a renvoyé d'autres concernant différentes Communautés et particuliers qui se croient lésés dans la répartition de la Subvention ou par le travail des Commissaires des rôles ; qu'il serait nécessaire de renvoyer ces requêtes à un Comité pour les examiner, et donner son avis à l'Assemblée générale pour prendre ensuite les délibérations que les demandes respectives pourront mériter.

Sur quoi, la matière mise en délibération, il a été arrêté que toutes ces requêtes seront renvoyées au Comité pour les examiner et donner son avis sur les délibérations à prendre en conséquence.

Après quoi, la séance a été renvoyée à après-demain, sept du mois courant, à neuf heures du matin.

La présente Délibération a été signée comme dessus.

Signés, etc.

Séance du 7 Juillet 1777.

Monseigneur l'Evêque Président, Mgr de Sagone, (Mgrs les autres Evêques absents) et MM. les Piévans et Députés, ci-devant dénommés, s'étant rendus dans la Salle de l'Assemblée, Mgr l'Evêque président a dit que, dans la Séance du 4 du mois courant, Nosseigneurs les Commissaires du Roi annoncèrent que Sa Majesté autorisait les Etats de venir à la nomination d'un Trésorier du Pays ;

Que ce droit est très flatteur pour l'Assemblée générale ; qu'il reste à voir si elle veut le mettre en exécution ;

Sur quoi, la matière mise en délibération, les Etats, satisfaits de l'administration de M. Gautier et de la manière tout-à-fait recommandable, avec laquelle il s'en est acquitté jusqu'à présent, l'ont nommé et élu, ainsi qu'ils le nomment et choisissent pour Trésorier du Pays avec la même rétribution qui lui a été assignée par les Etats derniers, et pour jouir des droits, honneurs et prérogatives dont jouissent les Trésoriers des Provinces du Royaume de France, laquelle nomination sera et s'entendra à volonté des Etats, et jusqu'à ce qu'il leur plaira d'en nommer un autre ;

Qu'à l'égard de l'orateur résidant à Paris, l'Assemblée générale a observé que le Pays en a toujours connu l'utilité et la nécessité, ainsi qu'on l'a vu par expérience dans les temps passés, où la Corse en a toujours eu un à Gênes, du temps que cette Ile appartenait à cette Sérénissime République; que si l'état actuel de ses finances en permettait la nomination elle aurait profité volontiers d'un droit si précieux ;

Que l'Assemblée générale se confiant dans la munificence de son Souverain ose espérer que la Députation à la Cour obtiendra quelque soulagement pour ce Pays, et que de cette manière les Etats prochains seront à portée de pouvoir élire, sous le bon plaisir du Roi, ledit Orateur, en lui réglant le traitement qu'ils jugeront convenable.

La présente Délibération a été signée tant par Mgr l'Evêque Président que par Mgr de Sagone et le Piévan Emanuelli, par MM. Saliceti et Ogliastri, Piévans ; de Buonaparte et Colonna, Nobles ; Mattei et Paganelli, Députés du Tiers Etat.

Dudit jour 7 Juillet 1777.

Monseigneur l'Evêque Président a dit que les Etats de 1775 assignèrent une somme de trois mille livres par an pour être employées à l'indemnité promise aux propriétaires des terres prises pour les chemins publics ;

Que les articles 15, 16 et 17 de l'Arrêt du Conseil d'Etat du 25 octobre 1772 indiquent la manière avec laquelle cette indemnité doit se faire ;

Qu'il faudrait s'occuper du choix des moyens par lesquels

on pût facilement mettre en exécution ledit Arrêt pour venir au secours des propriétaires qui ont été privés de quelque portion de terrain par la construction des chemins publics.

Mgr l'Evêque Président a ajouté que le chemin de Saint-Florent à Bastia étant achevé, il a été délibéré que son entretien serait à la charge du Pays ;

Que Nosseigneurs les Commissaires du Roi avaient proposé dans la Séance du 4 de ce mois un moyen pour suppléer à cette dépense par une assignation de trois mille livres par an, afin de constater, dans quelque temps, quelle est la vraie dépense nécessaire, et que la direction de ce travail serait confiée à M. Barral, Ingénieur des ponts et chaussées ;

Que ces deux objets méritent toute l'attention des Etats.

Sur quoi, la matière mise en délibération, il a été arrêté que les Députés des Provinces aux Etats généraux sont autorisés à passer un contrat pour tous les propriétaires de chaque Communauté ; que ce contrat devra se passer avec MM. les Douze, et ils seront tous enregistrés au Bureau des Etats ;

Qu'on ne devra rapporter à la charge du Pays que les terrains employés pour les chemins royaux, attendu que ceux occupés par les chemins des Communautés, Pièves et Provinces seront à leur charge respective ;

Que pour constater la vraie valeur, tant en fonds qu'en revenus, des terrains des particuliers, occupés par les chemins, la reconnaissance en sera faite par deux experts, dont l'un sera nommé par tous ceux des habitants qui réclament l'indemnité de leurs terres, et l'autre par MM. les Douze lorsqu'il s'agira de chemins royaux, par les Assemblées des Pièves pour ce qui concernera les chemins des Pièves, et par l'Assemblée de la Province quand il sera question des chemins Provinciaux ;

Qu'à la vérification de ces terrains devra assister l'un des trois Inspecteurs, dont les Etats ont senti la nécessité, et chacun dans son district ;

Que tous ces états et vérifications seront remis à l'Intendance et au Bureau des Etats pour en réaliser en conséquence les paiements et les indemnités prescrites par ledit Arrêt ;

Quant à l'entretien du chemin de Saint-Florent à Bastia on pourra le comprendre sous la direction de l'Inspecteur du département ;

Que les dispositions faites par M. l'Intendant à ce sujet paraissent assez sensées pour s'y conformer entièrement.

La présente Délibération a été signée comme dessus.

Dudit jour 7 Juillet 1777.

Monseigneur l'Evêque Président a dit que le sieur Salvini, par son mémoire qu'il a présenté aux Etats, vient de faire entendre que, dès le commencement de 1774, il fut employé en qualité de Commis au Bureau du Pays aux appointements de huit cents livres par an ;

Qu'étant tombé malade dans l'automne il resta huit mois sans pouvoir reprendre son travail ;

Qu'au lieu d'être secouru dans l'état où il se trouvait, il fut privé de ses salaires ; qu'il les a réclamés différentes fois, mais que ce fut toujours inutilement ;

Qu'il a recours à l'Assemblée générale pour être remboursé des cinq cent trente-trois livres, six sols, huit deniers, à quoi se montent les salaires de huit mois ;

Que la demande du sieur Salvini paraît fondée sur la justice et l'équité, et par conséquent mérite l'attention des Etats.

Sur quoi, la matière mise en délibération, l'Assemblée générale délibérant a arrêté qu'on payera des deniers de la

Caisse des Etats au sieur Salvini suppliant la somme de deux cent soixante-six livres, treize sols, quatre deniers, moitié des cinq cent trente-trois livres, huit deniers, qu'il réclame pour les salaires des huit mois de maladie pendant lesquels il en fut privé ;

Qu'à l'égard des autres deux cent soixante-six livres, treize sols, quatre deniers, le sieur Salvini doit adresser ses requêtes à MM. les Commissaires du Roi, attendu que Sa Majesté ayant pris à sa charge la moitié de tous les frais du bureau des Etats avant l'Assemblée générale de 1775 sa demande pour cette seconde moitié pourrait aussi être prise en considération.

La présente Délibération a été signée comme dessus.

Dudit jour 7 Juillet 1777.

Monseigneur l'Evêque Président a dit que M. l'Intendant vient de donner communication d'une requête de M. Gafforio, Colonel du Régiment Provincial, par laquelle il demande la prolongation jusqu'en 1793 du bail du Domaine d'Antisanti, donné à l'Université, qui lui a été passé, au mois de Février 1776, pour l'espace de six années, à raison de cent soixante-dix livres par an ;

Qu'il serait nécessaire de prendre en considération cette demande pour donner à M. l'Intendant l'avis des Etats qu'il demande.

Sur quoi, la matière mise en délibération, l'Assemblée générale a observé que la prolongation du bail demandée par M. Gafforio, serait une espèce d'aliénation ; que cette prolongation ne pourrait être que pour quatre ans, ce qui formerait pendant tout le temps du bail un espace de dix ans, temps suffisant pour encourager le fermier à faire les améliorations qu'il propose dans sa requête ;

En outre que cette prolongation de bail ne puisse avoir lieu que lorsque M. Gafforio s'obligera de mettre en culture le terrain qui lui a été affermé, et que s'il n'a point cherché de le mettre en valeur par des défrichements après le laps de six années, le premier bail sera terminé.

Les Etats ont encore observé qu'après le temps pendant lequel M. Gafforio aura joui de ces terres, toutes les améliorations, sans exception, s'entendront dévolues de droit à l'Université propriétaire, sans obligation d'aucune indemnité en faveur de ce Colonel.

La présente Délibération a été signée comme dessus.

Dudit jour 7 Juillet 1777.

Nosseigneurs les Commissaires du Roi s'étant rendus dans la salle des Etats ont dit qu'enfin l'Assemblée de 1775 avait ajouté à ses charges connues et pour subvenir aux dépenses imprévues une somme de 8,503 livres, sauf, est-il dit, le compte à en rendre aux Etats suivants, et à charge de destiner ce qui restera de libre aux établissements publics qui seraient reconnus les plus utiles ;

Que cette disposition très sage ouvrait aux Etats un moyen de pourvoir avec le temps à des dépenses d'améliorations et d'encouragements que jusqu'ici le Roi avait prises à son compte seul, et qui feraient la matière des objets que les Commissaires de Sa Majesté avaient encore à annoncer aux Etats.

Nosseigneurs les Commissaires du Roi ont dit qu'indépendamment des frais que Sa Majesté payait pour des dessèchements, pour des établissements de Colonies, des Collèges, des Pensionnats, des Chemins, etc., elle avait fait continuer à ses dépens les essais et les expériences qui pourraient conduire à améliorer les productions déjà connues dans le Pays, et y introduire celles qui convenaient au climat et qu'on n'y avait pas encore cultivées ;

Que l'Assemblée dernière s'était déjà montrée disposée à reconnaître le prix de ces soins ; qu'elle avait applaudi aux travaux de l'Inspecteur d'Agriculture que le Roi payait pour les recherches de ce genre, et que son suffrage avait achevé de déterminer Sa Majesté à l'augmentation qu'elle accordait à cet Inspecteur sur son traitement qui de 1,200 livres serait porté à 2,000 livres ;

Que, depuis la dernière Assemblée, cet Inspecteur avait continué ses essais, soit sur la culture des grains et plantes étrangères que le Gouvernement avait fait passer en Corse, soit sur celle du tabac de Clérac et de la principauté de Turenne ; que cette dernière production avait annoncé un heureux succès, mais que pour mieux juger de l'utilité dont elle pourrait être et déterminer la qualité du tabac de Corse, il en avait été envoyé une caisse à M. le Contrôleur général pour en faire faire la fabrication à Paris ;

Que les soins de l'Inspecteur d'Agriculture se sont particulièrement portés sur la culture de la vigne, la formation des vins, l'éducation des vers à soie, et le tirage de la soie ;

Que pour parvenir plus sûrement à son but, il avait entrepris la culture de la vigne dite Bassanese, près Bastia, appartenant à l'Instruction publique ; mais que le mauvais état dans lequel elle était tombée, les travaux qu'il avait fallu y faire pour la clore et la mettre en état de produire, ne lui avaient pas encore permis de faire un essai utile du vin qu'on en pouvait faire ;

Qu'il avait eu plus de facilité pour l'éducation des vers à soie et le tirage de la soie ; qu'ayant eu lieu de remarquer que le peu de qualité des cocons et de la soie du Cap-Corse provenait surtout de ce qu'on ne donnait point les attentions convenables à la nourriture des vers et au tirage de la soie, il s'était transporté au Cap-Corse dans le temps du tirage, et qu'en présence des Officiers Municipaux de Tomino il avait fait faire une épreuve publique de la manière de tirer la soie à l'usage de France par deux femmes Corses, qu'il avait instruites à cet effet, et qu'en comparant la soie, tirée suivant l'usage Corse, le résultat en avait paru tellement avantageux qu'on avait donné sans hésiter la préférence à la manière Française.

Nosseigneurs les Commissaires du Roi ont remis à ce sujet la copie du procès-verbal qui a été dressé, le 4 Juillet 1776, de l'opération du sieur Jacquenod, et ont ensuite ajouté que M. l'Intendant en avait rendu compte à M. le Contrôleur général, et avait demandé une gratification en faveur des deux femmes Corses qui avaient appris et enseigné la manière française de tirer la soie ;

Que le Roi trouvait bon qu'il leur fût accordé une gratification, et qu'il autorisait les Etats à la régler, Sa Majesté consentant d'en faire payer la moitié et de faire faire l'avance de l'autre moitié sur les deniers de la Caisse Civile.

Nosseigneurs les Commissaires du Roi ont ajouté que l'Inspecteur d'Agriculture ne s'était pas seul occupé du soin de l'éducation des vers à soie ; que le sieur Brueis, fabricant de bas de soie, était venu s'établir à Bastia sous la protection du Gouvernement ;

Que pour faire connaître aux Etats les projets du sieur Brueis et le succès de ses premiers efforts, ils remettaient à l'Assemblée le mémoire par lequel ce fabricant les expose et demande les secours que les Etats pourraient lui procurer en concourant avec Sa Majesté à soutenir un établissement nécessaire et naissant, dont l'utilité ne peut être révoquée en doute ;

Qu'au surplus ils devaient ajouter que le Roi avait bien voulu autoriser M. l'Intendant à faire avancer au sieur Brueis jusqu'à la somme de 6,000 livres pour subvenir aux frais les plus indispensables, et que Sa Majesté est d'ailleurs disposée à lui procurer tous les encouragements qui dépendront du Gouvernement.

Nosseigneurs les Commissaires du Roi ont dit que le zèle des Députés à la Cour les avait portés à multiplier les demandes de toute espèce pour des secours et des encouragements à fournir à l'Agriculture, aux Arts, au Commerce, à la Navigation, et qu'ils avaient paru dans la persuasion que le Pays contribuerait volontiers pour moitié dans les dépenses nouvelles que leurs demandes pourraient entraîner ;

Que le Gouvernement avait fait seul jusqu'ici tous les frais de cette espèce, et que quoique la somme en fût infiniment considérable, elle n'avait peut-être pas fait dans le pays toute la sensation qu'elle eût opéré ailleurs, par la raison que les besoins de tout genre s'y étaient multipliés à un point qu'on éprouvait bien rarement autre part ;

Que Sa Majesté était disposée à continuer les mêmes secours, autant que le permettraient les ressources qu'elle pouvait y destiner ; qu'il lui serait très agréable que les Assemblées des Etats pussent porter leurs vues de ce côté-là, et s'acquérir des ressources pour y subvenir ; qu'on concevait qu'ils ne pourraient y parvenir que par degrés, et que le Roi aurait encore à suppléer, pendant quelque temps, par sa munificence, à ce qui leur manquerait pour faire le bien qu'ils pouvaient désirer ; mais que par le tour heureux que les affaires du pays paraissaient disposées à prendre, on pouvait apercevoir dans un avenir assez prochain le moment de réaliser ce projet qui n'était reculé aujourd'hui que par la nécessité d'abandonner le bénéfice de l'abonnement de la Subvention des six ou sept premières années pour parer aux embarras que faisait dans ce moment l'accumulation des arrérages, inconvénient dont tout invitait à ne plus craindre le retour;

Qu'il serait possible que l'Assemblée se portât à délibérer plusieurs dépenses d'encouragement dans l'opinion que le Roi voudrait bien contribuer pour moitié et faire avancer l'autre moitié; que ce principe pouvait être admis, mais que l'application en serait prématurée; que les avances sur lesquelles l'Assemblée compterait n'entraient point dans le plan de Sa Majesté et ne pourraient être accordées, sans déranger les mesures arrêtées pour la distribution des fonds qu'elle voulait bien destiner à la Corse.

Nosseigneurs les Commissaires du Roi ont ajouté qu'en conséquence des dispositions qu'ils venaient d'annoncer ils prévenaient les Etats de ne délibérer aucune dépense extraordinaire, sans assigner positivement et d'une manière également sûre pour la quotité de la somme et pour les termes du recouvrement, les fonds qu'ils pourraient y destiner.

Dudit jour 7 Juillet 1777.

Nosseigneurs les Commissaires du Roi ont dit que les éclaircissements acquis sur le rétablissement du Port du Macinaggio mettaient cette affaire en état de faire l'objet d'une délibération des Etats;

Que Sa Majesté avait décidé que les frais de ce rétablissement, quoique naturellement à la charge du Pays, se feraient de ses deniers par moitié, et qu'il restait à voir par qui et comment l'autre moitié serait payée;

Que le devis qui en avait été dressé en 1773 portait à environ 24,000 livres l'estimation des ouvrages à faire, non compris ceux qui pouvaient être faits par corvée et les frais d'un ponton pour le curage du Port;

Que l'offre la moins chère pour la construction de ce ponton que le Roi consentait de prendre à sa charge en entier, était de 13,000 livres; qu'il ne s'agissait donc plus que de pourvoir à l'exécution du devis et au payement des ouvrages;

Qu'il avait paru d'abord fort simple de procéder à l'adjudication publique des ouvrages; mais que les réflexions qui avaient été faites sur l'embarras et le danger d'une adjudication pour ces sortes d'ouvrages, attendu le défaut de concurrence, exigeaient à cet égard une exception à la règle générale; qu'il était possible qu'il se présentât un entrepreneur et que cet entrepreneur, profitant de la circonstance, se prétendît adjudicataire sur la première mise qui certainement serait très chère;

Que cette circonstance particulière rendait nécessaire le parti de faire travailler par économie aux ouvrages du Port du Macinaggio, en chargeant une personne de confiance de suivre le détail des travaux; que le sieur Rouvière, dont l'intelligence et l'honnêteté étaient connues, et qui avait acquis au Cap-Corse l'estime générale, s'était offert et qu'on le croyait très propre à se rendre utile à la Province dans une entreprise aussi importante, mais que c'était un article à régler par l'Assemblée générale, attendu l'intérêt qu'elle y a, et qu'elle penserait sans doute convenable, si elle lui donnait la préférence, de nommer sur les lieux une autre personne de confiance pour agir concurremment avec lui;

Qu'en adoptant ce parti, ou préférant celui d'une adjudication publique, il restait toujours à déterminer comment se ferait le payement des ouvrages; que la question ne pouvait être qu'entre la Province du Cap-Corse et les Etats, parce que la Communautés voisines qui participeront les premières aux avantages du rétablissement de ce port, y contribueront aussi les premières par les corvées auxquelles elles se soumettaient;

Que la Province du Cap-Corse, qui se plaignait déjà d'être surchargée par la Subvention, démontrerait avec un fondement bien apparent que sa position et le grand nombre de ses ports, au lieu d'être un avantage pour elle, lui deviendraient à charge, si elle avait plus de part à prendre que le reste du pays à des constructions et réparations de ports qui, comme celui du Macinaggio surtout, étaient utiles au commerce de toute la Corse ;

Qu'au surplus, c'était aux Etats à discuter ce point, et que soit qu'ils prissent à leur charge seule la moitié de la dépense, soit qu'ils en fissent supporter une partie à la Province du Cap-Corse, comme c'était un article qui devenait pressant, la Caisse Civile en ferait l'avance pour en être remboursée sur les produits de l'excédent de la Subvention ;

Que cette affaire avait été entamée par la Députation des Etats de 1773 ; qu'elle avait proposé que le Roi fît l'avance des sommes que pourraient exiger les réparations du port du Macinaggio, et que le remboursement s'en fît par un droit levé sur tous les bâtiments qui viendraient y aborder; que ce serait un retour à la multiplicité et à la complication des droits de toute espèce qui existaient sur le commerce, et que le Roi avait abolis ; que pour chaque dépense nouvelle on établirait ainsi un droit nouveau; que Sa Majesté déclarait qu'elle n'autoriserait point un pareil expédient.

Dudit jour 7 Juillet 1777.

Nosseigneurs les Commissaires du Roi ont dit qu'on avait pu voir dans une lettre des Députés des Douze, en date du 3 Janvier 1776, que les enfants trouvés périssaient presque tous faute de soins ;

Que le Roi dépensait, chaque année, dix à douze mille livres pour cet objet; que pour en convaincre l'Assemblée, ils lui donnaient communication de l'état général qui a été dressé et envoyé au Ministre, des enfants trouvés existants dans les différentes Juridictions depuis le premier Avril 1774 jusqu'au premier Juin 1776, et dont les frais d'entretien montaient alors à 21,225 livres ;

Que l'Arrêt du Conseil d'Etat du 11 Avril 1774, dont l'exécution se suivait avec la plus grande exactitude, prescrivait pour la conservation des enfants trouvés et leur subsistance des précautions si paternelles qu'un pareil bienfait ne devrait être ignoré d'aucun Corse ;

Qu'au surplus, cet Arrêt n'avait pourvu au traitement des enfants que jusqu'à l'âge de sept ans, et qu'il annonçait que c'était par provision, et jusqu'au moment où l'on aurait pu former un ou plusieurs établissements capables de les réunir et de les faire élever sous un régime commun, qu'on se trouvait au moment d'y penser ;

Qu'il s'agirait d'avoir une ou deux maisons capables d'en recevoir un certain nombre, de leur procurer des maîtres, et des instituteurs pour les métiers qu'on voudrait leur faire apprendre, et de pourvoir d'une manière solide à la dépense qui en résulterait.

Nosseigneurs les Commissaires du Roi ont ajouté qu'ils étaient expressément chargés d'inviter l'Assemblée à prendre cette affaire en considération et à proposer ses vues.

Sur quoi, l'Assemblée générale a dit que de son côté elle ne manquera pas de s'occuper des objets qui viennent d'être proposés par Nosseigneurs les Commissaires du Roi pour assurer au Pays les avantages qu'elle peut espérer sous l'heureuse domination de Sa Majesté.

Après quoi, la Séance a été renvoyée à demain, huit du mois courant, à neuf heures du matin.

La présente Délibération a été signée tant par Nosseigneurs les Commissaires du Roi, que par MM. les Députés qui ont signé les précédentes de ce jour.

Signés, etc.

Séance du 8 Juillet 1777.

Monseigneur l'Evêque Président, Mgr Guasco, (Mgrs les autres Evêques absents) et MM. les Députés, ci-devant dénommés, s'étant rendus dans la Salle de l'Assemblée, Mgr l'Evêque Président a dit qu'on a remis au Comité plusieurs requêtes communiquées par M. l'Intendant, ou présentées directement aux Etats par différentes Communautés, ou particuliers, pour les examiner et donner son avis pour y être pourvu ;

Que l'Assemblée générale entendrait volontiers le rapport du Comité pour prendre en conséquence les délibérations qui pourront mieux convenir à la justice et à l'intérêt des suppliants.

Sur quoi, Mgr Guasco, Evêque de Sagone, a dit que le Comité qu'il a l'honneur de présider a lu et considéré attentivement les requêtes renvoyées à son examen, et qu'on peut les distinguer en quatre classes :

La première, des Communautés qui se croient lésées et excessivement surchargées par les opérations des Commissaires ;

La deuxième, des Communautés qui, dans les années dernières, suivant la taxe portée par les rôles, ont payé plus qu'elles n'auraient dû d'après leurs déclarations;

La troisième, des Communautés qui sont en retard de quelque somme, ou parce qu'elles sont trop imposées, ou parce que leur misère ou d'autres circonstances les mettent dans l'impossibilité de solder ce qu'elles redoivent;

La quatrième, des particuliers qui se trouvent imposés pour les mêmes biens en deux différentes Communautés ;

Qu'à l'égard des Communautés de la première classe, le Comité croit que la dernière délibération des Etats, par laquelle on a rectifié provisoirement tous les revenus des territoires de la Corse, et nommé trois experts pour les régler définitivement, recevoir et fixer les quantités des terres, pourvoit à leurs réclamations, et qu'il n'est plus possible, sans déranger l'ordre adopté, de s'en occuper d'après des principes différents de ceux qu'on a établis;

Que quant aux Communautés qui, dans les années précédentes, ont payé en sus de leur vraie quote, le Comité a cru qu'il a été suffisamment pourvu à ces réclamations au moyen de ce qui a été annoncé par Nosseigneurs les Commissaires du Roi, et délibéré par les Etats ; qu'on formera un rôle de tout ce que les Communautés devaient payer et de ce qu'elles ont payé pour les sept années échues au premier Octobre 1776, et que si on en trouvait qui eussent payé plus que ce que portait leur vraie quote de subvention, il leur sera tenu compte du trop payé sur les années suivantes;

Qu'il est également pourvu aux requêtes rapportées dans la troisième classe par ce qui a été annoncé par Nosseigneurs les Commissaires du Roi, dans la Séance du 13 Mai, c'est-à-dire de venir à leur secours sur ce qui peut rester de bénéfice de la Subvention, après qu'on aura acquitté toutes les dépenses qui sont à la charge du Pays, et que ce secours à donner à ces Communautés est d'autant plus facile, qu'on peut satisfaire à leurs demandes par une simple décharge;

Qu'il y aurait des précautions à prendre pour n'accorder ces décharges, que lorsqu'elles seraient appuyées de la justice de la nécessité;

Qu'actuellement on n'a pas pu porter une attention sérieuse sur cette matière, parce que la plus grande partie des Communautés qui ont droit de prétendre quelque secours, n'ont pas formé leurs demandes, mais qu'elles le feront aussitôt qu'elles seront instruites des intentions du Roi et des délibérations des Etats;

Que pour consommer ces opérations, on pourrait en charger la Commission des Douze résidants à Bastia, qui auront tout le loisir de pourvoir en connaissance de cause aux réclamations de cette nature; mais MM. les Douze devront prendre en considération de préférence les Communautés que les Assemblées Provinciales auront reconnues être trop chargées, ou qu'il se serait commis des erreurs dans leurs impositions;

Enfin, Mgr Guasco a dit que pour les Contribuables qui sont imposés pour les mêmes biens dans différentes Communautés, il n'y a rien de plus juste et de plus simple que de venir à leur secours, en les déchargeant des sommes auxquelles ils sont imposés sur le rôle des Communautés où ils demeurent, et en les laissant subsister sur celui des Communautés dans les territoires desquelles ils ont leurs biens;

Les erreurs de calcul seront rectifiées aussitôt qu'on les aura justifiées;

Que si ces surchages dérivent des contestations territoriales entre Communauté et Communauté, on ne pourrait que difficilement adopter actuellement une règle générale, attendu que cela dépend de la démarcation des limites de chaque Communauté; qu'on pourrait dire tout au plus que, lorsqu'on ne peut pas connaître sur le champ laquelle des Communautés en contestation est fondée, le contribuable pourrait continuer de payer son imposition dans la Communauté qui est déjà en possession du recouvrement de la Subvention des années précédentes; voilà quelles sont les réflexions que le Comité a cru de son devoir de soumettre au jugement de l'Assemblée générale.

Sur quoi, la matière mise en Délibération, il a été arrêté que l'avis du Comité sera exécuté dans tous ses points.

La présente Délibération a été signée tant par Mgr l'Evêque Président que par Mgr l'Evêque de Sagone et le Piévan de Franceschi; par MM. de Leca et Villanova, Députés Ecclésiastiques; de Fabiani et de Poli, Nobles; Pozzo-di-Borgo Tusoli, Députés du Tiers-Etat.   *Signés*: etc.

Dudit jour 8 Juillet 1777.

Monseigneur l'Evêque Président a dit que, dans la séance d'hier, Nosseigneurs les Commissaires du Roi ont fait part des différentes expériences du sieur Jacquenod, Inspecteur d'Agriculture en tout genre de culture ; qu'il en avait fait aussi une plus particulière sur le tirage de la soie au Cap-Corse ;

Qu'il avait démontré un avantage certain sur la manière avec laquelle on tirait les soies dans cette Province ; que deux femmes, nommées Catherine Bastiani et Nicole Salini, employées à ce travail, avaient répondu entièrement aux instructions que le sieur Jacquenod leur avait données à ce sujet avec une entière satisfaction des assistants, ainsi qu'il est constaté par le procès-verbal qu'il en a dressé en présence des Officiers Municipaux de Tomino ;

Que le zèle et l'intelligence de l'Inspecteur d'Agriculture, appuyés du bon témoignage que les Etats derniers rendirent de ses services, avaient déterminé Sa Majesté à lui accorder une augmentation de huit cents livres au-delà du traitement de douze cents livres qu'il avait ;

Que Sa Majesté pour encourager lesdites Marie-Catherine et Nicole dans l'exercice du travail commencé, autorisait les Etats à leur accorder une gratification, dont la moitié serait payée des deniers de la Caisse Civile.

Sur quoi, la matière mise en délibération, les Etats ont ici renouvelé respectueusement les demandes faites dans la Séance du 6 Juin de la dernière Assemblée générale relativement à la plantation des mûriers, oliviers et citronniers, connaissant que c'est le moyen le plus prompt et le plus sûr pour procurer au Pays les avantages qu'il pourrait retirer de son sol.

En outre, les Etats ont dit qu'ils ont appris avec beaucoup de plaisir que Sa Majesté avait récompensé le zèle connu et l'activité du sieur Jacquenod;

Qu'il se montre vraiment rempli de bonne volonté et d'intelligence dans les fonctions de la place qui lui a été confiée; que le Pays en ressentirait encore un plus grand avantage si on donnait une plus grande étendue aux moyens qui sont nécessaires pour réaliser les établissements qu'on sollicite, et que cet Inspecteur met tous ses efforts à procurer;

Que l'activité de Catherine Bastiani et de Nicole Salini sera récompensée par une gratification de cent livres pour chacune, dont la moitié sera payée des deniers de la Caisse du Pays et l'autre moitié des deniers du Roi, ainsi qu'il a été annoncé dans la séance d'hier par Nosseigneurs les Commissaires du Roi.

La présente Délibération a été signée comme dessus.

Dudit jour 8 Juillet 1777.

Délibération contenant des témoignages de satisfaction en faveur de M. Baffier comme Subdélégué de Bastia et Subdélégué général en l'absence de M. l'Intendant.

Dudit jour 8 Juillet 1777.

Monseigneur l'Evêque Président a dit que, dans la séance d'hier, Nosseigneurs les Commissaires du Roi ont donné communication aux Etats d'un mémoire présenté par le sieur Brueis, fabricant de bas de soie à Bastia ; qu'il y expose ses projets sur la plantation des mûriers et sur l'éducation des vers à soie, et réclame les secours des Etats ;

Qu'il serait convenable d'examiner ce mémoire afin de pouvoir délibérer sur son contenu ce qu'on jugera à propos de faire.

Sur quoi, la matière mise en délibération, il a été dit que l'Assemblée générale voit avec plaisir la fabrique de bas de soie récemment établie à Bastia par le sieur Brueis et les dispositions qu'il prend pour exciter une partie de culture aussi essentielle ;

Que le Pays désirerait pouvoir venir à son secours, mais que ses finances sont si bornées qu'il n'est pas possible de donner la moindre étendue à sa bonne volonté ;

Que si, par la suite, la Caisse du Pays parvenait à un état meilleur, l'Assemblée se fera un plaisir de lui fournir les moyens qui pourront soutenir et encourager ses projets.

La présente Délibération a été signée comme dessus.

Dudit jour 8 Juillet 1777.

Monseigneur l'Evêque Président a dit que Nosseigneurs les Commissaires du Roi ont fait voir, dans la séance d'hier, la nécessité de plusieurs réparations à faire au Séminaire d'Ajaccio ;

Que cette dépense présente un objet de douze mille livres et plus, et mérite par conséquent toute l'attention des Etats.

Sur quoi, la matière mise en délibération, il a été arrêté que l'Assemblée renouvelle ses instances pour que le Séminaire d'Ajaccio soit évacué, et que s'il l'est, il est inutile d'examiner l'article des réparations ;

Qu'on pourrait y pourvoir au moyen des loyers qui lui sont dûs jusqu'à présent ;

Qu'à tous égards on devrait donner la direction des ces réparations aux Recteur et Députés du Séminaire sous les ordres de Mgr l'Evêque d'Ajaccio, pour qu'elles soient faites avec toute l'économie et l'épargne possible ;

Qu'il en sera de même pour le Séminaire de Bastia et celui de Campoloro.

Les Etats ont cependant réitéré ici leurs observations qui sont que le Pays n'étant tenu de contribuer que pour les dépenses locatives, l'objet qui le concerne ne peut être que très léger.

La présente Délibération a été signée comme dessus.

Dudit jour 8 Juillet 1777.

Justification Apologétique de Monseigneur Guasco, Evêque de Sagone.

Après quoi, la Séance a été renvoyée à demain, neuf du mois courant, à neuf heures du matin.

La présente Délibération a été signée comme dessus.

Séance du 9 Juillet 1777.

Monseigneur l'Evêque Président, Mgr Guasco, MM. les Piévans et autres Députés, ci-devant dénommés, s'étant rendus dans la Salle de l'Assemblée, Mgr l'Evêque Président a dit qu'il reste encore à examiner deux des objets annoncés par Nosseigneurs les Commissaires du Roi dans la Séance du 7 du présent mois ; que le premier est celui qui concerne les réparations du Port du Macinaggio au Cap-Corse et le second est celui qui concerne les enfants trouvés, pour assurer leur éducation ;

Que le premier donne lieu à une discussion entre la Province du Cap-Corse et le Pays ;

Que l'état de frais des réparations de ce port présente un objet de vingt-quatre mille livres, que le Roi, par un effet de sa munificence ordinaire, était disposé à en prendre la moitié à sa charge, outre les frais d'un ponton qui devait coûter treize mille livres;

Qu'il reste à examiner avec quelle proportion la Province du Cap-Corse et les autres Provinces de l'Ile devront contribuer à cette dépense, et à délibérer, en même temps, sur la manière la plus économique à employer pour exécuter ces travaux ;

Que le second objet ne laisse pas d'être intéressant, s'agissant de la conservation et de l'éducation d'une partie de citoyens qui par leur situation malheureuse méritent toute la protection du Souverain et l'attention des Etats.

Sur quoi, la matière mise en délibération, il a été arrêté que le Pays n'est pas en état actuellement de contribuer en aucune manière au rétablissement du port du Macinaggio ;

Que Sa Majesté n'ignore pas l'état de ses finances et le défaut de moyens pour pouvoir suppléer aux dépenses les plus urgentes, qui restent en retard, ou auxquelles on ne pourvoit bien souvent que par des secours de la Caisse Civile ;

Que le Pays, quoique très disposé à concourir de son côté à tout ce qui peut répondre aux vues toujours bienfaisantes du Souverain, a le regret de se voir dans l'impossibilité d'agir, malgré toute sa bonne volonté, parce que son état actuel ne lui permet pas de mettre en exécution ses bonnes dispositions ;

Qu'ainsi l'Assemblée générale a humblement supplié Sa Majesté de vouloir bien étendre sa générosité à l'entier payement des frais des réparations du port du Macinaggio.

Ensuite les Etats, portant leurs vues sur l'objet des enfants trouvés, ont dit qu'on pourrait le considérer sous différentes manières :

1º En employant toute l'attention pour assurer à ces enfants la conservation que les soins paternels de Sa Majesté ont eu en vue de leur procurer ;

2º En prenant des précautions pour que cette dépense se fasse avec toute l'exactitude et l'économie possible, afin qu'en épargnant quelque chose sur les sommes que la main secourable de Sa Majesté y destine annuellement, on puisse employer le surplus à l'éducation de ces mêmes enfants ;

3º En destinant quelque maison pour y recevoir ceux de ces enfants qui, s'approchant de l'âge de sept ans, ont besoin d'une éducation.

Que pour pourvoir au premier objet, il serait nécessaire d'ordonner qu'une fois la semaine au moins, il y eût, dans les villes et lieux où sont élevés ces enfants, quelque personne qui fût chargée de les visiter, et voir comment ils sont traités et tenus, en les faisant changer de nourrice quand le besoin l'exige, et donnant les avertissements et corrections qui peuvent apporter remède à la négligence des nourrices ;

Qu'on pourrait pourvoir au second objet, en ordonnant qu'il ne sera fait aucun payement à la nourrice, ni aux personnes qui peuvent être chargées de les distribuer, que sur un certificat qui sera délivré de mois en mois par le Curé et les Officiers Municipaux du lieu qui attesteront l'existence des enfants ;

Qu'à l'égard du troisième objet qui est le plus intéressant, on pourrait attribuer à l'éducation de ces enfants le Conservatoire supprimé des religieuses *Turchine* de Bastia ;

Qu'on pourrait vendre le Conservatoire érigé à Cervione par la Sœur Elisabeth avec des aumônes recueillies dans la Corse et aujourd'hui abandonné, pour, le prix en provenant, être employé au secours de cet établissement;

Les Députés de la Province d'Aleria ont observé à ce sujet que ce Conservatoire n'appartient pas au Pays, mais bien à quelque particulier; que cette cause a déjà été portée en Justice, et que le demandeur a obtenu une sentence favorable du Tribunal d'Aleria.

L'Assemblée générale a réclamé contre cette observation, en faisant entendre qu'il est très certain que ce bâtiment a toujours été considéré comme appartenant au Pays, parce qu'il a été construit avec les aumônes des bienfaiteurs.

MM. les Piévans ont ici représenté combien il serait convenable d'expulser des paroisses respectives les femmes qui par l'irrégularité de leur conduite scandalisent le peuple;

Que, quoiqu'on puisse avoir quelque tolérance pour les femmes qui sont tombées dans quelque faute, et qui donnent des preuves de résipiscence, on ne devrait en avoir aucune pour celles qui continuent dans le libertinage et dans le scandale;

Que l'expulsion de ces femmes devient indispensable pour ôter le mauvais exemple des Communautés où elles habitent.

Les Etats applaudissant au zèle de MM. les Piévans ont dit qu'ils verront avec plaisir l'exécution de leurs demandes.

Après quoi, la Séance a été renvoyée à demain, dix du mois courant, à neuf heures du matin.

La présente Délibération a été signée tant par Mgr l'Evêque Président que par Mgr de Sagone et le Piévan Moroni; par MM. Poli et Tusoli, Députés Ecclésiastiques; de Morlas et d'Antoni, Nobles; Peretti et Tasso, Députés du Tiers-Etat.

Signés, etc.

Séance du 10 Juillet 1777

Monseigneur l'Evêque Président, Mgrs les autres Evêques (Mgr d'Aleria absent) et MM. les Piévans et Députés, ci-devant dénommés, s'étant rendus dans la Salle de l'Assemblée, Mgr l'Evêque Président a dit que, dans la séance du 2 Juin dernier, on a renvoyé à Mgrs les Evêques différents objets qui concernent l'Instruction publique; qu'il serait nécessaire d'entendre leur avis, afin que les Etats puissent prendre les délibérations qui seront les plus convenables.

Sur quoi, l'Assemblée ayant entendu le rapport de Mgr l'Evêque du Nebbio, la matière mise en délibération, il a été arrêté sous le bon plaisir du Roi:

1º Que dans chaque Collège on érigera une chaire pour la Philosophie, et que les honoraires pour le professeur seront tirés de la suppression des écoles de la Grammaire mineure, en suppléant à l'augmentation nécessaire pour arriver à la somme de neuf cents livres par an, avec l'obligation d'enseigner aussi les principes des Mathématiques; qu'il plaise à Sa Majesté de faire distribuer dans les quatre Collèges des livres qui traitent des classes qu'on y enseigne, attendu que sans cela l'instruction publique ne pourra jouir du fruit qu'elle a pour objet de lui procurer;

2º Que le nombre des vingt Jeunes Corses pour le Séminaire d'Aix sera réparti entre les cinq Diocèses de l'Ile, de la manière que Mgrs les Evêques conviendront entr'eux, et en cas de contestation, M. le comte de Saint-Germain, Ministre de la Guerre, voudra bien en faire une répartition proportionnée ;

3º Que Sa Majesté ayant daigné faire annoncer par ses

Commissaires que son intention est qu'à l'avenir les Etats influent dans le choix des vingt Jeunes Corses destinés à être admis aux Séminaires d'Aix, pour assurer que ce choix se fasse de manière qu'il réponde aux vues du Souverain qui sont celles de procurer une bonne éducation à une partie de la Jeunesse Corse, on nommera dans chaque Assemblée de Piève trois Jeunes gens ayant les qualités qui sont et seront prescrites ;

4º Que l'Assemblée ne pourra nommer que les Jeunes gens qui seront munis d'un certificat *de vita et moribus* de leur Curé et de leur Evêque ou de son Grand-Vicaire, confirmé par l'attestation des Officiers Municipaux, comme ces sujets donneront des espérances et auront des dispositions à l'étude ;

5º Que l'Assemblée de la Province choisira un sujet par Piève dans le nombre de ceux qui auront été proposés dans l'Assemblée des Pièves, en tâchant que le choix tombe sur les Jeunes gens qui réuniront le plus de qualités et justifieront la préférence qui leur sera donnée ;

6º Que l'Assemblée générale choisira parmi les personnes proposées par les Provinces respectives le nombre qui pourra convenir à chaque Diocèse d'après la répartition qui en sera faite d'accord par Mgrs les Evêques ou par le Ministre de la Guerre ;

7º Que l'Assemblée générale, outre ceux qu'elle aura choisis pour remplir les places vacantes, fera la nomination d'un sujet de plus par Diocèse, pour être substitué à ceux qui pourraient manquer au Séminaire pour cause de mort, ou pour toute autre raison.

MM. les Evêques et les Piévans ont ici observé que, si le certificat de vie et mœurs et d'idonéité à délivrer à ceux qui aspirent à entrer dans le Séminaire d'Aix doit aussi dépendre des Officiers Municipaux, ils s'abstiendront toujours de délivrer toute attestation sur cette matière, et qu'ils se réservent de faire part à Sa Majesté des raisons solides qu'ils ont de ne pas concourir avec les Laïques dans ces attestations.

Sur quoi, l'Assemblée générale a dit qu'en ce cas elle ne pourra pas faire à moins que de ne pas se contenter du certificat des seuls Officiers Municipaux, si Mgrs les Evêques et Curés se refusent de prendre part dans ces attestations.

8º Qu'à l'égard du Catéchisme qu'on imprime en Français et en Italien pour l'instruction des peuples, composé par Mgr l'Evêque du Nebbio, ayant eu l'agrément de Mgrs les autres Evêques de la Corse, il en résulte qu'il plaira aussi au Peuple, et qu'en applaudissant au zèle et aux lumières de ce prélat, le pays exprime ses humbles actions de grâces de la libéralité religieuse du Roi qui a bien voulu prendre à sa charge les frais d'impression d'un ouvrage si utile ;

9º Que Sa Majesté sera suppliée de vouloir bien étendre sa libéralité des vingt Jeunes Corses pour le Séminaire d'Aix, à un de plus en faveur de la Ville de Bonifacio qui, étant sujette à Mgr l'Archevêque de Gênes, serait frustrée d'une grâce aussi signalée ;

10º Que Sa Majesté sera aussi suppliée de vouloir bien faire supporter par l'Econome de Paris quelques pensions qui sont payées à de certains Ex-Jésuites sur les biens de cette compagnie supprimée, attendu que les fonds et revenus attribués à l'instruction publique sont si modiques qu'ils ne suffisent pas pour suppléer aux dépenses nécessaires pour les quatre Collèges ;

11º Qu'on prendra toutes les précautions nécessaires pour faire jouir les Collèges des libéralités du pieux bienfaiteur, le Prêtre Ignace Leca de Lumio ;

Que les biens qu'il a laissés pour l'éducation de la Jeunesse sont de quelque considération ; qu'il serait nécessaire d'en constater l'objet et le revenu ; à cet effet on a nommé le sieur Balestrino, comme procureur, pour mettre dans cette partie d'administration tout l'ordre possible, répéter en justice et dehors ce que quelques-uns doivent et occupent injustement de cette œuvre pie, avec faculté au même sieur Balestrino de substituer un ou plusieurs Procureurs ;

12º Que Mgrs les Evêques d'Ajaccio et de Bastia devront s'occuper à examiner si les Chapellenies, qui étaient fondées sur les biens des Ex-Jésuites, sont remplies, et employer leur zèle pour que les pieux fondateurs ne soient point frustés des secours spirituels qu'ils ont cherché de procurer ;

13º Que le professeur de Grammaire majeure sera obligé d'enseigner la langue française; que le professeur des Humanités enseignera la Géographie, et que celui de Rhétorique devra enseigner l'Histoire et spécialement la Française, la Romaine et la Corse ;

Que les professeurs des Humanités et Rhétorique seront tenus de faire pendant le courant de l'année quelque Académie sur la Géographie et sur l'Histoire, outre celle établie à la fin de chaque année.

Après quoi, la séance a été renvoyée à demain, onze du mois courant, à neuf heures du matin.

La présente Délibération a été signée tant par Mgr l'Evêque Président que par Mgrs les Evêques de Mariana et du Nebbio ; Olivieri et Pianelli, Piévans; de Mari et Colonna, Nobles ; Adriani et Emanuelli, Députés du Tiers-Etat.

Séance du 11 Juillet 1777.

Monseigneur l'Evêque Président et Mgrs les Evêques et Députés ci-devant dénommés, (Mgr d'Aleria absent) s'étant rendus dans la Salle de l'Assemblée, Mgr l'Evêque Président a dit que, dans la séance du 11 du mois dernier, on a renvoyé au Comité particulier l'examen des comptes qui concernent l'imposition des logements militaires et leurs réparations; que l'Assemblée entendrait volontiers ses observations pour prendre les déterminations qui seront convenables. Sur quoi, Mgr de Santini, Evêque du Nebbio, a dit que le Comité qu'il a l'honneur de présider, s'étant occupé de l'examen des comptes, a porté ses premières vues sur l'imposition des deux vingtièmes sur les maisons ; que l'arrêté fait le 17 Juin 1775 n'a pu servir de base à ses opérations pour deux motifs :

1º Parce que depuis cette Assemblée M. l'Intendant a arrêté de nouveaux rôles pour les cinq années commencées le 1er Octobre 1769, et terminées à pareil jour de 1774;

2º Parce que le Comité des Etats derniers n'a pu fixer au juste la dépense, attendu qu'il n'avait pas sous les yeux tous les états des maisons occupées par la troupe, et par conséquent il a été obligé de faire ses observations sur toutes les années échues, afin de fixer la somme que le Pays a payée ou a dû payer, ainsi que l'emploi qu'il a dû en faire ;

Qu'après l'examen desdits rôles il a trouvé que les maisons, occupées par les propriétaires dans toute l'étendue de l'Ile, ont dû produire jusqu'au 1er Octobre 1774 une somme de cent deux mille trois cent trente-cinq livres, dix-neuf sols, onze deniers, et celles louées du 1er Octobre 1769 au 1er Octobre 1773 la somme de cinquante-deux mille neuf cent soixante-quatre livres, deux sols, trois deniers, qui forment en tout celle de cent cinquante-cinq mille trois cent livres, deux sols, neuf deniers ;

Que de cette somme ayant été déduite celle de deux mille quatre cent cinquante-trois livres, dix-sept sols, deux deniers, montant des décharges accordées par M. l'Intendant actuel, il en est résulté la somme de cent quarante-sept mille huit cent quarante-six livres, cinq sols ;

Qu'on a déduit en second lieu une somme de cinq mille neuf cent treize livres, dix-sept sols, pour droit de collecte, accordé aux Officiers Municipaux, et il en résulte la somme de cent quarante-une mille neuf cent trente-deux livres, huit sols ;

Qu'on a finalement déduit une somme de mille quatre cent dix-neuf livres, six sols, cinq deniers, pour droit de collecte, accordé aux Trésoriers des Provinces, et il en est résulté la somme de cent quarante mille cinq cent treize livres, un sol, sept deniers ;

Qu'on ajoute à cette dernière somme celle de vingt-quatre mille livres que le Pays a payée dans les deux dernières années à titre de supplément et par une imposition accessoire à la Subvention, et il en résulte le total de cent soixante quatre mille cinq cent treize livres, un sol, sept deniers ;

Qu'on doit ici observer qu'on n'a fait aucune déduction des sommes pour lesquelles M. de Pradine avait accordé des décharges, parce que celles-ci ayant été rendues sur les rôles arrêtés par lui pour les trois premières années, dont on n'a fait aucun compte dans l'assiette des seconds rôles, cela ne pourrait faire qu'un double emploi ;

Qu'ensuite le Comité a porté ses vues sur les dépenses auxquelles cette imposition devait faire face, et il a trouvé qu'elles étaient de deux sortes : que l'une concernait les réparations faites aux logements militaires, et l'autre les loyers des maisons occupées par les Troupes ;

Qu'il paraît que les dépenses de la première espèce ne devraient point être à la charge du Pays, puisque en vertu de l'Arrêt du Conseil d'Etat du Roi du 30 Septembre 1774, les réparations des murs, toits, escaliers, pavés, planchers, portes, fenêtres et autres semblables, sont à la charge des propriétaires, et qu'en les exceptant on ne voit pas en quoi les dépenses locatives pourraient consister, d'autant plus que Sa Majesté n'a point mis à la charge du Pays la fourniture des ustensiles ;

Que les réparations des maisons appartenant au Domaine, sont toutes à la charge du Pays, mais que celles-ci ayant été réparées et mises en très bon état, devaient, suivant l'article dernier dudit Arrêt, être à la charge des Régiments qui les ont occupées;

Que les dépenses de la seconde espèce n'admettant aucun doute, le Comité a employé ses soins pour les réduire au juste, en demandant à cet effet à M. l'Intendant les états des loyers arrêtés par MM. les Commissaires des Guerres pour chaque année, et, après l'examen le plus mûr, il a cru pouvoir déduire de celles des trente premiers mois les sommes qui suivant les dispositions de l'Arrêt du Conseil, ne doivent point être à la charge du Pays.

SAVOIR:

Pour les maisons appartenant au Domaine	5,489. 14. 4
Pour les emplacements et maisons appartenant à différentes Communautés et Couvents Mendiants	7,751. — —
Pour le logement d'un Exempt de la Maréchaussée à Ajaccio	66. — —
Pour le logement d'un Officier dans cette Ville	13. 6. 8
Pour logement des tailleurs de pierres à Corte	22. — —
Pour logement des travailleurs aux fortifications	72. — —
Pour la musique du Régiment	81. — —
TOTAL	13,495. 1. —

Qu'au moyen de ces déductions on a trouvé que les loyers échus à la charge du Pays pour les trente mois du 1er Avril 1770 au 1er Octobre 1772, forment la somme de soixante-quatorze mille huit cent cinquante-neuf livres, seize sols, lesquelles déduites des cent soixante-quatre mille cinq cent livres, un sol, sept deniers, somme totale du montant de l'imposition, il en résulte que la recette excède la dépense de quatre-vingt-neuf mille six cent cinquante-trois livres, cinq sols, sept deniers ;

Que sur les états arrêtés du 1er Octobre 1772 à pareil jour de 1775, le Comité a cru pouvoir déduire les sommes suivantes :

SAVOIR :

Pour les maisons appartenant au Domaine .	3,164. — —
Pour les emplacements et maisons appartenant à différentes Communautés et pour loyers des Mendiants	893. — —
BASTIA : Pour les magasins à vin et la maison pour la Pharmacie, qui doivent être à la charge de l'Entrepreneur des Hôpitaux, attendu qu'au moyen de la somme de 240 livres que le Pays lui paye annuellement, il est obligé de se pourvoir à ses frais de tous magasins dont il peut avoir besoin.	678. — —
— Pour les prisons civiles et criminelles	32. — —
— Pour le logement de deux Exempts de Maréchaussée	312. — —
CALVI : Pour les maisons occupées par les Chirurgiens et les Apothicaires qui sont obligés de payer leur loyer.	180. — —
A Reporter . .	3,259. — —

	Report . .	3,259. — —
BALAGNE :	Pour le four qui sert à la Troupe à l'Algajola dont la Régie paye le loyer	115. 4. —
AJACCIO :	Pour le logement d'un Exempt de la Maréchaussée	6. — —
CORTE :	Pour le loyer d'une maison que le nommé Hyacinthe Feracci a abandonné pour les mines que MM. les Ingénieurs faisaient faire	18. — —
	TOTAL. . .	5,398. 4. —

Qu'après ces déductions il en est résulté, que le total des loyers échus à la charge du Pays pour lesdites trois années, monte à la somme de soixante-onze mille quatre cent quarante-deux livres, dix-neuf sols, deux deniers, laquelle somme déduite de celle de quatre-vingt-neuf mille six cent cinquante-trois livres, cinq sols, sept deniers, il serait dû au Pays dix-huit mille deux cent dix livres, six sols, cinq deniers ;

Que le Comité observe que, quoique le Pays soit en avance de cette somme, cependant différentes Provinces sont en retard d'environ cinquante mille livres pour l'imposition des deux vingtièmes, et il est pareillement dû une somme d'environ vingt mille livres pour les réparations faites à différentes maisons, laquelle somme doit être restituée à la Caisse des Etats ;

Que si les Etats prenaient des mesures pour faire rentrer ces sommes, et faire aussi payer les deux vingtièmes sur les maisons louées du 1773 au 1775 il y aurait dans la Caisse assez de fonds pour payer les loyers des maisons occupées par la troupe jusqu'au 1er Octobre 1775 et il y resterait au moins une somme de quarante mille livres, au moyen de laquelle le Pays pourrait s'acquitter pour trois ou quatre années de l'imposition accessoire de douze mille livres, et de celle de trois mille livres par an ;

Que le Comité a observé que parmi les ordonnances de dépenses il y en a une en faveur de M. George, Aide-Major, de la somme de sept cent cinquante-six livres pour l'indemniser du loyer qu'il a dû payer à raison de quatorze livres par mois, attendu que la maison qu'on lui avait destinée se trouvait occupée par les troupes. Que Sa Majesté ayant bien voulu prendre à sa charge les loyers des Officiers, il serait convenable de la supplier de vouloir bien décharger le Pays de cette somme ;

Que dans le recouvrement des deux vingtièmes sur les maisons occupées par les propriétaires, suivant les rôles arrêtés par M. de Pradine, différentes Communautés des Provinces de Bastia, Ajaccio, Sartene, Balagne et Aleria, ont payé, entre toutes, une somme de deux mille quatre cent quinze livres, neuf sols, en sus de la somme à laquelle elles ont été imposées depuis ; qu'il serait juste de prier M. l'Intendant de vouloir bien leur faire rembourser les sommes qui leur sont dues ;

Que le Comité observe finalement que quoique la troupe soit considérablement diminuée en Corse depuis quelques années, cependant les loyers qui sont à la charge du Pays n'ont pas beaucoup diminué, ce qui fait croire que la troupe occupe beaucoup plus de logements qu'il ne lui est nécessaire, et que les Officiers Municipaux des Villes où il y a des garnisons, négligent peut-être d'y remédier en faisant leurs observations à MM. les Commissaires des Guerres ;

Qu'il serait très avantageux au Pays de choisir quelque moyen efficace afin de remédier à tous les abus qui pourraient survenir en ce genre, tel que la nomination des sujets que les Etats jugeraient à propos de choisir pour faire une visite générale de tous les logements militaires, et supplier

Mgrs les Commissaires du Roi de vouloir bien les autoriser à réduire lesdits logements au simple nécessaire ;

Que par ce moyen le Pays parviendrait à se libérer d'une bonne partie de cette charge ;

Sur quoi, la matière mise en délibération, les Etats délibérant ont arrêté, que les observations du Comité tendantes à retrancher différents loyers et plusieurs réparations qui sont portées indûment à la charge du Pays, seront renouvelées à la Cour par MM. les Députés ;

Que M. l'Intendant sera prié de presser le recouvrement des sommes que les Provinces respectives doivent tant pour les maisons occupées par les propriétaires, que pour les maisons louées ;

Que pour apporter le remède convenable à l'excès qu'il peut y avoir dans l'assignation des logements militaires, MM. les Députés des Douze résidants à Bastia seront chargés de faire une inspection de tous les logements destinés pour le logement des troupes et pour le service du Roi, accompagnés du Commissaire des Guerres du Département et des Officiers Municipaux. A l'égard des autres villes et lieux où il y a des garnisons, M. le Député des Douze de la Province devra y assister, et dans les Provinces où il n'y aura aucun Député des Douze, on en chargera un Député des Douze de quelqu'autre Province ;

Qu'il sera dressé un état bien détaillé de tous les logements qui sont occupés actuellement, et de ceux dont on aura cru convenable de pouvoir décharger le Pays après cette inspection, en déposant une copie de cet état au Greffe des Etats ;

Que M. l'Intendant sera prié de vouloir bien donner les ordres nécessaires pour que cette inspection se fasse promptement en se concertant avec MM. les Députés des Douze sur la fixation du temps ;

Que comme le produit des loyers à recouvrer tant pour les

maisons occupées par les propriétaires que sur les maisons louées est suffisant, au moins pour quelque temps, pour pourvoir à l'objet de l'imposition sur les logements militaires, le Pays sera exempt, pendant le même temps, du payement de l'imposition accessoire des douze mille livres qu'il paye pour supplément et des trois mille livres par an pour les réparations ;

Que ce soulagement est d'autant plus nécessaire en cette année, que la stérilité des récoltes menace la Corse de si grandes misères que sans le secours du Gouvernement il sera difficile que le peuple puisse subsister.

La présente Délibération a été signée tant par Mgr l'Evêque Président que par Mgrs les Evêques de Sagone et de Mariana ; par MM. Bartoli et Manenti, Piévans ; Sansonetti et de Casabianca, Nobles ; Defendini et Grimaldi, Députés du Tiers-Etat.

Signés, etc.

Dudit jour 11 Juillet 1777.

Monseigneur l'Evêque Président a dit qu'après avoir entendu avec satisfaction le rapport du Comité des comptes relativement à l'imposition sur les logements militaires et pour ce qui concerne leurs réparations, l'Assemblée générale entendrait avec un égal plaisir le rapport sur la Subvention et sur les dépenses et dettes qui y sont relatives.

Sur quoi, Mgr de Santini, Evêque du Nebbio, a dit que le Comité chargé par cette Assemblée générale de la vérification des comptes de la Subvention et de l'imposition, après avoir scrupuleusement examiné les états de Recette et Dépense présentés par M. Gautier, Trésorier général de la Caisse du Pays aux Etats actuels, a trouvé :

1° Que la Subvention des quatre années du 1er Octobre 1769 au 1er Octobre 1773 montait à la somme de cinq cent cinquante-deux mille trente livres, neuf sols, cinq deniers ; qu'on en avait recouvré cinq cent deux mille deux cent quatre-vingt-douze livres, quatorze sols, deux deniers, et que le surplus qui était de quarante-neuf mille sept cent trente-sept livres, quinze sols, trois deniers, n'avait point été recouvré ;

2° Que de ladite somme recouvrée il a payé à la Caisse Civile quatre cent soixante-dix-sept mille deux cent quatre-vingt-onze livres, dix-sept sols, sept deniers, à-compte des quatre années de Subvention, et qu'il manquait pour solde la somme de deux mille sept cent huit livres, deux sols, sept deniers.

3° Qu'il restait de la somme recouvrée de cinq cent deux mille deux cent quatre-vingt-douze livres, quatorze sols, deux deniers, celle de vingt-cinq mille livres, seize sols, sept deniers, qui a été abonnée pour droit de collecte aux Podestats et Pères du Commun, Notables et Trésoriers des Provinces, ainsi qu'il appert par le chapitre 2 de la dépense ;

4° Que le chapitre 3 de la dépense pour le compte du Pays montait à la somme de soixante-quatre mille huit cent vingt livres, huit sols, quatre deniers, et que sur les observations faites par le Comité de ladite année 1775, Nosseigneurs les Commissaires du Roi, lorsqu'ils arrêtèrent ledit état de Recette et Dépense, réduisirent ledit chapitre 3 à vingt-six mille huit cent vingt-sept livres, huit sols, six deniers, et déchargèrent le Pays de la somme de trente-sept mille neuf cent quatre-vingt-douze livres, dix-neuf sols, dix deniers ;

5° Que le chapitre 4 montait à huit mille deux-cent quatre-vingt-une livres pour les frais de la Députation à la Cour;

6° Que le chapitre 5 montait à quatre-vingt-deux livres, cinq sols, six deniers, pour les frais des chemins ;

7° Que le chapitre 6 portait une somme de mille cinq cent livres payées à cinq de MM. les Députés des Douze ;

8° Que le chapitre 7 portait deux mille quatre cent vingt-une livres, deux deniers, pour les frais de Bureau dudit Trésorier, lesquelles sommes réunies, montaient à trente-neuf mille cent trente-une livres, quatorze sols, deux deniers ;

9° Que si la dite somme non recouvrée était rentrée dans la Caisse des Etats on aurait payé les dépenses dont ledit Trésorier a fait l'avance pour le Pays, et il serait resté en Caisse une somme de dix mille six cent six livres, un sol et un denier ;

Qu'après ledit examen, ayant été procédé à celui du compte de la présente année, signé le 10 Mai par ledit sieur Gautier, on trouve qu'il a porté dans l'état de recette soixante-trois mille livres, quinze sols, cinq deniers, au lieu de quarante-neuf mille sept cent trente-sept livres, quinze sols, trois deniers, qui, suivant l'état précédent, n'avaient pas été payés ;

Que cette différence est provenue de ce que les Provinces de Sartene, Balagne, Calvi et Vico avaient payé treize mille deux cent soixante-douze livres, deux deniers, en sus de ce qu'elles avaient été imposées pour les quatre premières années ;

Que ledit Trésorier avait porté par inadvertance ladite somme de treize mille deux cent soixante-douze livres, deux deniers, pour le compte du Pays, tandis qu'on devait la rendre aux dites quatre Provinces qui l'avaient payée de trop ;

Que par conséquent il restait à recouvrer pour lesdites quatre premières années soixante-trois mille neuf livres, quinze sols, cinq deniers ;

Que la Province de Bastia était en retard de quarante mille deux cent quarante-une livres, quatre sols, trois deniers ;

Celle d'Ajaccio de dix mille cent quatre-vingt-dix livres, six deniers ;

Celle d'Aleria de trois cent quatre-vingt-onze livres, quinze sols, quatre deniers ;

Celle de Corte de trois mille cinq cent quatre-vingt-sept livres, quinze sols, huit deniers ;

Celle de Nebbio de cent soixante-deux livres, treize sols, huit deniers ;

Celle du Cap-Corse de huit mille quatre cent trente-six livres, six sols ;

Que si ladite somme de soixante-trois mille neuf livres, quinze sols, cinq deniers, eût été recouvrée, le Pays aurait eu en Caisse vingt-trois mille huit cent soixante-dix-huit livres, un sol, trois deniers, et ledit Trésorier au chapitre 1er de la recette a donné crédit au Pays de ladite somme de soixante-trois mille neuf livres, quinze sols, cinq deniers ;

Qu'au chapitre 2 il a également porté en recette quarante mille neuf cent livres qu'il a pris à intérêt pour le compte du Pays ;

Qu'au chapitre 3 il a porté en recette quatre cent trente-cinq mille livres, dix-neuf sols, quatre deniers, pour les deux années de Subvention du 1er Octobre 1773 au 1er Octobre 1775 ;

Finalement, au chapitre 4 il a porté en recette deux mille quatre cent quarante-une livres, deux deniers, qu'il avait portées en dépense au chapitre 7 de l'état arrêté par Nosseigneurs les Commissaires du Roi et présenté à l'Assemblée générale de 1775 ;

Lesquelles sommes de recette réunies, forment celle totale de cinq cent quarante-une mille trois cent cinquante-une livres, quatorze sols, onze deniers ;

Que dans le compte de la dépense contenue dans l'état présenté à cette Assemblée générale au chapitre 1er, ledit Trésorier a porté cinquante-deux mille quatre cent trois livres, quatorze sols, quatre deniers, dont il s'était chargé en recette quoiqu'on ne les eût pas encore payées, ainsi qu'il est constaté par le compte-rendu aux Etats de 1775 ;

Qu'au chapitre 2 il a porté cent quatre-vingt-six mille neuf cent trente-huit livres, neuf sols, savoir: deux mille sept cent huit livres, deux sols, cinq deniers, payées pour solde des quatre années de Subvention dues au Roi du 1er Octobre 1769 au 1er Octobre 1773; cent vingt mille livres pour l'année de Subvention du 1er Octobre 1773 au 1er Octobre 1774; et soixante-quatre mille livres, dix-huit sols, quatre deniers, à-compte de la Subvention de la sixième année du 1er Octobre 1774 au 1er Octobre 1775;

Que le Trésorier, croyant que le droit de collecte, accordé aux Officiers Municipaux, fût de quatre pour cent comme dans les années précédentes, leur a attribué dix-sept mille quatre cent livres, quatre deniers; mais comme ce droit a été réglé par les Etats derniers à deux pour cent, on ne doit payer auxdits Officiers Municipaux que la somme de huit mille sept cent livres, quatre deniers;

Que le bénéfice desdits Officiers Municipaux causait aux Trésoriers des Provinces un préjudice de quatre-vingt-six livres, onze sols, un denier, et que par conséquent au lieu de quatre mille cent quatre-vingt-six livres, neuf sols, un denier, que le sieur Gautier leur avait attribués, il est dû auxdits Trésoriers quatre mille deux cent soixante-trois livres, deux deniers;

Que lesdites sommes étaient portées au chapitre 3 de la dépense qui montait à vingt-trois mille deux cent vingt-six livres, six sols, cinq deniers, y compris la somme de mille six cent cinquante livres, cinq sols, dix deniers, pour droit d'un pour cent, accordé audit Trésorier général pour les sommes qu'il recouvre en sus de l'abonnement de la Subvention, de sorte que les dépenses contenues audit chapitre 3 se réduisent à quatorze mille six cent quarante-trois livres, six sols, quatre deniers;

Qu'au chapitre 4 il a porté en dépense quinze mille neuf cent soixante-treize livres, treize sols, quatre deniers, savoir:

treize mille neuf cent livres payées à compte du capital de quarante mille neuf cent livres dont on avait fait l'emprunt pour le compte du Pays, et deux mille soixante-treize livres, treize sols, quatre deniers, pour intérêts dudit capital;

Qu'au chapitre 5 on voit qu'il a fait dépense de vingt-cinq mille cent soixante-dix-huit livres qu'il a payées aux Députés à la Cour;

Pour frais des Députés aux Assemblées générales et Provinciales, sept mille sept cent trente-quatre livres, dix sols;

Au chapitre 6 il a fait dépense de trois mille quatre-vingt-onze livres, six sols, pour frais d'Assemblées Provinciales;

Pour frais de Bureau du Pays, seize mille cent livres à raison de sept cents livres par mois, à compter du 1er Juin 1775 jusqu'au 30 Avril dernier;

Pour frais extraordinaires faits pour le bureau de la Subvention, cinq cent deux livres, quatorze sols, neuf deniers;

Pour frais d'impression, quatre mille quatre cent quarante-huit livres, quatre sols;

Et finalement huit mille quatre-vingt-trois livres qu'il a payées aux Commissaires des rôles et à leurs Commis; toutes lesquelles sommes contenues audit chapitre 7 se montent à vingt-neuf mille cent trente-trois livres, dix-huit sols, neuf deniers;

Qu'au chapitre 8 il a fait dépense de onze mille huit cent soixante-trois livres, quatre sols, savoir: huit mille cent livres pour MM. les Députés des Douze; cinq cent dix livres, pour leur Domestique; trois mille deux cent dix-sept livres, quatre sols, pour les réparations et autres dépenses faites à la maison des Douze, et trente-six livres pour gratification extraordinaire :

Qu'au chapitre 9 on trouve mille trois cent quatre-vingt-cinq livres pour frais d'impression du procès-verbal des Etats de 1773 et de leur Instruction;

Au chapitre 10, mille cent soixante-quatorze livres, onze

sols, six deniers, pour frais d'élection des Officiers Municipaux ;

Que les chapitres 11 et 12 sont portés pour mémoire ;

Qu'au chapitre 13 il a porté quatre-vingt-seize livres, dix-huit sols, pour frais de manutention de chemins ;

Au chapitre 13, cinq cent quatre-vingt-dix-sept livres, dix sols, montant de la moitié des appointements du sieur Caffesi, archiviste ;

Au chapitre 15, mille six cent cinquante-trois livres, dix-neuf sols, six deniers, pour dépenses extraordinaires faites par ordre de MM. les Députés des Douze pour donner une marque de la joie universelle que le Pays a éprouvée à l'occasion du rétablissement de la santé de M. le Comte de Marbeuf ;

Au chapitre 16, il a fait dépense de deux mille trois cent trois livres pour frais des Assemblées de 1773 et 1775 ;

Au chapitre 17, de sept mille cent dix-sept livres, cinq sols, huit deniers, pour ordonnances de décharges et modérations ;

Au chapitre 18, il a porté neuf cent trente-huit livres, trois sols, six deniers, pour frais de pédons employés pour le service du Pays depuis l'Assemblée de 1775 jusqu'au 10 mai dernier ;

Au chapitre 19, ledit Trésorier a observé qu'ayant été obligé de faire faire un travail double à ses Commis pour faire rédiger une seconde fois les journaux tant de la Subvention que de l'Imposition sur les maisons, pour en adresser un duplicata au Ministre et en remettre un autre à M. l'Intendant, ce qu'il continue de faire chaque mois ; qu'il lui paraît juste de demander à cette Assemblée générale une gratification pour ses Commis, et qu'il s'en rapporte à la justice de ces Etats ;

Que les dépenses portées auxdits chapitres se montent à trois cent soixante-dix mille cinq cent neuf livres, un sol, neuf deniers ; qu'en déduisant de cette somme, celle de huit mille cinq cent quatre-vingt-trois livres, un denier, portée de plus, ainsi qu'on l'a observé au chapitre 3 de la dépense, il reste trois cent soixante-une mille neuf cent vingt-six livres, un sol, huit deniers, laquelle somme jointe à celle de cent quatre-vingt-quatre mille cent quatre-vingt-dix livres, douze sols, dix deniers, portée en reprise par ledit Trésorier dont il avait donné débit, et qu'il avait portée en recette, sans qu'on l'eût recouvrée, forment la somme totale de cinq cent quarante-six mille cent seize livres, quatorze sols, six deniers ;

Que la dépense excède la recette de quatre mille sept cent soixante-quatre livres, dix-neuf sols, sept deniers ;

Qu'on devra payer ladite somme de dépenses sur les cent quatre-vingt-quatre mille cent quatre-vingt-dix livres, douze sols, dix deniers, qui restaient encore à recouvrer au 10 mai ;

Item, on devra payer vingt-sept mille livres pour solde du capital de quarante mille neuf cent livres qu'on a empruntées, ainsi qu'on l'a observé ci-dessus ;

Item, on payera la somme de cinquante-cinq mille sept cent soixante-dix livres, un sol, huit deniers, qui est due au Roi pour solde de la sixième année de Subvention du 1er octobre 1774 au 1er octobre 1775 ;

Item, celle de dix-neuf mille sept cent cinquante-deux livres, six sols, trois deniers, pour le restant des décharges et modérations, accordées de 1770 à 1775, ainsi qu'il résulte de l'état desdites décharges, n'étant rentré d'ordonnances de décharges et modérations que pour la somme de sept mille cent dix-sept livres, cinq sols, deux deniers, dont on a parlé ci-dessus, et ledit état ne monte qu'à vingt-six mille huit cent soixante-neuf livres, onze sols, cinq deniers ;

Item, celle de treize mille deux cent soixante-douze livres, deux deniers, que les Provinces de Calvi, Sartene, Balagne et Vico ont payé de plus de ce qu'elles avaient été imposées pour les quatre premières années ;

Que ces sommes réunies montent en tout à cent vingt mille cinq cent cinquante-neuf livres, sept sols, huit deniers, qu'on devra acquitter avec les cent quatre-vingt-quatre mille cent quatre-vingt-dix livres, douze sols, dix deniers qui restaient à recouvrer pour solde des dix années de Subvention le 10 mai dernier, et il y aura encore de reste dans la Caisse des Etats la somme de soixante-trois mille six cent trente-une livres, cinq sols, deux deniers ;

Que le Comité a observé qu'après qu'il eut vérifié lesdits états, il a fait la comparaison des états particuliers de chaque chapitre de dépense avec les ordonnances de paiement et il a trouvé que tout était uniforme et en bonne règle ;

Que ledit Trésorier général ne pouvait mieux s'expliquer, ni tenir un compte plus exact que celui qu'il a tenu jusqu'à présent ;

Qu'il n'est pas possible de rapporter aujourd'hui quelles sont les Communautés, Pièves et Provinces qui doivent ladite somme de cent quatre-vingt-quatre mille cent quatre-vingt-livres, douze sols, dix deniers ;

Qu'à cet effet la plus grande partie des Trésoriers des Provinces ont présenté l'état de ce qu'ils ont recouvré de leurs Provinces, Pièves et Communautés respectives, de ce qu'ils ont versé dans la Caisse du Trésorier général, et de ce que lesdites Provinces, Pièves et Communautés doivent encore pour solde ;

Que les Trésoriers qui ont présenté leurs comptes au Comité, ont dit être d'accord avec le compte du Trésorier général pour les sommes qu'ils ont payées entre ses mains ;

Qu'en outre le Comité a fait les observations suivantes :

1º Que MM. les Députés des Douze se sont pourvus d'un domestique à qui ils font payer par la Caisse des Etats trente livres par mois pour son salaire indépendamment de l'habillement ; que M. l'Intendant a accordé une ordonnance de payement pour les salaires de ce domestique, à condition que si les Etats n'approuvaient point cette dépense, elle resterait à la charge de MM. les Députés des Douze ;

2º Que ces mêmes Députés ont fait payer trois mille deux cent dix-sept livres, quatre sols, pour des réparations et autres dépenses faites à la maison des Douze, et qu'ils ont présenté un état de cinq cent quatre livres pour le prix des jalousies qu'ils ont fait faire à ladite maison ; que l'Assemblée devrait prendre en considération ces sortes de dépenses et délibérer ce qu'on aura à faire à l'avenir pour l'avantage du Pays, ainsi que sur les dépenses en question ;

3º Que la Caisse des Etats a payé mille cent soixante-quatorze livres, seize sols, six deniers, pour l'élection des Officiers Municipaux ; que cette élection ne doit point être à la charge du Pays, à qui on a accordé de faire présider par les Podestats Majors les Assemblées des Communautés pour l'élection des Officiers Municipaux ; que ces frais ont été occasionnés par le peu d'ordre que différentes Communautés ont tenu lors de l'élection de leurs Officiers Municipaux ; que les Subdélégués ont fait ces dépenses pour aller présider lesdites Assemblées ; qu'il paraîtrait juste que les Etats arrêtassent que ces dépenses seraient à la charge desdites Communautés, et qu'on les portât sur les rôles de la Subvention pour la septième année ;

4º Que les Etats de 1775 délibérèrent une somme de mille cinq cent livres, par an, pour frais d'impression des rôles, instructions et autres objets concernant la répartition de la Subvention et de l'Imposition, et celle de mille livres pour l'impression du procès-verbal des Etats ; que, depuis 1775 jusqu'à présent, cette dépense n'aurait dû excéder la somme de quatre mille livres, en conformité de la délibération des Etats, attendu qu'on n'a imprimé qu'un seul procès-verbal ; cependant on voit qu'on a porté les frais d'impression à cinq mille huit cent trente-trois livres, quatre sols ;

5º Que les Etats de 1775 délibérèrent en faveur des Subdélégués une somme de mille livres par an pour leur assistance à la tenue des Assemblées Provinciales ; que l'état des payements faits auxdits Subdélégués monte à trois mille quatre-vingt-onze livres, six sols. Il en résulte donc que le Pays est surchargé d'une somme de deux mille quatre-vingt-onze livres, six sols ; qu'on voit une grande disproportion de ces dépenses entre Subdélégué et Subdélégué ;

6º Que les Etats devraient arrêter qu'il fût accordé aux Communautés des quatre Provinces de Balagne, Calvi, Sartene et Vico les ordonnances de compensation pour les treize mille deux cent soixante-douze livres, deux deniers, qu'elles ont payées de trop pour les deux années du 1er octobre 1770 au 1er octobre 1772, ainsi qu'aux autres Provinces, Pièves ou Communautés qui auraient trop payé pour lesdites années ;

7º Que les rôles de la sixième année devaient monter à cent quatre-vingt-six mille trois cent trente-une livres, six sols, huit deniers, et à cause des fractions on a porté cette somme à cent quatre-vingt-onze mille deux cent cinquante-cinq livres, douze sols ; que l'Assemblée de 1775 a compris dans ladite somme de cent quatre-vingt-six mille trois cent trente-une livres, six sols, huit deniers, celle de huit mille livres pour dépenses extraordinaires du Pays ; que voyant qu'il y avait eu de reste dans les années précédentes soixante-trois mille six cent trente-une livres, cinq sols, deux deniers, il lui paraît qu'on pourrait réduire la Subvention à mettre en recouvrement, à une moindre somme que celle de cent quatre-vingt-six mille trois cent trente-une livres, six sols, huit deniers.

Mgr l'Evêque du Nebbio a encore ajouté que le sieur Santelli, l'un des Commis du Bureau des Etats, ayant assisté avec exactitude au travail du Comité et à la satisfaction du même Comité, il paraîtrait convenable d'accorder audit sieur Santelli, à titre de récompense, une gratification proportionnée à cette nouvelle opération.

Sur quoi, la matière mise en délibération, il a été arrêté que le Domestique des Douze et du Bureau des Etats subsisterait aux mêmes salaires et qu'on payera les dépenses faites jusqu'à présent pour son habillement, suivant l'état qui en sera arrêté par MM. les Députés des Douze ;

Que si on venait à changer le Domestique actuel, celui-ci sera tenu de remettre à MM. les Douze la livrée qu'on lui a faite aux frais du Pays ;

Qu'à l'avenir, au moyen du salaire fixé de trente livres par mois, le Domestique sera tenu de s'habiller à ses frais ;

Que les Etats approuvent toutes les dépenses faites jusqu'à présent pour les réparations de la maison des Douze, comme utiles et nécessaires ;

Que la somme de mille cent soixante-quatorze livres, seize sols, pour l'élection des Officiers Municipaux ne concerne en aucune manière le Pays ; que, suivant la délibération des Etats derniers, les Communautés qui ont besoin de la présence des Subdélégués devront en supporter les frais, et M. l'Intendant pourrait seulement prendre en considération si, au lieu des Communautés, il ne trouverait pas plus convenable d'obliger à ce payement les particuliers qui par l'irrégularité de leur conduite auraient rendu la présence du Subdélégué nécessaire ;

Que, suivant les délibérations prises par cette Assemblée, le Podestat Major pourra suffire pour présider les Assemblées des Communautés, et de cette manière le Pays sera à couvert des dépenses de cette nature ;

Que l'état des paiements faits à MM. les Subdélégués assistants aux Assemblées des Provinces, présentant un objet de trois mille quatre-vingt-onze livres, six sols, le Pays se trouve chargé de deux mille quatre-vingt-onze livres, six sols, de plus que la taxe réglée par les Etats derniers ;

Que les Etats ne peuvent prendre à leur charge que mille livres, et ils espèrent que M. l'Intendant écoutant son attachement ordinaire pour ce Pays, tâchera de faire supporter par la Caisse Civile l'excédent des mille livres ;

Qu'on trouve juste d'accorder une compensation aux Provinces et Communautés qui ont payé au-delà de ce que portait leur taxe pour les deux années du 1er octobre 1770 au 1er octobre 1772 ;

Qu'on devra presser le payement des sommes dont sont redevables les Provinces respectives, et comme par leur rentrée le Pays aura quelque argent de reste, il en sera soulagé lui-même, en exigeant quelque chose de moins pour la Subvention ;

Qu'on payera des deniers de la Caisse du Pays aux Commis de M. Gautier une gratification de trois cents livres, au sieur Santelli qui a travaillé au Comité des comptes, une gratification de cinq louis d'or.

Ensuite, les Etats ont vivement remercié le Comité de tous les soins et peines qu'il s'est donné pour l'examen des comptes du Pays, les ayant portés au point de clarté et de perfection qu'on devait justement attendre de ses lumières, de son zèle et de son activité.

La présente Délibération a été signée comme dessus.

Signés, etc.

Dudit jour 11 Juillet 1777.

Monseigneur l'Evêque Président a remis sur le bureau une requête qu'il a présentée à M. l'Intendant, et par ce Magistrat renvoyée aux Etats, concernant la décharge de la Subvention mise sur le Comté del Frasso, dont on a chargé Mgr l'Evêque Président, tandis que d'autres en jouissent indûment ;

Que cette requête concerne encore l'imposition sur le Palais Episcopal d'Ajaccio, imposition dont Mgrs les Evêques prétendent d'être exempts.

Les Etats, après avoir lu et examiné cette requête, ont délibéré que les maisons d'habitation de Mgrs les Evêques seront, sous le bon plaisir du Roi, exemptes de toute imposition ;

Qu'à l'égard du Comté del Frasso la Subvention en sera payée par les détenteurs actuels, et que Mgr l'Evêque d'Ajaccio n'en retirant actuellement aucun bénéfice, sera déchargé de la quote à laquelle il se trouve imposé, en obligeant les possesseurs à l'acquitter.

Après quoi, la Séance a été renvoyée à demain, douze du mois courant, à neuf heures du matin.

La présente Délibération a été signée tant par Mgr l'Evêque Président que par Mgrs les Evêques et Députés qui ont signé les précédentes de ce jour.

Signés, etc.

Séance du 12 Juillet 1777.

Monseigneur l'Evêque Président et Mgrs les Evêques et Députés, ci-devant dénommés (Mgr d'Aleria absent), s'étant rendus dans la Salle de l'Assemblée, Mgr l'Evêque Président a dit que, dans la Séance du 7 du présent mois, M. Gautier a été nommé Trésorier du Pays ; qu'on avait fait un projet des conditions auxquelles le nouveau Trésorier devait régler son administration ; que ce projet a rencontré des difficultés tant de la part de M. l'Intendant que de la part du sieur Gautier ; qu'il reste à pourvoir à cet objet d'une manière sûre et non sujette à critique.

Sur quoi, la matière mise en délibération, il a été arrêté, sous le bon plaisir du Roi :

1º Que le Trésorier sera tenu d'avoir deux journaux, un

pour la Subvention et l'autre pour l'imposition sur les maisons, et le registre des comptes avec les Trésoriers respectifs des Provinces;

2º Que MM. les Députés des Douze en exercice seront libres de voir et vérifier lesdits registres quand ils le jugeront à propos;

3º Que le Trésorier sera tenu de donner, chaque mois, un état de la situation de la Caisse du Pays à MM. les Députés des Douze;

4º Que le Trésorier payera immédiatement après la clôture des Etats actuels, soit qu'il ait ou qu'il n'ait pas des fonds du Pays, le montant de tous les frais de l'Assemblée générale et en outre les honoraires de MM. les Députés des Douze à leur échéance, les sept cents livres par mois pour le bureau des Etats, les honoraires de MM. les Députés à la Cour, et les trente livres par mois pour le Domestique des Douze;

5º Qu'on accordera au sieur Gautier mille livres par an, pour ces avances;

6º Que ce Trésorier s'en remboursera sur les premiers fonds qui rentreront dans la Caisse des Etats;

7º Que le droit de collecte en faveur du Trésorier du Pays sera d'un pour cent sur toutes les sommes provenant de la Subvention et de l'Imposition sur les maisons, ainsi que pour l'excédent des cent vingt mille livres qui sont dues au Roi annuellement;

8º Le Trésorier sera obligé de rendre compte, tous les ans, aux Etats, de tous les deniers de son administration, en rapportant les Ordonnances et les acquits des payements pour être alloués par les Etats, et le compte arrêté suivant l'usage.

La présente Délibération a été signée tant par Mgr l'Evêque Président que par Mgrs les Evêques de Mariana et du Nebbio; Alberti et Battestini, Piévans; de Cuttoli Père et Fils, Nobles; Corazzini et Ferdinandi, Députés du Tiers-Etat.

Signés, etc.

Dudit jour 12 Juillet 1777.

Monseigneur l'Evêque Président a dit que différentes Pièves ont demandé d'avoir un Bureau de Contrôle dans leurs districts, attendu qu'elles sont trop éloignées de ceux qui sont déjà établis ;

Que celles qui sont dans le cas de l'obtenir sont les Pièves de Talavo, Province d'Ajaccio, de Niolo, Province de Corte, et de Fiumorbo, Province d'Aleria.

Sur quoi, la matière mise en délibération, il a été arrêté que Sa Majesté sera suppliée de vouloir bien accorder aux dites Pièves le Bureau de Contrôle qu'elles demandent, à condition que cet établissement ne coûtera rien au Pays.

En outre, on a observé que le vœu du Pays serait que le terme de trois jours, fixé pour le contrôle des assignations, fût prolongé à huit jours.

La présente Délibération a été signée comme dessus.

Dudit jour 12 Juillet 1777.

Monseigneur l'Evêque Président a dit que, dans la Séance du cinq du mois courant, on a renvoyé à l'examen de MM. les Députés des Douze assistants au Bureau des Etats le procès-verbal qui a été rédigé par MM. les Directeurs du Terrier concernant les mesures des bachins, bocaux et quartes qui devront être uniformes dans toute la Corse ;

Qu'il serait convenable d'entendre leur rapport, afin que

les États puissent prendre la délibération qu'ils jugeront plus à propos.

Sur quoi, MM. Belgodere de Bagnaja et Colonna d'Ornano ont dit qu'ils ont apporté l'attention la plus sérieuse sur cet objet, et après avoir consulté le sieur Antoine-François Casanova et d'autres personnes expertes sur cette matière, ils ont observé que quoique les deux bachins qui ont été présentés par MM. les Officiers Municipaux de Bastia soient inégaux entr'eux, soit en circonférence, soit en hauteur, cette disparité n'empêche pas que ces bachins ne puissent contenir la même quantité de solides, parce que s'ils ont une plus grande ou moindre circonférence, ou une plus grande ou moindre hauteur, celui qui diminuera ou augmentera par la plus grande ou moindre circonférence, accroîtra ou diminuera par la plus grande ou moindre hauteur, et quoiqu'ils soient différents entr'eux dans les lignes et pieds cubes, ils peuvent cependant être très justes ; il n'est donc pas nécessaire de les porter tous à une même hauteur et circonférence ;

Qu'on convient que le bachin, tel qu'il subsiste, est sujet à une altération et à devenir faux suivant l'occasion, et que par conséquent il serait nécessaire de le former d'un autre corps tel que d'acier ou de cuivre ;

Qu'on pourrait construire de cette matière les bachins qu'on devrait déposer aux Greffes des Juridictions respectives de l'Ile, lesquels doivent être formés d'une certaine épaisseur pour servir de modèle et d'expérience, mais non pas tous les autres qui doivent servir à l'usage journalier des commerçants ;

Qu'il en résulterait donc qu'il faudrait former le bachin d'une lame d'acier ou de cuivre assez mince pour le rendre maniable et moins incommode, attendu qu'en Corse on ne se sert point d'autre mesure que du bachin pour mesurer les grains et autres denrées ; qu'on peut cependant le rendre vicieux étant construit de cette façon, parce qu'il n'est pas formé d'une épaisseur assez forte pour qu'on ne le puisse facilement presser et élargir de la même manière qu'on peut élargir et presser le fer blanc dont on forme le bocal et la quarte, ainsi que MM. les Directeurs du Terrier viennent de l'observer ;

Que l'avis de MM. les Douze serait :

1º Que tous les bachins dont on fait usage dans le commerce fussent en bois, à l'exception des modèles ;

2º Qu'ils fussent garnis d'un fer qui d'un côté les divisât diamétralement dans leur profondeur (de l'extrémité de laquelle il y aurait deux anses pour lier le fond et qui arriveraient jusqu'à la moitié de la hauteur du bachin), et qui de l'autre côté les divisât dans leur circonférence superficielle qui serait extérieurement entourée d'une bande de cuivre ou de laiton ;

3º Défendre rigoureusement au marqueur de diminuer les parties intérieures des bachins, lorsqu'il s'agirait de les rendre conformes au modèle approuvé et de les porter à leur juste contenance ;

Que de cette manière, lorsqu'on rencontrera un bachin qui manquera, outre l'empreinte accoutumée, d'une desdites conditions, il sera sur le champ considéré comme faux et frauduleux ;

Qu'il paraît que le bachin, ainsi formé, ne peut être exposé à des altérations avec tant de facilité ;

Qu'ensuite ils ont porté leurs vues sur les mesures des liquides, et après s'en être occupés sérieusement, ils ont trouvé bon que non seulement les mesures des liquides, le bocal et la quarte, qui doivent servir de modèle authentique et d'expérience dans les Greffes des Juridictions, mais encore celles dont on devra se servir journellement, s'agissant de petites mesures, soient construites en cuivre ou en acier, mais d'une épaisseur suffisante pour qu'elles ne plient point au moindre petit effort, et qu'elles aient la figure cylindrique au lieu de la conique ;

Que si lesdites mesures sont formées de ces matières et d'une épaisseur solide, chaque individu sera plus sûr d'avoir ce qui lui revient, et moins sujet à être trompé ;

Qu'ils ont poussé plus loin leurs réflexions, et ils ont finalement observé que pour rendre le commerce plus facile et moins embarrassant, il serait nécessaire que la mesure du bachin, de la quarte et du bocal de Bastia, réduite à la forme et consistance ci-dessus désignées, fût rendue commune à toutes les Provinces de l'Ile, et de supprimer toute autre ;

Qu'il en résulte donc que l'avis de MM. les Douze n'est point d'abandonner le bachin, mesure ancienne et si bien connue de tous les habitants, pour en adopter une autre d'une espèce différente, inconnue et nouvelle, par la seule raison que l'on assure que celle-ci a un rapport plus direct que le bachin avec l'arpent.

Sur quoi, la matière mise en délibération, il a été arrêté que les mesures projetées par MM. les Députés des Douze seront acceptées et seront uniformes dans toute l'Ile.

L'Assemblée générale a ici vivement remercié MM. Belgodere de Bagnaja et Colonna d'Ornano, membres de la Commission des Douze, assistants au bureau des Etats, de toutes les preuves qu'ils ont données de leur zèle pendant la tenue de cette Assemblée et pendant le temps de leur service ; que le Pays désire qu'à l'avenir les Douze assistants aux Etats jouissent de la voix délibérative, ainsi que tous les autres Députés, et que Sa Majesté sera suppliée de vouloir bien déroger à l'article de l'Arrêt du Conseil d'Etat concernant la tenue des Assemblées générales de Corse, qui leur refuse cette prérogative.

La présente Délibération a été signée comme dessus.

Dudit jour 12 Juillet 1777.

Monseigneur l'Evêque Président a dit qu'on a fait des instances réitérées en faveur des esclaves, des prisonniers détenus à Toulon, de ceux qui ont été condamnés aux galères, et des coupables de la conjuration d'Oletta ;

Que ces malheureux réclament le suffrage des Etats pour venir à leur secours ; qu'il reste à voir si l'Assemblée trouve à propos d'employer en leur faveur ses bons offices.

Sur quoi, la matière mise en délibération, il a été arrêté que Sa Majesté sera suppliée de vouloir bien comprendre dans l'amnistie ceux de la conjuration d'Oletta, de daigner faire mettre en liberté le restant des prisonniers détenus à Toulon, à l'exception des assassins, et de reléguer ces derniers dans quelque île, d'où l'on ne puisse craindre leur évasion ;

Qu'à l'égard des Corses condamnés aux galères et à l'amende prononcée par l'Amirauté, leur délit étant en quelque manière excusable, l'Assemblée désirerait que leur condamnation leur fût remise et leurs chaînes brisées ;

Que ceux auxquels l'Assemblée s'intéresse plus particulièrement sont l'abbé Albertini, ancien Curé de Corscia, Piève de Niolo, condamné aux galères, dont l'âge et l'état lui paraissent mériter sa commisération, et Pierre-Paul Ciavaldini, d'Orezza, détenu dans la Tour de Toulon et autres dont on remettra une note à MM. les Députés à la Cour ;

Qu'on suppliera aussi humblement Sa Majesté de vouloir bien exercer sa charité en faveur des esclaves Corses, tombés entre les mains des Barbaresques avant la soumission de cette Ile à la domination de Sa Majesté, et spécialement en faveur de Paschal Mattei d'Orezza, de Dominique, fils de Marc-Ange, de la Province de Vico, esclaves à Alger depuis trois ans, d'Emmanuel Vincensini de Bastia, de Laurent Mariani de Bonifacio et de Dominique Podesta, esclaves à Tunis.

La présente Délibération a été signée comme dessus etc.

Dudit jour 12 Juillet 1777.

Monseigneur l'Evêque Président a dit que l'abbé Jean-Baptiste Pieragi, Avocat au Conseil Supérieur, avait présenté le projet d'un cours d'études pour l'instruction de la Jeunesse, qui a été communiqué à Mgrs les Evêques pour l'examiner, et qu'on entendrait volontiers leur avis pour prendre en conséquence une délibération convenable.

Sur quoi, Mgrs les Evêques ont dit qu'ayant lu le projet du sieur abbé Pieragi ils ne peuvent qu'applaudir à son zèle et à ses talents; que si l'éducation publique avait des moyens, certainement on ne pourrait adopter son plan qu'avec plaisir par la certitude qu'il y aurait d'en retirer de l'avantage pour la jeunesse; qu'actuellement, ne voyant pas comment pourvoir à ces frais, on ne peut que différer à un temps plus favorable l'exécution de son projet.

Après quoi, la matière mise en délibération, les Etats, après avoir remercié le sieur abbé Pieragi du zèle qu'il a témoigné en cette occasion, ont dit qu'aussitôt qu'on aura des moyens, ils adopteront le plan qu'il vient de proposer.

La présente Délibération a été signée comme dessus.

Dudit jour 12 Juillet 1777.

Monseigneur l'Evêque Président a dit que l'usage des Etats pour le passé était de remettre aux Députés à la Cour une expédition en entier du procès-verbal de l'Assemblée pour être présentée à Sa Majesté de la manière ordinaire et accoutumée ;

Que, dans la Séance du 23 Mai, Nosseigneurs les Commissaires du Roi ont déclaré que l'intention de Sa Majesté était qu'à l'avenir on ne consignât plus aux Députés le procès-verbal en entier, mais seulement l'expédition des délibérations qui contiendraient les demandes et représentations dont ils seraient chargés ;

Que, dans la dernière séance de cette Assemblée, on devait en déterminer l'état et donner une expédition de ces demandes et représentations ;

Que quoique l'Assemblée ne doive se séparer que demain, cependant la séance d'aujourd'hui peut être regardée comme la dernière, pour ce qui concerne la rédaction des demandes et des représentations des Etats ;

Qu'il serait donc nécessaire de former un état et délivrer une expédition de toutes les demandes qu'on devra remettre aux Députés et qui formeront le procès-verbal à présenter au Roi.

Sur quoi, la matière mise en délibération, il a été arrêté que les délibérations qui doivent former le procès-verbal à expédier et à remettre aux Députés à la Cour seront les suivantes :

1. Les délibérations des 16 et 17 mai qui contiennent différentes représentations et observations relativement à la

tenue des Assemblées des Communautés, à l'administration de leurs deniers et à l'élection des Officiers Municipaux;

2. La délibération du 20 mai concernant l'ordre et la police des Assemblées des Pièves et des Provinces;

3. La délibération du 22 mai sur la Commission des Douze, et la tenue des Assemblées générales;

4. La délibération du 23 mai sur la Commission des Douze;

4. La délibération du 24 mai sur la Municipalité et sa juridiction;

6. Les délibérations des 27 et 28 mai sur les logements militaires et l'imposition qui y est relative, sur leurs réparations et sur les dettes du Pays;

7. La délibération du 31 mai sur les réparations des logements militaires, sur l'administration des biens des Ex-Jésuites, et sur l'emploi à faire de l'argent provenant des fonds publics de Naples;

8. La délibération du 2 juin sur l'élection des Députés à la Cour;

9. La délibération du 4 juin sur l'évacuation des Séminaires d'Ajaccio et de Bastia, et sur l'observance de la Bulle du Pape Innocent XI, relativement aux Greffes des Evêques;

10. La délibération du même jour sur la nomination des nouveaux Jurisconsultes pour fournir des mémoires sur la nouvelle législation;

11. La délibération du 6 juin sur différents objets relatifs à la législation;

12. La délibération du 9 juin sur une inscription en honneur de M. le Comte de Marbeuf;

13. La délibération du 10 juin sur l'érection d'une statue en honneur de Sa Majesté;

14. La délibération du même jour sur l'érection d'un monument en honneur de M. le Marquis de Monteynard;

15. La délibération du 11 juin sur la manière de payer la Subvention en denrées;

16. La délibération du 13 dudit mois sur la rectification du travail des Commissaires aux rôles ;

17. La délibération du 15 juin sur la manière de venir au secours des contribuables qui se croyent surchargés relativement aux autres ;

18. La délibération du même jour sur l'indemnité à accorder aux Communautés qui dans la première et seconde année de Subvention ont payé en sus de leur quote ;

19. La délibération du 17 juin concernant la Subvention afin qu'elle soit en proportion du total des rôles des Commissaires ou des prix réglés par les Etats ; qu'il soit fait remise d'une année de Subvention pour mettre la Corse au courant, et que l'abonnement de la Subvention soit prolongé pour dix ans ; qu'il soit fait remise de la Subvention de l'année courante ; qu'il soit établi un ordre dans le recouvrement de la Subvention, pour que les contribuables pauvres ne soient point exposés à voir saisir les instruments de culture, ou les meubles de première nécessité ;

20. La délibération du 19 juin sur la translation de la Junte d'Orezza et sur l'érection d'une nouvelle Junte ; sur les registres des Notaires et sur la translation du siège royal de Rogliano à Luri ;

21. La délibération du 20 juin sur la manière d'assurer le poids, la qualité et la vente du sel ;

22. La délibération du 21 dudit pour assurer la comptabilité de la Subvention et la perception de l'imposition des maisons ;

23. La délibération du 26 dudit sur la manière de décharger les contribuables qui peuvent en être susceptibles ;

24. La délibération du 27 dudit sur l'érection de quelque maison pour l'éducation des filles ;

25. La délibération dudit jour, contenant la réponse des Provinces d'en deçà des Monts à la protestation faite par les Députés des Provinces d'au delà des Monts ;

26. La délibération du 28 juin concernant la population de cette Ile ;

27. La délibération du 30 du même mois relative aux réparations des logements militaires ;

28. La délibération du même jour concernant la direction du Bureau des Etats confirmée dans la personne de M. Giubega ;

29. La délibération du même jour pour former quelqu'établissement aux bains de Vico, Fiumorbo et Guitera ;

30. La délibération du 1er juillet sur les biens domaniaux de Sa Majesté, sur les bois, la pêche et la chasse ;

31. La délibération du 3 dudit sur les chemins et ponts en Corse, et sur leur entretien ;

32. La délibération du 5 juillet concernant les biens des Romei et le Jardin *del Prato* attribué à l'Université ;

33. La délibération dudit jour concernant les mesures ;

34. La délibération du 7 juillet sur l'élection du Trésorier de la Caisse des Etats ;

35. La délibération du même jour sur l'indemnité due aux propriétaires des terrains employés pour les chemins ;

36. La délibération du 9 juillet sur les réparations du Port du Macinaggio et sur l'éducation des Enfants trouvés ;

37. La délibération du 10 juillet sur l'Instruction publique et sur la manière de nommer les Elèves à envoyer au Séminaire d'Aix ;

38. La délibération du 11 juillet sur la reddition des comptes ;

39. La délibération du 12 juillet concernant les prisonniers de Toulon, les condamnations et confiscations de l'Amirauté et les Esclaves en Turquie ;

Lesquelles délibérations, délivrées et remises aux Députés à la Cour, formeront le procès-verbal des Etats à présenter à Sa Majesté pour solliciter de son cœur paternel les grâces et tempéraments que l'Assemblée générale réclame pour le soulagement et le bonheur de ce peuple.

Après quoi, la Séance a été renvoyée à demain, treize du mois courant, à neuf heures du matin.

La présente Délibération a été signée comme dessus etc.

Signés, etc.

Séance du 13 Juillet 1777.

Monseigneur l'Evêque Président et Mgrs les Evêques et Députés dénommés au procès-verbal d'hier, s'étant rendus dans la Salle de l'Assemblée, Mgr l'Evêque Président a dit qu'il restait à régler l'état des charges du Pays pour l'année du 1er octobre 1775 au 1er octobre 1776 ;

Qu'il fallait procéder sans délai à cette opération, pour qu'il n'y ait aucun obstacle au recouvrement de la septième année.

Sur quoi, la matière mise en délibération, les Etats délibérant ont arrêté que l'état en question sera réglé de la manière suivante :

Etat des Charges du Pays
Pour l'année du 1er Octobre 1775 au 1er Octobre 1776.

Pour l'abonnement de la Subvention	120,000. — —
Pour la Commission des Douze	3,600. — —
Pour le Bureau des Etats	8,400. — —
Pour le sieur Caffesi, Archiviste	300. — —
A Reporter	132,300. — —

Report . . .	132,300. — —
Pour l'impression des rôles, instructions et autres écritures	2,000. — —
Pour l'entretien des chemins	2,000. — —
Pour la rétribution et autres dépenses des Subdélégués présidents aux Assemblées provinciales.	1,000. — —
Pour différentes dépenses extraordinaires, ainsi qu'il appert du rapport du Comité des comptes, y compris les frais de l'habillement du Domestique	15,000. — —
Pour le salaire du Domestique de MM. les Députés des Douze et du Bureau des Etats.	360. — —
Pour droit de collecte aux Podestats et Pères du Commun et aux Trésoriers des Provinces	5,400. — —
Pour le Trésorier du Pays	1,000. — —
TOTAL. . .	159,060. — —

Les Etats ont ici observé qu'il fallait supprimer pour cette année le supplément des loyers militaires réglés par les Etats derniers à douze mille livres, attendu qu'actuellement on peut pourvoir à cet objet avec ce qui reste à recouvrer sur l'imposition des maisons occupées par les propriétaires et des maisons louées, ainsi que le Comité des comptes l'a observé dans son rapport; qu'on a cru ne pas laisser subsister les trois mille livres qui ont été assignées par les Etats derniers pour les réparations des logements militaires, attendu qu'on peut pourvoir à cet objet par ce qui reste à recouvrer sur l'imposition des maisons ;

Finalement, l'Assemblée générale a observé qu'elle n'a point compris dans ses charges de l'année du 1er Octobre 1775 au 1er Octobre 1776 les frais de la Députation à la Cour, des

Députés aux Assemblées, et de tous les autres frais qui sont relatifs à la tenue des Etats, attendu que cette année-là il n'y a point eu d'Assemblée générale.

La présente Délibération a été signée tant par Mgr l'Evêque Président que par Mgrs les Evêques de Sagone et du Nebbio ; Emmanuelli et Saliceti, Piévans ; Colonna et Gentile, Nobles ; Dominici et Agostini, Députés du Tiers-Etat.

Signés, etc.

Dudit jour 13 Juillet 1777.

Monseigneur l'Evêque Président a dit que M. l'abbé Rozier vient d'écrire une lettre aux Etats en lui adressant un certain nombre d'exemplaires d'un ouvrage qu'il a composé sur la fabrication de l'huile ;

Que cet ouvrage pourrait être de la plus grande utilité pour cette île, où l'huile n'est pas encore arrivée à la perfection dont elle serait susceptible ;

Qu'il serait convenable de remercier cet écrivain de son attention ;

Sur quoi, la matière mise en délibération, il a été arrêté que MM. les Députés de la Commission des Douze seront chargés d'examiner ce nouvel ouvrage, et comme l'Assemblée est persuadée des talents et des connaissances de M. l'abbé Rozier, ils seront aussi chargés de lui écrire une lettre pour le remercier et lui témoigner en même temps la sincère reconnaissance des Etats.

La présente Délibération a été signée comme dessus.

Dudit jour 13 Juillet 1777.

Nosseigneurs les Commissaires du Roi s'étant rendus dans la Salle de l'Assemblée ont dit que les Pièves de Cursa et de Coasina ont représenté qu'étant fort éloignées de Cervione où était établi le Bureau de contrôle, et le débordement des rivières empêchant souvent d'y arriver, il en résultait que beaucoup d'actes devenaient nuls, et elles ont demandé en conséquence qu'il fût établi un Bureau de contrôle dans une de ces deux Pièves ;

Qu'il ne serait point établi de nouveaux Bureaux de contrôle ; que c'était sur la demande et d'après les observations des dernières Assemblées que le nombre et la position de ceux qui existent avaient été déterminés et qu'ils étaient suffisants pour le service.

Nosseigneurs les Commissaires du Roi ont dit que la Pièce de Tavagna a demandé que les citations pardevant les Officiers Municipaux et les autres actes de leur Tribunal fussent exempts du droit de contrôle, ou au moins que les Greffiers des Communautés pussent contrôler les actes ;

Que la Province du Cap-Corse et celle de Calvi insistaient pour que les actes de la Juridiction Municipale ne fussent sujets à aucun Contrôle ;

Que ces demandes paraissaient être un effet de la lettre circulaire, écrite en février 1776 aux Communautés par M. l'Intendant sur les doutes qui s'étaient élevés à l'occasion du Contrôle des citations pardevant les Officiers Municipaux ;

Que la lettre circulaire expliquait très bien que les citations pouvaient être verbales, suivant le droit qu'en donne l'Edit de juillet 1771, ce qui devait s'appliquer aux affaires légères et qui ne comportaient aucun frais ; qu'à l'égard des affaires que les parties et les Podestats trouvaient assez importantes pour que les citations se fissent par écrit, il était évident que par le même principe ces citations devaient être contrôlées pour en assurer les actes et faire courir les délais judiciaires, et qu'il y aurait d'autant moins de raison de s'en plaindre que l'extrême modicité du droit de Contrôle devait en faire disparaître la charge pour n'en laisser apercevoir que l'utilité ;

Qu'à l'égard de la proposition faite par la Piève de Tavagna de charger les Greffiers des Communautés du Contrôle des exploits de leur Juridiction, elle était contraire à l'esprit de cet établissement ;

Que pour assurer la fidélité des actes, il fallait que les registres des Contrôleurs fussent bien formés, bien écrits ; qu'ils fussent visités, inspectés avec des précautions qui ne laissaient ouverture à aucun doute raisonnable ;

Que cette observation emportait la nécessité d'avoir des Contrôleurs de choix et qui ne fussent pas trop multipliés ;

Que s'il y en avait autant que de Greffiers de Communautés, il n'en résulterait que des abus et que le Contrôle ne serait plus une preuve de la date des actes.

Dudit jour 13 Juillet 1777.

Nosseigneurs les Commissaires du Roi ont dit que les Etats ont demandé qu'il plût à Sa Majesté d'ordonner un meilleur choix des Notaires pour l'avenir et de sauver pour le passé par une déclaration les nullités qui pourraient résulter de leurs actes contraires aux règlements ;

Que la réponse du Roi portait qu'il y serait pourvu incessamment par un règlement particulier et qu'on s'en occupait ;

Qu'il était certain que la facilité avec laquelle on avait multiplié les Notaires dans l'Ile devait faire présumer que le choix n'en avait pas été heureux, et qu'il en devait résulter un grand nombre d'actes contraires aux règlements ; que ceux de ces actes qui devaient être exécutés, sous peine de nullité, étaient sans contredit les plus importants ; que ceux qui devaient sous cette même peine être insinués ou contrôlés sous une certaine forme et dans un certain délai, devaient rendre sensible l'utilité du Contrôle et de l'insinuation destinés à constater la date des actes et à rendre notoires ceux qui devaient l'être ;

Qu'en laissant espérer que, pour tout le passé, l'infraction des règlements ne sera pas punie à la rigueur, et que Sa Majesté voudra bien relever de la peine de nullité par une déclarat ionles actes qui seraient nuls faute de certaines formalités, cela ne devait s'entendre que *sauf les droits d'autrui* ;

Que si faute de l'insinuation ou du Contrôle de certains actes, il s'élevait quelque procès sur leur date ou sur la publicité de ceux qui devraient être connus, la partie qui aurait droit de constater la date d'un acte non contrôlé à temps, ou à laquelle on en opposerait une que, faute d'insinuation, elle ne pourrait pas connaître par une voie légale, pourrait toujours user de ses moyens de droit, sauf le recours de l'autre partie contre le Notaire contrevenant et auquel elle aurait à s'imputer de s'être adressée, le grand nombre des Notaires devant au moins inviter à s'adresser de préférence au plus honnête et au plus habile ;

Qu'on ne se proposait donc que de remettre les peines pécuniaires encourues au profit du fisc par l'inexécution des règlements.

Sur quoi, l'Assemblée a dit que, quoiqu'elle soit toujours disposée à se conformer aux intentions de Sa Majesté, cependant, dans la séance d'hier, on avait fait quelque demande relativement aux Bureaux de Contrôle et au délai à faire contrôler les assignations, ignorant les déterminations annoncées à ce sujet.

Après quoi, Nosseigneurs les Commissaires du Roi ayant demandé s'il y avait d'autres propositions à faire, et l'Assemblée ayant fait entendre qu'il n'y avait plus rien à proposer, le présent procès-verbal, après avoir été lu et publié, l'Assemblée séante, a été clos.

Après quoi Mgr l'Evêque Président a dit etc.

M. Belgodere de Bagnaja, Membre de la Commission des Douze, a dit etc.

La présente Délibération a été signée tant par Nosseigneurs les Commissaires du Roi que par Mgrs les Evêques et Députés qui ont signé les précédentes de ce jour.

A Bastia, les jour, mois et an susdits.

Signés : Agostini, Dominici, Gentili, Colonna, Saliceti, Emmanuelli, D. M., Evêque du Nebbio, M., Evêque de Sagone.

Signé : BERTRAND DE BOUCHEPORN.
Signé : LE COMTE DE MARBEUF.

Par Nosseigneurs les Commissaires du Roi,
Signé : Giubega.

Publications de la Société:

Bulletin de a Société des Sciences Historiques et Naturelles de la Corse, années 1881-1882, 1883-1884, 1885-1886 et 1887-1890 4 vol., 724 663, 596 et 665 pp.

Mémoires de Rostini, texte italien avec traduction française, par M. l'abbé LETTERON, 2 vol., 482 et 588 pp.

Memorie del Padre Bonfiglio Guelfucci, dal 1720 al 1764, 1 vol., 236 pp.

Dialogo nominato Corsica del Rmo Monsignor Agostino Justiniano, vescovo di Nebbio, texte revu par M. DE CARAFFA, conseiller à la cour d'appel, 1 vol., 120 pp.

Voyage géologique et minéralogique en Corse, par M. Émile Gueymard, ingénieur des mines, (1820-1821), publié par M. J.-M. BONAFFA, 1 vol., 160 pp.

Pietro Cirneo, texte latin, traduction de M. l'abbé LETTERON, 1 vol., 414 pp.

Histoire des Corses, par Gregorovius, trad. de M. P. LUCCIANA, 1 vol., 168 pp.

Corsica, par Gregorovius, traduction de M. P. LUCCIANA, 2 vol., 262 et 360 pp.

(Ces trois derniers volumes font partie du même ouvrage).

Pratica delli Capi Ribelli Corsi giustiziati nel Palazzo Criminale (7 Maggio 1746). Documents extraits des archives de Gênes. Texte revu et annoté par M. DE CARAFFA, conseiller, et MM. LUCCIANA frères, professeurs, 1 vol., 420 pp.

Pratica Manuale del dottor Pietro Morati di Muro. Texte revu par M. V. DE CARAFFA, deux vol., 354 et 516 pp.

La Corse, Cosme Ier de Médicis et Philippe II, par M. A. DE MORATI, ancien conseiller, 1 vol., 160 pp.

La Guerre de Corse, texte latin d'Antonio Rocatagliata, revu et annoté par M. DE CASTELLI, traduit en français par M. l'abbé LETTERON, 1 vol. 250 pp.

Annales de Banchero, ancien Podestat de Bastia, manuscrit inédit, texte italien, publié par M. l'abbé LETTERON, 1 vol, 220 pp.

Histoire de la Corse, (dite de Filippini), traduction de M. l'abbé LETTERON, 1er vol., XLVII-504 pp. — 2e vol., XVI-332 pp. — 3e vol, XX-412 pp.

Deux Documents inédits sur l'Affaire des Corses à Rome, publiés par MM. L. et P LUCCIANA, 1 vol., 412 pages.

Deux visites pastorales, publiées par MM. PHILIPPE et VINCENT DE CARAFFA, conseiller, 1 vol., 240 pp.

Pièces et documents divers pour servir à l'Histoire de la Corse pendant la Révolution Française, recueillis et publiés par M. l'abbé LETTERON, 2 vol , 428 et 464 pp.

Procès-verbaux des séances du Parlement Anglo-Corse, du 7 février au 16 mai 1795, publiés par M. l'abbé LETTERON, 1 vol . 789 pp.

Sampiero et Vannina d'Ornano, (1434-1563), par M. A. DE MORATI, 1 vol , 85 pp.

Correspondance de Sir Gilbert Elliot, Vice-Roi de Corse, avec le Gouvernement Anglais. Traduction de M. SÉBASTIEN DE CARAFFA, avocat, 1 vol , VIII-553 pp.

Mémoires Historiques sur la Corse, par un Officier du régiment de Picardie (1774-1777), publiés par M. V. DE CARAFFA, 1 vol., 266 pp.

Mémoires du Colonel Gio. Lorenzo de Petriconi (1730-1784), publiés par M. l'abbé LETTERON, 1 vol., 245 pp.

Pièces et documents divers pour servir à l'Histoire de la Corse pendant les années 1737-1739, recueillis et publiés par M. l'abbé LETTERON, 1 vol., XIX-548 pp.

La conspiration d'Oletta — 13-14 février 1769, par M. A. DE MORATI, 1 vol., 158 pp.

Théodore Ier, roi de Corse, traduction de l'allemand de Varnhagen, par M. PIERRE FARINOLE, professeur au Collège de Corte, 1 vol., IV-75.

Documents sur les troubles de Bastia (1er, 2 et 3 Juin 1791), publiés par M. A. CAGNANI, 1 vol., 117 pp.

Pièces et documents divers pour servir à l'Histoire de la Corse, pendant les années 1790-1791, recueillis et publiés par M. l'Abbé LETTERON, 1 vol., XII-338 pp.

Correspondance du Comité Supérieur siégeant à Bastia (du 2 mars au 1er septembre 1790), publiée par M. l'abbé LETTERON, 1 vol. VIII-198 pp.

Recherches et notes diverses sur l'Histoire de l'Eglise en Corse, par Mgr DE LA FOATA, évêque d'Ajaccio, 1 vol. de 304 pp.

Journal de deux Campagnes en Corse par les troupes impériales (1731-1732), publié par M. le Capitaine E. ESPÉRANDIEU, 1 vol. de 86 pp.

Libro Rosso de la Corse, publié par M. l'abbé LETTERON, 892 pp.

Délibérations et Correspondances du Comité Supérieur siégeant à Bastia (du 2 mars au 7 septembre 1790), publiées par M. l'Abbé LETTERON, 2 vol. XVI-243 et VIII-196.

Correspondance de Sir Gilbert Elliot, Vice-Roi de Corse, avec le Gouvernement Anglais. (Dépêches d'Angleterre). — Traduction de M. SÉBASTIEN DE CARAFFA, Avocat. 1 vol. de VI-255 pp.

— *Vie et Lettres de Sir Gilbert Elliot.* — Traduction de M. SÉBASTIEN DE CARAFFA, Avocat, 1 vol., VIII-136 pp.

Osservazioni storiche sopra la Corsica dell'abbate Ambrogio Rossi. — Livres XII, XIII et XIV, 1769-1794, publiés par M. l'abbé LETTERON, 3 vol. de 406, 408 et 488 pp.
Livres VI, VII et VIII, 1705-1745, 3 vol. de 385, 413 et 354 pp.

Procès-Verbal de l'Assemblée générale des Etats de Corse, tenue à Bastia de 1770 à 1773, publié par M. A. DE MORATI, 1 vol., LIV-413 pp.

Lettres de Pascal Paoli, publiées par M. le docteur PERELLI, 4 vol., 600, 752, 400 et 368 pp.

BULLETIN

DE LA

SOCIÉTÉ DES SCIENCES HISTORIQUES ET NATURELLES DE LA CORSE

PRIX DU BULLETIN :

Pour les membres de la Société, un an . . . **10** fr.

ABONNEMENTS :

Pour la Corse et la France, un an . . . . **12** fr.

Pour les pays étrangers compris dans l'union postale, un an. . . . . **13** fr.

Pour les pays étrangers non compris dans l'union postale, un an . . . . **15** fr.

NOTA. — Tout abonnement est payable d'avance, et se prend à l'année du mois de janvier au mois de décembre.

S'adresser pour les abonnements à M. CAMPOCASSO, Trésorier de la Société, ou à la librairie OLLAGNIER, à Bastia

www.ingramcontent.com/pod-product-compliance
Lightning Source LLC
Chambersburg PA
CBHW052127230426
43671CB00009B/1155